믿음을 탄탄하게 만들라

KB190417

특별히_____님께

이 소중한 책을 드립니다.

믿음을 탄탄하게 만들라

〈내 안의 그리스도와 함께〉

오세열 목사/교수 지음

나침반

우리에게 필요한 것은
그리스도를 아는 지식이다!

워싱톤 D.C.의 국회의사당은 하루 종일 관광객으로 붐비고 있다. 통로에 있는 벽화와 천정화에는 콜럼버스 때부터 최근까지의 미국역사를 그린 유화와 부조가 장식되어 있고, 링컨 대통령과 유명인사들 초상화가 장식되어있다. 커다란 홀은 전직 정치가들의 기념비와 상으로 가득 차 있다.

그러나 웅장한 건물과 그 내부를 둘러보면서도 천정 돔에 새겨져 있는 하나님의 말씀을 올려다보는 사람은 거의 없다. 거기에는 인생의 가장 고귀한 가치를 일목요연하게 가르쳐 주는 성경 구절인 미가서 6장 8절의 말씀이 새겨져 있다.

"사람아 주께서 선한 것이 무엇임을 네게 보이셨나니 여호와께서 네게 구하시는 것이 오직 공의를 행하며 인자를 사랑하며 겸손히 네 하나님과 행하는 것이 아니냐"

인생의 가장 고귀한 가치는 하나님과 사람들 앞에서 공의(justice)와 인자(mercy)를 실천하고, 모든 일을 겸손(humility)하게 행하는 것이다. 공의와 인자는 철로의 두 레일과 같아서 하나님의 성품을 반영하고 있다. 공의의 하나님은 죄를 지나칠 수 없으시고 인자의 하나님은 죄를 용서하신다. 하나님은 이 두 가지 상반된 성품을 동시에 만족시켜야 하는데 여기에 하나님의 딜레마가 있다. 하나님은 자신의 아들 예수그리스도가 인류를 대신하여 죄 값을 치르게 하심으로 이 딜레마를 해결하셨다. 용서받을 자격이 없는 인류의 죄를 은혜로 사해주심으로 하나님의 성품은 온전히 유지되었다.

수의사는 개만 보고도 그 주인에 대해 많은 것을 알 수 있다고 한다. 개의 건강상태를 보면 주인의 보살핌이 어떠했는지를 짐작할 수 있고, 개의 성격을 보면 주인의 인품을 가름할 수 있다. 그렇다면 세상은 크리스천을 보고 창조주 하나님에 대해 무엇을 알 수 있을까?

크리스천이 모여서 교회를 이룬다.

교회가 이웃에게 은혜를 베풀면 세상은 그의 주인인 하나님을 은혜가 많은 존재로 인식한다. 고든 맥도날드는 "웬만한 일에는 세상도 교회 못지않게 선한 일을 하고 어떤 경우에는 교회보다 낫다. 그러나 교회는 할 수 있지만 세상이 못하는 일이 하나 있다. 세상은 은혜를 베풀수 없다"라고 말했다.

은혜는 받을 자격이 안 되는 자에게 대가를 바라지 않고 베푸는 것이다. 은혜의 세계에는 자격이라는 말 자체가 성립하지 않는다. 예수님은 우리에게 말씀하신다.

"내가 탕자에게 살진 송아지를 잡아주는 것과 잃은 양 한 마리를 찾기 위해 말 잘 듣는 양떼를 남겨두고 간 것을 너희가 못마땅하게 생각하느냐? 포도원에서 한 시간 일한 품꾼과 온종일 일한 품꾼의 삯을 같게 한 것으로 너희가 불만을 표출하느냐? 죽기 몇 분 전 회개한 십자가에 달린 강도를 낙원에 들이는 것을 보고 너희 속에 시기가 일어나느냐?"

우리가 상식적으로 생각할 때 이치에 맞지 않는 일을 예수님이 행하셨다. 이것은 은혜의 세계에서만 가능한 일이다. 그러나 가장 큰 은혜는 죄가 전혀 없으신 예수님이 죄인인 인류를 대신하여 십자가에 달려 죽으시고 부활하심으로써 인류의 죄를 대속해준 사건이다. 이루 말로 다할 수 없는 은혜이다. 오늘날 교회는 십자가 대속의 은혜를 가장 중요한 가치로 회복하는 것이 필요하다.

C.S. 루이스는 "인간은 이성간의 사랑인 에로스(eros)에 의해 탄생하고, 부모 형제의 혈연적인 사랑인 스토르게(storge)에 의해 양육된다. 그리고 친구간 우정인 필로스(philos)에 의해 성숙되고, 하나님의 사랑인 아가페(agape)에 의해 완성된다"고 말했다.

9.11테러가 있은 후 잔해작업을 하던 중 잘려나간 손 하나를 발견했다.
꼭 움켜 쥔 여자 손이었다. 그 손을 펴 본 순간 그 손안에는 다시 자그마한 어린이의 손이 있었다. 유추해 보건대 어머니가 아이의 손을 잡은 채 끝까지 놓지 않고 죽은 모습이었다.
어머니의 사랑은 실로 위대하고 진실하다. 그러나 어머니의 사랑보다 더 순결하고 큰 것은 하나님의 사랑이다.

예수님은 베드로에게 세 번 네가 나를 사랑하느냐라고 반복해서 물었다. 베드로는 세 번 똑같이 "내가 주를 사랑하나이다"라고 대답했지만 마지막은 근심하여 대답했다.

왜 이런 일이 발생했을까?

예수님은 처음부터 아가페사랑으로 물었는데 베드로는 필로스의 사랑으로만 대답했다. 베드로는 예수님을 갈릴리 바다에서 처음 만났을 때부터 친구로서 신뢰하고 믿었지 하나님의 사랑으로 대하지 못했던 것이다.

예수 그리스도의 직업은 세상에서 목수직과 기도직이었다.

목수직은 유대인의 관습에 따라 세상에서 가진 직업이었고, 기도직은 하나님의 뜻을 이루기 위한 수단이었다. 그러므로 오늘날 크리스천은 자신의 직업과 기도라는 두 가지 직업을 가지고 살아가야 한다.

하나님은 물질세계를 통치하기 위해 자연의 법칙을 세우셨고, 하나님의 뜻을 이 땅에서 이루시기 위해 기도의 법칙을 만드셨다.

세상에서 가장 강력한 자연법칙은 만유인력법칙이다.

그러나 이 보다도 더 강력하고 실제적인 힘을 가지는 것은 하나님께 올려드리는 기도이다. 지렛대에 어느 일정한 힘이 가해지면 무거운 물체가 움직인다. 기도도 어느 정도의 양이 채워지면 하늘의 응답이 내려온다. 기도를 통해 죽은 자를 살리시고 없는 것을 있는 것처럼 부르시는 하나님의 전능하심을 경험하게 된다.

"그가 믿은바 하나님은 죽은 자를 살리시며 없는 것을 있는 것으로 부르시는 이시니라"(롬4:17).

노르망디 상륙작전과 인천상륙작전이 성공한 것은 보병이 투입되기 전 먼저 엄청난 함포사격으로 적을 혼비백산 만들었기 때문이다. 우리가 무슨 일을 만나든지 먼저 함포사격에 해당하는 기도를 통해 사단의 진지를 훼파하는 것이 필요하다.

우리가 드리는 기도가 하나님께 상달되면 하나님이 우리 일에 개입하시고 응답하신다. 예수님이 심한 통곡과 간구로 하나님께 기도드렸다는 사실은 우리의 기도생활이 얼마나 나태한 것인 가를 돌아보게 하며 큰 도전이 된다.

"그는 육체에 계실 때에 심한 통곡과 눈물로 간구와 소원을 올렸고 그의 경외하심을 인하여 들으심을 얻었느니라"(히 5:7).

바다가 평온할 때는 등대가 정말 튼튼한지 알 수 없다.

사나운 파도가 몰아칠 때 비로소 등대는 그 역할을 하게 되고 과연 견고하고 믿을 수 있는지를 알게 된다. 아무런 역경을 겪어보지 않은 사람은 그가 하나님을 진정 신뢰하는 자인지를 알 수 없다.

인생의 풍파와 고난은 그 사람이 견고하게 서서 요동하지 않는지를 시험해 보는 시금석이다. 그래서 "고난 당한 것이 내게 유익이라 이로 말미암아 내가 주의 율례들을 배우게 되었나이다"(시119:71)라고 말씀하신다. 성경에 나오는 믿음의 선진들은 하나같이 고난과 역경을 헤쳐나간 후 쓰임을 받았다.

자수판에 입힌 광목천에는 휘영청 밝은 달빛아래 노루가 뛰놀고, 아름다운 꽃들이 만발해 있다. 그러나 그 자수 판의 뒷면은 혼란과 무질서와 지저분한 것으로 가득 차있다. 온갖 고난과 역경과 장애가 놓여 있는 우리 인생의 모습은 자수 판의 뒷면과 유사하다. 그것만을 바라보면 좌절과 실망에 빠질 수밖에 없다. 앞길이 캄캄할찌라도 인생의 주관자인 하나님은 자수 판의 앞면이 보여주는 것과 같이 우리에게 대한 아름다운 계획을 설계하고 계신다.

기업가에게는 돈에 대한 목마름이 있고, 정치가는 권력에 대한 목마름이 있으며, 스포츠맨에게는 파워에 대한 목마름이 있다. 그러나 크리스천에게는 세상에서 구할 수 없는 영적 목마름이 있어야 한다. 우리는 복을 구하기 전에 하나님에 대한 갈망으로 채우는 것이 필요하다. 하나님은 인간으로부터 갈망받기를 갈망하시기 때문이다.

오늘날 우리는 정보의 홍수시대를 살고 있다. 신자들은 한번 클릭으로 쉽게 훌륭한 설교와 은혜로운 찬양을 들을 수 있고 신앙서적을 통해 그리스도에 대한 지식을 가질 수 있다. 그러나 우리에게 필요한 것은 그리스도에 대한 지식(Knowing about Christ)이 아니라 그리스도를 아는 지식(Knowing Christ)이다. 그리스도에 대한 지식은 우리의 관심을 끌지만 우리를 근본적으로 변화시키는 것은 그리스도를 아는 지식이다.

물론 그리스도에 대한 지식은 우리로 하여금 대상을 알고자 하는 욕구를 일으켜준다는 점에서 가치가 있다. 그러나 그리스도를 인격적으로 만날 때 우리는 그리스도를 안다고 할 수 있다.

"오직 우리 주 곧 구주 예수 그리스도의 은혜와 그를 아는 지식에서 자라 가라"(벧후3:18).

이 책을 통해 하나님은 어떤 분이신가를 좀 더 알고 탄탄한 믿음을 가지게 되었으면 하는 바람을 가진다.

지은이 오세열

1
성경의 이해

성경의 과학성

성경이 신화이며 과학적이지 못하다고 말하는 사람들이 있다. 그러나 성경이 일점일획도 틀리지 않으며 흠이 없음을 증명할 수 있다.

"주의 말씀이 심히 순수하므로 주의 종이 이를 사랑하나이다"(시 119:140).

NASA 과학자가 우주탐사 궤도를 분석하기 위해 날짜를 계산하던 중 거의 10만 년 동안 정확히 하루가 세계 역사 속에서 실종된 사실을 발견했다. 그 원인을 찾지 못하면 당시 숙원 과제였던 달 착륙을 실현할 수 없었다.

한 크리스천 과학자가 성경의 여호수아 10장 12-14절에 나와 있는 여호수아의 기도를 연구해 보자고 제시했다. 여호수아가 이스라엘 군대를 이끌고 아모리인과 전투하는 과정에서 완승을 거두기 위하여 태양을 멈추게 해달라는 기도를 하나님께 드린 기록이었다.

"태양아 너는 기브온 위에 머무르라 달아 너도 아얄론 골짜기에 그리할지어다 하매 태양이 머물고 달이 그치기를 백성이 그 대적에게 원수를 갚기까지 하였느니라"(수10:12).

그날 온종일 중천에 해가 떠 있었는데, 태양이 머문 시간이 23시간 20분이었다. 이를 컴퓨터에 입력하여 오차를 수정했다.

그러나 나머지 40분이 남아 있었다. 성경을 다시 연구한 결과 열왕기하20장1-11절에 히스기야 왕의 수명이 15년 연장된 사건이 나타났다. 히스기야 왕이 중병에 들어 죽게 되었을 때 심한 통곡과 눈물로 기도하자 하나님께서 응답하시고, 건강을 회복시킨 일이 성경에 나와 있다. 그 징조로서 아하스의 일영표를 뒤로 10도 물러가게 하셨다. 360도 원으로 만들어진 해시계에서 10도는 40분에 해당하는 시간이다.

$$[\frac{10}{360} \times 1440분(하루)=40]$$

이를 입력하여 수정하자 컴퓨터가 정상적으로 작동하게 되었다. 여호수아서의 23시간 20분과 히스기야 왕의 40분을 합하면 하루 24시간이 된다. 하나님의 말씀은 일점일획도 틀림이 없다.

백부장의 믿음

옛날 로마 티베리우스 황제시절에 아주 착한 사람이 살고 있었다. 그에게는 아들이 둘 있었는데, 그 중 첫째 아들은 군인이 되어 제국에서 가장 멀리 떨어진 외지로 보내졌다. 또 둘째 아들은 시인이었고, 아름다운 시로 전 로마를 매혹시켰다.

어느 날 밤 그는 꿈을 꾸었다. 천사가 나타나 말하기를 그의 아들 중 하나가 온 세상에 알려져 앞으로 올 모든 세대가 두고두고 그의 이야기를 전하게 될 거라고 했다. 그는 하늘에 감사하는 기쁨의 눈물을 흘리며 잠에서 깨어났다. 그 일이 있고 얼마 안되어 그는 지나가는 마차 바퀴에 깔릴 뻔한 어린아이의 생명을 구하고 대신 죽게 되었다. 평생을 바르게 살아온 덕분에 곧바로 천국에 올라갔고, 꿈에 보았던 그 천사를 만났다. 천사는 그에게 말했다.

"당신은 선하고 사랑으로 가득 찬 삶을 살다가 죽음을 맞이했으니 어떤 소원이든 말하면 들어주겠소."

그러자 그는 말했다.

"저는 천국에 온 이상 제 자신을 위해서는 더 바랄 것이 없어요. 다만 당신이 먼 훗날 두 아들 중 하나의 이야기가 영원히 후세에 남을 것이라고 예언한 것이 생각나네요. 전 그 아들이 둘째 아들로서 그의 시가 후대 사람들의 가슴에 길이길이 남을 것이라고 생각하고 있었답니다. 후세 사람들이 제 아들의 시 중에서 어떤 걸 읊고 있는지 알고 싶습니다."

천사는 대답했다.

"당신의 둘째 아들의 시는 로마인들에게 인기가 높았소. 모두 그의 시를 좋아했고 즐거이 노래했어요. 그러나 티베리우스 황제의 통치가 끝나자 그의 시도 함께 잊혀졌지요. 후세 사람들의 입에 회자되는 이야기는 둘째 아들이 아니라 군인이었던 첫째 아들에 대한 이야기라오. 그 아들은 먼 곳으로 배치되어 갔고 그곳에서 백부장이 되었지요. 그 또한 아주 정의롭고 선한 사람이었지.

어느 날 그의 하인 하나가 중풍이 들어 사경을 헤매고 있었어요. 그때 당신의 아들은 어느 랍비가 사람들의 병을 낫게 해준다는 소문을 듣고 몇날 며칠 말을 달려 그 랍비를 찾아갔어요. 도중에 그는 그 랍비가 신의 아들이라는 사실을 알게 되었어요. 그 랍비 덕분에 병을 고친 사람들을 만나 그분의 가르침을 전해 듣게 된 그는 로마제국의 백부장이라는 높은 신분에도 불구하고 그분에 대한 믿음에 자신을 맡기게 되었다오.

랍비를 만난 그는 자기 하인이 병에 걸려 죽어가고 있다고 말했지요. 그 말을 들은 랍비는 곧 떠날 채비를 했어요. 당신 아들은 믿음이 깊은 사람이었어요. 그는 랍비의 그윽한 눈빛을 바라보며 자신이 진정 신의 아들과 마주하고 있다는 것을 깨달았지요. 그리고 이렇게 말했어요. 영원히 기억될 말이었어요.

"주여! 주께서 제 집에 들어오시는 영광이 제게는 과분할 따름이옵니다. 부디 한 말씀만 해주시옵소서. 그리하면 제 하인이 낫겠나이다".[1]

이 이야기는 성경 마태복음 8장 5-10절에 있는 실제적인 백부장의 이야기이다. 예수님은 그의 믿음을 전 이스라엘에서 가장 크다고 창찬했다.

"이르되 주여 내 하인이 중풍병으로 집에 누워 몹시 괴로워하나이다 이르시되 내가 가서 고쳐 주리라 백부장이 대답하여 이르되 주여 내 집에 들어오심을 나는 감당하지 못하겠사오니 다만 말씀으로만 하옵소서 그러면 내 하인이 낫겠사옵나이다 나도 남의 수하에 있는 사람이요 내 아래에도 군사가 있으니 이더러 가라 하면 가고 저더러 오라 하면 오고 내 종더러 이것을 하라 하면 하나이다 예수께서 들으시고 놀랍게 여겨 따르는 자들에게 이르시되 내가 진실로 너희에게 이르노니 이스라엘 중 아무에게서도 이만한 믿음을 보지 못하였노라"(마 8:6-10).

하나님의 은혜

수의사는 개만 보고도 그 주인에 대해 많은 것을 알 수 있다고 한다. 개의 건강 상태를 보면 주인의 보살핌이 어떠했는지를 짐작할 수 있고, 개의 성격을 보면 주인의 인품을 가늠할 수 있다. 세상은 크리스천을 보고 창조주 하나님에 대해 무엇을 알 수 있을까? 크리스천이 모여서 교회를 이룬다. 교회가 이웃에게 은혜를 베풀면 세상은 그의 주인인 하나님을 은혜가 많은 존재로 인식한다.

맥도날드는 "웬만한 일에는 세상도 교회 못지않게 선한 일을 하고 어떤 경우에는 교회보다 낫다. 그러나 교회는 할 수 있지만 세상이 못하는 일이 하나 있다. 세상은 은혜를 베풀수 없다"라고 말했다.

은혜는 받을 자격이 안 되는 자에게 대가를 바라지 않고 베푸는 것이다. 은혜의 세계에는 자격이라는 말 자체가 성립하지 않는다.

예수님은 우리에게 말씀하신다.

"내가 탕자에게 살진 송아지를 잡아주는 것과 잃은 양 한 마리를 찾기 위해 말 잘 듣는 양 떼를 남겨두고 간 것을 너희가 못마땅하게 생각하느냐? 포도원에서 한 시간 일한 품꾼과 온종일 일한 품꾼의 삯을 같게 한 것으로 너희가 불만을 표출하느냐? 내가 바리새인의 기도보다 세리의 기도를 더 귀히 보거나 죽기 몇 분 전 회개한 강도를 낙원에 들이는 것을 보고 너희 속에 시기가 일어나느냐?"

우리가 상식적으로 생각할 때 이치에 맞지 않는 일을 예수님이 행하셨다. 이것은 은혜의 세계에서만 가능한 일이다. 그러나 가장 큰 은혜는 죄가 전혀 없으신 예수님이 죄인인 인류를 대신하여 십자가에 달려 죽으시고 부활하심으로써 인류의 죄를 대속한 사건이다. 이것은 이루 말로 다할 수 없는 은혜이다.

오늘날 교회는 십자가 대속의 은혜를 가장 중요한 가치로 회복하는 것이 필요하다.

올리브나무의 꿈은 보석상자가 되는 것이었다. 그러나 지나가던 나무꾼이 이 나무를 베어서 마구간에 기거하는 짐승의 구유를 만들었다. 올리브나무의 꿈은 산산조각 났다.

떡갈나무는 왕이 타는 배의 일부가 되겠다는 소원을 가졌다. 그러나 조그만 낚싯배가 되었다.

높은 산정에 홀로 서서 하나님의 창조 섭리를 일깨워주며 눈 오는 겨울에도 독야청청 자랑스럽게 서있는 소나무가 있었다. 그런데 폭우가 쏟아지고 번개 천둥이 치던 어느 날 번개를 맞고 쓰러져 쓰레기 더미에 버려졌다.

세 나무 모두 자신의 가치가 무참히 상실되었다. 그러나 하나님의 계획은 다른데 있었다. 마구간에서 아기예수가 태어나자 올리브나무는 예수님을 누일 때 사용하는 구유가 되었다. 조그마한 낚싯배가 된 떡갈나무는 어느 날 만왕의 왕 예수 그리스도를 태우고 갈릴리 호수를 건너가게 되었다.

몇 년 후 십자가형을 받으신 예수님을 못 박을 십자가를 만들기 위해 로마병사는 쓰레기 더미를 뒤졌다. 거기서 번개 맞은 소나무를 가져다가 예수님이 달릴 십자가를 만들었다. 세 나무가 스스로 다 고난 가운데 끝났다고 생각할 때 하나님은 은혜를 베풀어 이들의 가치를 크게 높여주셨다.

하나님은 크리스천들에게 얕은 물가에 머물지 말고 깊은 물속으로 들어가서 말씀의 진리를 깨닫도록 권고하신다. 젖만 먹는 갓난아이의 신앙에서 벗어나 단단한 음식을 소화해 내는 성인의 믿음을 가지라는 것이다.

"그러므로 우리가 그리스도의 도의 초보를 버리고 죽은 행실을 회개함과 하나님께 대한 신앙과 세례들과 안수와 죽은 자의 부활과 영원한 심판에 관한 교훈의 터를 다시 닦지 말고 완전한 데로 나아갈지니라 하나님께서 허락하시면 우리가 이것을 하리라"(히 6:1-3).

"때가 오래 되었으므로 너희가 마땅히 선생이 되었을 터인데 너희가 다시 하나님의 말씀의 초보에 대하여 누구에게서 가르침을 받아야 할 처지이니 단단한 음식은 못 먹고 젖이나 먹어야 할 자가 되었도다 이는 젖을 먹는 자마다 어린아이니 의의 말씀을 경험하지 못한 자요 단단한 음식은 장성한 자의 것이니 그들은 지각을 사용함으로 연단을 받아 선악을 분별하는 자들이니라"(히 5:12-14).

하나님은 우리가 '신앙의 초보를 버리고 그리스도의 장성한 믿음의 분량까지 자라기'(엡 4:13)를 원하신다.

오늘날 우리는 정보의 홍수시대를 살고 있다. 신자들은 클릭 한 번으로 쉽게 훌륭한 설교와 은혜로운 찬양을 보고 들을 수 있고, 많은 종교서적을 통해 그리스도에 대한 지식을 가질 수 있다. 그러나 우리에게 필요한 것은 그리스도에 대한 지식(knowing about christ)이 아니라 그리스도를 아는 지식(knowing christ)이다.

그리스도에 대한 지식은 우리의 관심을 끌지만 우리를 근본적으로 변화시키는 것은 그리스도를 아는 지식(knowing christ)이다. 물론 그리스도에 대한 지식은 우리로 하여금 대상을 알고자 하는 욕구를 일으켜준다는 점에서 가치가 있다. 그리스도를 인격적으로 만날 때 우리는 그리스도를 안다고 할 수 있다.

난지도의 천지개벽

지금 하늘공원과 노을공원이 있는 상암동 일대는 '난지도'(蘭芝島)라고 흔히 알려져 있다. 김정호는 대동여지도에서 난지도를 꽃이 피어 있는 섬이라는 뜻의 '중초도'(中草島)로 기록했다. 조선 후기 지리서인 택리지도 난지도를 사람이 살기 좋은 곳으로 기록하고 있다. 난지도는 '난초(蘭)와 영지(芝)가 자라던 섬'이었다. 그 형세는 오리가 물에 떠 있는 모습이라고 해서 오리섬(鴨島, 압도)으로도 불렸다.

난지도는 인근 홍제천과 모래내에서 떠내려온 고운 모래들이 지금의 성산동인 금성펄에 쌓여서 100여 만 평의 모래섬으로 이루어진 곳이다. 조선 후기 산수화가로 이름난 겸재 정선은 이 일대 한강의 모습을 금성평사라는 그림에 담았다. 이 그림은 멀리 와우산, 노고산, 남산, 선유봉이 포근하게 금성펄을 둘러싸고 있고 버들가지 사이로 한가로이 고깃배가 떠 있는 아름다운 한 폭의 동양화다.

난지도는 조선 때부터 양반들의 놀잇배 선착장이었고, 해방 뒤에도 이런 아름다운 풍경을 구경하러 온 여행객들로 장사진을 이루었다. 1960~70년대까지만 해도 서울시민들의 이름난 신혼 여행지였으며, 포플러나무가 늘어선 길은 연인들이 자주 찾는 데이트 코스였다. 난지도는 기름진 땅 덕분에 주민들이 풍족한 삶을 살았다. 물이 맑고 깨끗하며 동식물의 먹이가 풍부해서 해마다 수만 마리의 각종 희귀 철새가 도래하는 축복받은 땅이었다. 우리 나라 수수 빗자루의 70퍼센트, 땅콩의 30퍼센트가 난지도에서 생산되었다. 난지도의 주민들은 땅콩과 수수 농사를 지으며 평화롭고 풍족한 삶을 살아갔다. 그러나 아름답고 풍족했던 난지도는 1978년 쓰레기 매립장으로 지정되면서 천지개벽의 변화를 겪어야 했다.

그 후 15년 동안 생활쓰레기, 건설폐자재, 산업폐기물 등 서울의 모든 쓰레기를 매립하는 장소로 변했다. 아름다운 섬 난지도는 쓰레기로 만들어진 높이 90m의 밋밋한 산 두 개로 바뀌었다. 이러한 환경의 변화에 따라 기름진 땅에서 풍족한 농사를 짓고 살던 주민들은 졸지에 쓰레기를 줍는 넝마주이로 신분이 바뀌었다.

인구 천만 명에 달하는 서울에서 배출되는 엄청난 양의 쓰레기로 인해 악취, 먼지, 파리가 많아 삼다도(三多島)라 불릴 정도로 환경은 악화되었고, 매립된 쓰레기에서 메탄가스와 같은 유해가스가 발생하여 크고 작은 화재가 발생하게 되었다고 하니 그 당시 난지도의 암울한 상황을 짐작할 수 있다.

그런데 이러한 난지도가 또 한 번 천지개벽을 겪게 되었다.

서울시가 1993년부터 이곳을 생태공원으로 만들기 시작하면서 쓰레기 산위에 여러 겹의 흙을 덮어서 더러운 모습을 감추었다. 쓰레기 더미에서 배출되는 유해가스는 곳곳에 구멍을 내어 상암경기장의 난방연료로 재활용되고, 침출수는 여러 단계의 정화과정을 거쳐서 한강으로 보내졌다.

하늘공원, 노을공원, 난지천공원이 문을 열었고, 상암경기장에서 월드컵 경기가 열리면서 난지도는 '생태공원'으로 탈바꿈했다. 자연의 놀라운 치유력은 맹꽁이, 이중박새, 원앙, 꾀꼬리, 황조롱이를 불러들이고, 메타세콰이어 숲길은 어느 울창한 산의 숲길에 뒤지지 않는다. 은빛 억새축제는 서울의 가볼 만한 축제로 발돋움했다. 죽음의 땅이라 불리던 난지도는 하루 수만 명이 찾는 아름다운 공원으로 바뀌었다.

난지도 메타세콰이어 숲길, 2018

이와 같은 자연의 놀라운 치유력은 동식물에게만 주어지지 않고 인간에게도 베풀어진다. '나는 자연인이다'라는 TV 프로그램은 깊은 산속에서 홀로 살아가는 자연인의 모습을 보여준다. 병원에서 치료가 불가능한 병을 가졌거나, 정신적으로 힘든 상태로 숲에 들어온 이들이 불과 얼마 되지 않아 건강을 완전히 회복하는 모습을 볼 수 있다.

자연의 치유력은 실로 아름답고 위대하다. 난지도가 때 묻지 않은 아름다운 낙원에서 출발하였지만 쓰레기 처리장으로 몰락하였다가 다시 친환경 동산으로 거듭난 것은 우리 인류의 모습과 유사하다. 에덴동산에서 하나님의 형상대로 창조된 인간은 낙원에서 모든 만물을 다스리고 지배하는 존재로 축복된 삶을 살게 되었다.

"하나님이 이르시되 우리의 형상을 따라 우리의 모양대로 우리가 사람을 만들고 그들로 바다의 물고기와 하늘의 새와 가축과 온 땅과 땅에 기는 모든 것을 다스리게 하자"(창 1:26)

하나님의 형상으로 인간을 지으시고, 또한 지면의 씨 맺는 모든 채소와 열매와 나무를 인간의 식물로 주셨다. 그러나 인간은 하나님 말씀에 불순종함으로 낙원에서 쫓겨나고 저주를 받아, 육체의 죽음과 질병의 고통과 해산의 고통을 받는 약하고 불행한 존재로 전락하고 말았다.

아름다운 땅이었던 난지도가 쓰레기 더미로 바뀌어 악취와 먼지와 파리가 들끓는 저주의 땅으로 바뀐 것과 같이, 인간이 거하는 환경도 저주를 받아 척박한 땅으로 변모하였다.

"땅은 너로 말미암아 저주를 받고 너는 네 평생에 수고하여야 그 소산을 먹으리라 땅이 네게 가시덤불과 엉겅퀴를 낼 것이라 네가 먹을 것은 밭의 채소인즉 네가 흙으로 돌아갈 때까지얼굴에 땀을 흘려야 먹을 것을 먹으리니 네가 그것에서 취함을 입었음이라 너는 흙이니 흙으로 돌아갈 것이니라"(창 3:17-19)

또한 인간은 죄의 본성을 이어받아 과욕과 허영과 다툼과 증오의 악취 나는 모습으로 살다가 결국은 흙으로 돌아가는 불행한 존재가 되고 말았다. 그러나 복된 소식이 들려온다. 우리의 추악한 모습을 의의 옷으로 가려주기 위하여 하나님의 아들 예수님이 2000년 전 이 땅에 오셔서 십자가에 높이 달려 죽으시고 부활하셨다.

이를 믿는 자마다 하나님의 자녀가 되는 권세를 주시고 구원과 영생을 허락하시고 낙원으로 우리를 인도해 주시겠다고 약속하셨다. 또한 이 땅에 사는 동안에는 "나의 하나님이 그리스도 예수 안에서 영광 가운데 그 풍성한 대로 너희 모든 쓸 것을 채우시리라" (빌 4:19)고 약속하심으로써 본래의 모습으로 살게 하셨다.

고만은 패망의 선봉

나사(NASA)의 우주선에는 저 나름대로 독특한 이름이 붙어 있다. 아폴로(apollo, 태양신), 스피릿(spirit, 영혼), 제미니 (gemini, 쌍둥이자리), 파이어니어(pioneer, 개척자), 보이저(voyager, 여행자), 챌린저(challenger, 도전자), 그리고 컬럼비아(colombia, 콜럼버스에서 유래된 정복자란 의미)호 등이다. 이들 중 챌린저와 컬럼비아호를 제외하고는 모두 성공적으로 우주비행을 마쳤고, 보이저호는 지금도 우주 가장 먼 곳으로 날아가고 있다. 왜 챌린저와 컬럼비아호는 성공하지 못했을까?

1986년 1월 쏘아올린 챌린저호는 발사 73초 만에 공중폭발로 7명의 승무원이 전원 사망했다. 이 폭발사고로 미국의 우주방위계획은 큰 타격을 입었다. 폭발 원인은, 발사 당일 고드름이 얼 정도로 추운 날씨에 뻣뻣해져 제 역할을 하지 못한 '오링(O-ring)'이었다. 오링은 기계 부품 이음매에서 기체가 새지 않도록 하는 고무패킹이다.

컬럼비아호는 1981년 처음으로 취항한 나사의 최초 우주 왕복선으로 1998년 각종 동물과 곤충이 함께 탑승하면서 노아의 방주라는 별명을 얻기도 했다.

2003년 컬럼비아호는 외부연료통에 액체수소와 산소를 채운 후 이륙하였고 우주 진입에 성공했다. 그러나 임무를 마치고 지구로 귀환하는 도중 컬럼비아호는 발사 초기 떨어져 나간 타일이 날개에 부딪치면서 구멍이 생겼다. 대기권 진입 시 온도 감지기가 온도를 버티다 못해 타버렸고 작동을 멈춰 구조물이 녹아 내리면서 컬럼비아호와 승무원 전원은 공중에서 분해되는 비극을 맞이했다.

콜럼비아호와 승무원들

챌린저호와 컬럼비아호는 기술적 결함으로 재앙을 가져왔다. 그러나 아이러니하게도 우주에 도전한다거나 우주를 정복한다는 의미를 내포하고 있는 챌린저호와 콜럼비아호는 성공하지 못했다는 점을 발견할 수 있다.

엄홍길씨는 한국의 산악인으로서 세계에서 가장 높은 히말라야 8천 미터급 16좌 완등에 성공했다. 그는 산을 오르는 것에 대해

'정복'이라는 표현을 쓰지 말자고 했다. 산이 인간에게 정상을 잠시 빌려주는 것일 뿐 사람이 어떻게 자연을 정복할 수 있느냐는 말이다. 자신이 높은 산에 올라간 것도 자연이 자신을 받아주었기 때문이라고 겸손하게 말했다.

교만은 패망의 선봉이요 거만한 마음은 넘어짐의 앞잡이니라(잠 16:18)

타이타닉

타이타닉호는 1912년 4월 10일 영국 사우스 샘프턴을 출발하여 목적지 뉴욕을 향해 처녀항해를 시작했다. 목적지를 하루 남겨놓은 자정 직전에 빙산과 충돌하여 선체의 오른쪽에 큰 금이 갔다. 두 시간도 못되어 차가운 대서양바다 수심 4,000미터 아래로 가라앉았다.

타이타닉호의 재난은 인재인가 아니면 자연재해인가라는 물음에 대답한다면 인재가 확실시 된다.

첫째, 주변을 항해하던 선박으로부터 빙산이 가까이 있다는 경고 무전을 수차례 받고도 이를 무시했다. 타이타닉호는 신도 침몰시키지 못할 배라는 자신감을 가지고 출항했다. 하나님 앞에서 가장 큰 죄는 교만이다.

"교만은 패망의 선봉이요 거만한 마음은 넘어짐의 앞잡이니라"(잠 16:18).

그 당시 여객선들이 경쟁하며 다투는 요인은 속도경쟁이었다.

어느 여객선이 항해시간을 가장 단축하는가에 승객들의 관심이

쏠려 있었다. 그래서 타이타닉호도 빙산에 충돌 당시 최고속도로 항진하고 있었다.

둘째, 2,200여 명이 승선하는 여객선에 구명보트가 고작 16개밖에 없었다.

셋째, 부실재료로 배 외벽을 만듦으로써 충돌 당시 내부 외벽이 와르르 무너졌다. 빙산은 그 무게가 수십만 톤에 이르는 떠다니는 섬이다. 다이너마이트로 폭파해도 빙산은 해체되지 않는다. 수면 위에 나타난 빙산은 그 아래 거대한 몸체를 가지고 있으므로 지나가는 배들이 할 수 있는 유일한 방법은 빙산을 피해서 조심스럽게 나아가는 것이다.

제임스 카메론이 감독한 영화 '타이타닉'에서 펼쳐지는 침몰 당시의 상황과 당시 생존자들이 들려주는 진실은 많은 차이가 있다. 2,200여 명이 승선했고, 그중에서 약 1,500명이 사망했으며, 생존자는 700여 명 정도이다. 생존자들이 각자 들려주는 침몰 당시 생생한 상황과 영화 '타이타닉' 줄거리를 비교하면 무엇이 진실이고 허구인지 바로 알 수 있다. 타이타닉호가 침몰한 후 영국 국립 문서 보관소에 기록되어 있는 생존자들의 증언과 영화의 줄거리를 비교해서 진실과 허구를 살펴보기로 한다.

진실:

①단 한 번도 여자가 남자를 구한 기록은 없다.

②책임자가 갑판 아래의 3등석 문을 잠그라고 명령하지 않았다.

③1등석 남자승객이 1등석 여자 승객보다 22배나 많이 죽었다 (사망율:남자 66퍼센트, 여자 3퍼센트).

④가장 부자인 남자는 가장 가난한 여자보다 죽을 확률이 훨씬 더 높았다.

허구:

①자신의 목숨이 위험한데도 한 여자가 한 남자를 여러 번 구했다.

②함장이 3등석 문을 잠그라고 명령했다.

③가난한 사람이 부자보다 더 많이 죽었다.

④남자들이 여자와 아이들보다 먼저 구명정을 타려고 아우성쳤다.

타이타닉호 영화를 제작한 20세기 폭스사는 사실 왜곡에 대해 공식적으로 사과했다.

영화와 실제상황에서 변할 수 없는 진실 한 가지는 장관을 이루며 밤하늘을 총총하게 수놓은 별들의 모습이다. 헤아릴 수 없이 많은 별들은 때 묻지 않은 자연이 승객들에게 제공하는 마지막 선물이었다.

타이타닉호의 수석항해사 와일드와 2등 항해사 라이톨러는 침착하게 구명보트를 내리고 스미스 선장의 명령대로 여자와 아이들만 차례로 보트에 탑승시켰다. 노블레스 오블리주(noblesse oblige)는 사회 고위층 인사에게 요구되는 높은 수준의 도덕적 의무를 말한다. 성경에 보면 "존귀한 자는 존귀한 일을 계획하나니 그는 항상 존귀한 일에 서리라"(사32:8)고 말씀하고 있다. 타이타닉호가 침몰되는 상황에서 진정한 노블레스 오블리주가 실천되었을까.

그 실천 사례로써 두 가지를 들 수 있다.

첫째, 배가 침몰하는 상황에서 자신의 생명보다 승객들을 위로하기 위해 죽음 직전까지 연주했던 8명의 연주자들은 진정 노블레스 오블리주를 실천한 영웅들이었다. 이들의 감동적인 일화는 영화를 통해 잘 알려졌을 뿐 아니라 생존자들의 증언을 통해서도 밝혀졌다. 당시 32세였던 악단의 리더 월러스 하틀리는 타이타닉 침몰 후 10일 만에 시신으로 발견됐다. 신문들은 정장 차림인 하틀리의 시신에 그의 바이올린이 묶여 있었다고 보도했다.

둘째, 이 배에는 뉴욕 메이시 백화점의 소유주인 이시도르 스트라우스와 그의 아내 아이다 스트라우스 노부부가 타고 있었다. 선장이 여자와 아이들만 구명보트에 타도록 한 명령에 따라 여자와 아이들이 순서대로 보트에 올랐다.

보트에 탈 것을 권고 받은 아이다 부인은 남편과 떨어지지 않겠으며 함께 죽겠다는 말을 한 후 하녀 엘렌 버드에게 작별 선물로 모피코트를 건넸다. 그러나 누군가가 그들 두 사람이 다 구명보트에 올라도 아무도 연세 많은 이 부부를 제지하지 않을 것이라고 제안했다. 그러나 이시도르는 단호하게 거절했다.

"나는 다른 사람들에게 허용되지 않는 일이 나에게만 특별히 주어지는 것을 원치 않소"라고 말하며, 아내와 함께 생을 마감했다. 이 이야기는 프랑스인 여성 생존자 로즈 아멜리 이카르가 딸에게 보내는 편지에서 사실로 밝혀졌다.

타이타닉 호가 침몰한 지 몇 년이 지난 후 한 청년은 자신이 그리스도인이 된 간증을 했다.

그는 고향을 가기 위해 타이타닉 호에 승선했다고 말문을 열었다. 차가운 대서양 바다 속에 빠진 그는 간신히 널빤지 하나를 붙들고 사투를 벌이고 있었다. 그때 건너편에서 배 파편을 붙잡고 표류하고 있던 존 하퍼라는 목사님이 그에게로 떠밀려 왔다. 그 목사님이 내게 물었다.

"예수 그리스도를 믿습니까?"

그는 "아니오"라고 대답했다.

존 하퍼는 숨을 가쁘게 몰아쉬며, 다시 다급한 목소리로 말했다.

"예수 그리스도를 지금 믿으세요 그러면 구원을 받습니다."

그분의 말이 끝나자 큰 파도가 우리를 덮쳤다. 한참 후 정신을 차려 보니 그 목사님은 보이지 않았다. 잠시 후 파도에 잠겼던 그분이 물위로 떠올랐다. 그리고는 또 물었다.

"예수님을 구주로 영접하시겠습니까?"

그는 역시 동일하게 "아니오, 믿지 않습니다"라고 대답했다. 또다시 집채만 한 파도가 밀려왔고 존 하퍼 목사님은 더 이상 보이지 않았다. 존 하퍼 목사님은 생을 마감하면서 절박하게 예수님을 전했다.

그 후 청년은 구조된 후 예수님을 영접하게 되었다. 그의 간증은 많은 사람을 감동시켰다. 죽음을 눈앞에 둔 마지막 순간까지 한 영혼을 구원한 존 하퍼 목사님의 이야기는 그 후 많은 사람들을 예수 그리스도 앞으로 인도했다.

겨자씨만 한 믿음

미국과 캐나다를 잇는 나이아가라 폭포에 처음 구름다리를 놓을 때의 일이다. 1800년대 후반에는 별다른 기술이 없었기 때문에 어려움에 봉착했다. 한 직원이 아이디어를 착안했다. 미국과 캐나다를 잇는 폭포의 길이가 거의 1km에 이른다. 바람이 부는 쪽에 서서 가는 실에 연을 달아 반대편 끝까지 날리고, 그 실 끝에다 가는 철사를 매고, 그 철사 끝에는 가는 밧줄을 잇고, 그 밧줄 끝에는 굵은 밧줄, 그 다음에는 가는 철근 그 다음에는 굵은 철근의 순으로 이어서 결국 폭포를 잇는 거대한 구름다리를 만들게 되었다.

　우리가 하나님의 자녀가 되고 믿음의 사람이 되는 것도 마찬가지다. 겨자씨와 같은 작은 믿음이 마음속에 들어오면 점점 자라 결국 튼튼한 철근과 같은 믿음으로 장성할 수 있다. 모든 식물의 씨앗 중 가장 작은 씨앗은 콧김에도 날아갈 정도로 작은 겨자씨이다. 그런데 성경은 만일 우리에게 겨자씨만 한 믿음이 있으면 이 씨앗이 자라난 후에는 나물보다 커져서 나무가 되고 공중의 새들이 그 가지에 깃들인다고 말씀하고 있다.

　말을 자연 속에 방목할 때 농장주들은 각자 자기 말의 엉덩이에 인두로 인을 찍은 후 풀어놓는다. 몇 년이 지난 뒤 엉덩이에 찍혀 있는 인을 보고 각자의 말을 찾아낸다. 마찬가지로 예수 그리스도의 복음을 받아들인 자는 하나님의 인치심을 받고 하늘나라에서 하나님으로부터 보증을 받게 된다.

로빈슨 크루소의 고난 [2]

무인도에 남겨진 로빈슨 크루소는 처지가 가련하게 되었다.

폭풍에 배는 파선되고, 모든 가재도구는 흔적 없이 사라지고, 바닷물에 빠진 몸으로 기어서 겨우 해변에 당도하게 되었다. 해가 지자 추위가 엄습해왔다. 설상가상, 열병으로 부들부들 떠는 신세가 되었지만 아무도 돌보아 주는 사람이 없었다. 해변에 내동댕이 쳐져서 그동안 지은 많은 죄로 인해 영혼마저 짓밟혀지고 말았다.

어려운 상황에서 그가 할 수 있는 일이라고는 아무것도 없었다. 그때 손에 잡히는 것이 있었는데 성경이었다. 그의 눈에 빨려 들어오는 구절은 "환난 날에 나를 부르라 내가 너를 건지리니 네가 나를 영화롭게 하리로다"(시 50:15)였다.

성경에 나오는 많은 믿음의 선진들이 절망과 고난 가운데서 하나님으로부터 가장 큰 위로를 받는 말씀이 바로 이 말씀이었다. 이때까지 성경을 한 번도 진지하게 읽지 않았던 그였지만 이 말씀을 보는 순간 가슴이 뛰기 시작했다.

"그날 밤 생애 처음으로 하나님께 온 마음을 다하여 기도하기 시작했다."

그 다음날부터 그의 마음속에 하나님께 대한 소망이 생기게 되었다. 이 소설의 작가인 포우(De Foe)는 장로교 목사였다. 그는 절망 가운데 처했을 때 하나님께 자신을 맡기는 자의 심경을 로빈슨 크루소를 통해 생생하게 묘사했다.

동굴에 있을 때 다윗의 기도는 절박한 사람의 심경을 가장 잘 토로한 기도이다.

"내가 소리 내어 여호와께 부르짖으며 소리 내어 여호와께 간구하는도다 내가 내 원통함을 그의 앞에 토로하며 내 우환을 그의 앞에 진술하는도다 내 영이 내 속에서 상할 때에도 주께서 내 길을 아셨나이다… 오른쪽을 살펴보소서 나를 아는 이도 없고 나의 피난처도 없고 내 영혼을 돌보는 이도 없나이다 여호와여 내가 주께 부르짖어 말하기를 주는 나의 피난처시요 살아 있는 사람들의 땅에서 나의 분깃이시라 하였나이다 나의 부르짖음을 들으소서 나는 심히 비천하니이다…"(시 142:1-6).

다윗은 동굴이 아닌 왕궁에 있을 때는 하나님을 찾지 않았고 욕망에 빠져 간음죄를 범했다. 안락함과 평안은 기도를 하지 않게 하는 장애물이다. 하나님이 한 사람을 위대하게 쓰시고자 할 때 먼저 하시는 일은 그를 철저하게 깨뜨리는 일이다. 다윗이 그랬고 야곱이 그러했다. 다윗을 왕궁에서 몰아내어 동굴로 도망치게 만들었고, 거기서 처절한 기도를 배우게 했다. 또한 야곱을 쓰기 위해 날이 새도록 하나님과 씨름하게 하셨고, 그의 환도뼈를 부러뜨렸다. 그 씨름은 야곱으로부터 모든 힘을 빼앗아가는 것이었다. 자기 힘으로 할 수 있는 일이 아무것도 없을 때 하나님은 그를 '이스라엘', '하나님의 왕자'로 부르셨다.

마찬가지로 우리를 영적으로 한 단계 성장 시키고자 할 때 하나님은 똑같은 방법을 사용하신다. 옷을 입히기 전에 먼저 우리를 헐벗게 하시고, 음식을 먹이기 전에 굶주리게 만드신다. 하나님께서 우리를 중요한 자로 사용하시기 위해 먼저 보잘 것 없는 자로 만드신다. 다윗이 예루살렘 왕으로 가는 길은 동굴을 경유해야 했고, 야곱이 이스라엘로 불리기까지는 환도뼈가 부러지는 형극의 길을 거쳐야 했다. 하나님은 다윗을 통해 먼저 동굴에서 기도하는 법을 배우게 하셨다. 기도 없이 위대해질 수 있다면 그 위대함은 곧 파멸에 이르게 될 것이다.

독서의 생활화

 성경은 "청하건대 너는 옛 시대 사람에게 물으며 조상들이 터득한 일을 배울지어다"(욥 8:8)라고 말씀하신다. 우리가 위

시기	사건	정보접촉수단
1865	남북전쟁종료	신문
1941	일본의 진주만 기습	신문+라디오
1963	케네디 대통령 암살	신문, 라디오+TV
1991	걸프전	신문, 라디오, TV+CNN
1998	화성탐사	신문, 라디오, TV + CNN+Internet
모든 시대	모든사건	책:모든 시대의 수단 중 최고가치

진주만 공습

화성 탐사

시대별 정보 접촉수단

대한 믿음의 선진들이 터득한 영적지식을 배우고, 깨닫는 좋은 방법은 경건서적을 읽는 것이다. 경건 서적뿐만 아니라 모든 분야의 책 속에는 진리가 들어있다.

베이컨은 "어떤 책은 맛을 봐야 하고, 또 어떤 책은 삼켜야 하며, 또 다른 소수 책은 씹고 소화해야 한다"라고 말했다. 책을 대할 때 어떤 책은 일부만 읽고 또 다른 책은 완벽하게 성실성과 주의력을 갖고 읽어야 한다.

사람이 책을 읽는 것은 살아가는 동안 자기의 길을 잃지 않고 바르게 가게 해주는 커다란 무기를 얻는 것이며, 인류가 남겨 준 가장 크고 유익한 영양소를 자기의 것으로 만드는 것을 의미한다. 역사적으로 중요한 사건이 일어난 시기와 그 사건을 세상에 알리는 시대별 정보 접촉수단을 보면 다음과 같다.

1865년 미국의 남북전쟁 종료사실은 신문에 의해서만 세상에 전달되었다. 그러나 그 후 라디오의 발명으로 인해 1941년 일본의 진주만 기습 뉴스는 신문과 라디오에 의해 전 세계에 알려지게 되었다. 그리고 1963년 케네디 암살사건은 신문, 라디오, TV에 의해, 1990년 걸프전은 신문, 라디오, TV 외에 CNN이 그 뉴스를 실시간으로 알려주었다.

1997년 화성탐사는 앞의 모든 정보전달 수단 외에 Internet이 중요한 전달 역할을 하였다. 시간이 흐름에 따라 정보전달 수단의 발명으로 인해 새로운 정보가 신속하게 세상에 알려지게 되었다. 그러나 모든 시대를 망라하여 모든 정보 중 가장 가치 있고 의미 있는 정보취득 수단은 책에 의한 것이다.

독서는 가장 중요한 창조력의 원천이다.

독서는 기억력을 충족시키고 연상력을 풍부하게 만든다. 영화, 스포츠, TV 등도 창조력을 가져오지만 그냥 보거나 듣는 것은 피상적이다. 지식과 명철을 얻고 창의적인 사람이 되는 길은 독서에 시간을 투자하는 것이다. 독서에 투자하지 않는 리더는 두뇌 속에 축적된 정보나 지식이 없기 때문에 사물이나 현상을 대충 보게 된다. 그러나 독서를 통해 특정정보나 지식을 두뇌 속에 축적하고 있는 경우, 특정사물이나 현상을 목격함과 동시에 관찰된 사실이 창조할 수 있는 사실로 전환된다. 인생은 짧기 때문에 독서를 통하지 않고는 위대한 영웅들의 삶을 내 것으로 만들 수 없다.

오늘날 리더는 예외 없이 독서가이다.

괴테는 60년간 독서한 것이 아니라 독서하는 법을 배웠다고 고백하고 있다.

에디슨은 "최고의 생각은 혼자 있을 때 떠오른다. 그리고 최악의 생각은 시끄러운 곳에서 떠오른다"라고 했다. 에디슨은 10세부터 자신과 인간에 대한 모든 것을 배우려고 도서관의 모든 책을 읽어나갔다. 에디슨의 독서법은 특이했다. 어떤 주제나 책 제목을 찾아서 독서하는 것이 아니라 도서관 입구에 있는 A서가에서 시작하여 Z서가까지의 책을 모두 읽었다. 그는 현대 전자공학의 아버지로 불리고, 역사상 가장 많은 발명을 했다. 그의 육체적·정신적 인내심은 끝이 없었다. 65세까지 하루 16시간씩 일을 했다.

역사적으로 세계 최고의 미술가는 레오나르도 다빈치와 피카소를 꼽을 수 있다. 다빈치는 낮의 여인으로 '모나리자'를 그렸고, 피카소는 밤의 여인으로 '아비뇽의 처녀들'을 그렸다. 사생아였던 다빈치에게 할머니는 매일 죽는 날까지 "너는 무슨 일이든지 해낼 수 있다"라고 속삭였고, 결국 그 말대로 되었다. 피카소는 뛰어난 기억력을 가졌고, 직관력과 유머가 넘쳤다. 어떤 책이라도 한번 훑어보면 그 책의 주제와 인물의 본질을 파악하는 재주를 지니고 있었다.

아무리 유익한 책이라도 그 가치의 절반은 독자가 만든다. 명작은 항상 읽을 가치가 있다고 여기면서 정작 읽지는 않는 책이 되어버렸다. 주간지는 읽을 가치가 없다고 여기지만 늘 읽히는 책이다. 그러나 성경은 세계 최고의 베스트셀러지만 가장 안 읽히는 책이 되고 있다.

그러면 어떻게 독서할 것인가?

독서하는 방법은 여러 가지가 있을 수 있으나 파레토 법칙에 의하면 책 한 권에서 정말 중요한 부분은 20퍼센트이고, 그 20퍼센트에 저자가 전하고자 하는 내용의 80퍼센트가 담겨 있다. 어떠한 책도 저자의 전달하고자 하는 핵심적인 내용은 전체 페이지의 20퍼센트 내에 80퍼센트의 핵심적인 내용을 포함한다는 파레토 법칙을 적용한다면, 우리는 책을 처음부터 끝까지 다 읽어야 한다는 강박관념에서 벗어나야 한다.

책 속에는 이미 아는 것, 저자의 생각 중 잘못된 것, 잘못된 번역 등 무시하고 건너뛰어야 할 내용이 있는데, 이런 데 시간을 쏟을 필요가 없다. 3분만 읽으면 덮어야 할 책인지 계속 읽어야 할 책인지를 알고 판단해야 한다. 연극을 관람하는데 전반부가 재미없다가 후반부에 가서 흥미 있는 연극이 없듯이 책도 그러하다.

책을 읽을 때 중요한 내용은 반드시 메모하면서 읽어 나간다.

중요한 아이디어, 또는 인류의 발전에 획기적인 기여를 하는 독창적인 생각은 한 조각씩 단편적으로 던져지기 때문에 메모하지 않으면 쉽게 잊어버린다. 메모하지 않고 기억해 내는 아이디어는 B급 아이디어다. 새로운 아이디어는 책을 읽을 때 가장 잘 떠오른다.

빌 게이츠는 "하버드대학 졸업장보다 소중한 것은 독서하는 습관이다"라고 말했다.

데카르트는 "좋은 책을 읽는 것은 과거의 가장 뛰어난 사람들과 대화를 나누는 것과 같다"라고 했다.

1970년대 인기직종 중 병아리 감별사가 있었다.

병아리가 부화장에서 부화된 지 24시간 안에 0.1~0.3센티미터에 해당하는 병아리의 작은 생식기를 손으로 만져보고 암수를 가려내는 직업이다. 감별 기술은 작은 손과 손끝의 섬세한 감각 능력에 달려 있다. 이와 마찬가지로 정보의 홍수 속에서 우리에게 요구되는 능력이 바로 병아리 감별사의 능력이다. 엄청나게 쏟아져 나오는 정보 가운데 자신의 업무나 교양을 업그레이드하기 위해서는 필요한 정보를 신속 정확하게 선별해 내는 능력이 필요하다.

책의 저자와 독자와의 관계는 야구의 투수와 포수의 관계와 같다. 이때 투수와 포수는 서로 사인을 통해 빠른 공, 느린공, 커브, 체인지업 등 다양한 종류의 공을 던진다. 포수는 어떤 공을 던지더라도 다 잡는 기술을 가지고 있어야 한다. 마찬가지로 독자는 저자가 구사하는 어떤 의도의 내용도 다 이해할 수 있는 독서법을 연마해야 한다.

폐암을 유발하는 원인으로서 과학적으로 입증된 하나의 요인은 흡연인 것과 마찬가지로, 창의적인 사람이 되기 위한 가장 확실하게 규명된 방법은 인터넷 검색이나 TV시청, 영화관람, 여행이 아니라 독서에 의한 것이다. 인간은 80을 살지만 독서를 통해 수만 년 문화와 역사와 진리를 깨닫게 된다.

부정적인 경향

한 심리학자의 연구에 의하면 영어 단어 가운데 감정을 나타내는 단어는 총 558개인데, 그중 62퍼센트가 부정적인 단어이고, 긍정적인 단어는 38퍼센트에 불과했다. 인간은 기본적으로 긍정적인 성향보다는 부정적인 경향에 빠질 확률이 월등히 높다. 또한 인간의 행동과 인지에 있어서도 긍정적인 기질보다는 부정적인 것에 집착하는 성향이 높다는 실험결과가 나왔다.

실험A: 사람들은 좋은 사진보다는 나쁜 사진을 더 오랫동안 바라본다.

실험B: 사람들은 이웃을 평가할 때 그 사람의 좋은 점보다는 나쁜 점에 더 집착하고 주의를 기울이는 경향이 있다.

인간은 태어나는 순간부터 기쁨과 즐거움의 감정을 표출하는 빈도보다는 단순한 흥분에서 시작하여 불쾌함, 노여움, 혐오, 두려움, 질투의 감정을 더 많이 드러낸다고 한다. 성인이 되면 희로애락의 감정을 느끼게 되고, 그밖에 생리적, 심리적, 사회적, 문화적 요인 등에 의해 다양한 감정을 표출한다. 감정 상태가 어디에 얼마만큼 오래 머무느냐에 따라 인간관계에 영향을 미치고, 개인의 창의적인 능력과 성과에도 지대한 영향을 미친다.

우리의 생각과 감정은 통제가 불가능하다. 우리가 원치 않아도 저절로 떠오른다. 특히 부정적인 생각은 긍정적인 생각보다 더 자주 떠오른다. 이는 아침에 종소리가 울려 퍼질 때 그 소리를 듣지 않겠다고 다짐해도 소용없는 것과 같다.

감정 상태를 부정적인 면과 긍정적인 면으로 나누어 래리 센(Larry senn)은 감정 엘리베이터 모형을 개발했다. 18층 높이의 건물에는 각층마다 각기 다른 감정이 살고 있다. 1층부터 9층까지 저층에는 우울함과 조바심 등 부정적인 감정들이 머무르고 있고, 10층부터 18층까지 고층에는 호기심과 감사함 등 긍정적인 감정들이 살고 있다.

인간의 감정 상태는 수시로 변한다. 지금 우리의 감정 상태는 어디 층에 있는지 점검해 보자. 예컨대 다른 사람을 비판하고 있다면 5층에 있는 셈이다. 비판은 집비둘기와 같아서 반드시 자기 집으로 돌아온다. 즉시 엘리베이터를 상위층으로 이동시키자. 매순간 감정 상태를 체크한 후 9층 이하의 부정적인 감정 상태에 있다면 엘리베이터를 고층으로 이동하여 긍정적인 마음상태를 가지자.

언제나 감정 상태가 10층 이상의 고층에 머물러 있다면 그 사람의 감정 상태는 건강하며, 긍정적인 에너지가 창의적인 아이디어로 바뀌어 생산적인 일에서 성과를 낼 확률이 높다. 성경은 항상 기뻐하고, 남을 나보다 낮게 여기며 감사하는 마음상태를 유지하라고 권고한다.

우리가 긍정적인 감정 상태를 유지하는 것은 성경의 뜻이다. 성경은 항상 기뻐하고, 남을 나보다 낮게 여기며 감사하는 마음상태를 유지하라고 권고한다.

"항상 기뻐하라"(살전 5:16).

"아무 일에든지 다툼이나 허영으로 하지 말고 오직 겸손한 마음으로 각각 자기보다 남을 낫게 여기고"(빌 2:3).

"범사에 감사하라 이것이 그리스도 예수 안에서 너희를 향하신 하나님의 뜻이니라"(살전 5:18).

나의 감정(moods) 엘리베이터는 현재 몇 층에 멈춰 있는가?		

18 감사함
17 지혜로움
16 창의성
15 온정적
14 낙관적
13 고마움
12 유머
11 유연함
10 호기심

긍정적인 감정 상태

9 조바심
8 초조함
7 염려
6 방어적
5 비판적
4 독선적
3 스트레스
2 분노
1 우울함

부정적인 감정 상태

감정 엘리베이터

출처: ≪경영과 리더십≫, 오세열 저, 삼영사, p145.

새 시대 인간상

자동차 한 대를 만드는 데 들어가는 부품 수는 약 만 3천개이고, 보잉 747 점보 제트 여객기에는 300만 개의 부품이 필요하다. 그리고 우주 왕복선에는 500만 개의 부품이 들어간다. 여기에 비해 인간의 몸은 무려 60조 개의 세포 조직으로 구성되어 있다. 하나님이 이렇게 위대하게 만들어 놓은 인간은 각자 장점과 약점을 가지고 한 평생을 살아간다.

우리 인생은 자신의 장점을 키워나갈 시간이 많이 주어져 있지 않다. 장점은 내버려두면 저절로 발전하고 자라나는 성질의 것이 아니다. 타고난 재능이 아무리 훌륭하고 뛰어난 천재라도, 사용하지 않고 갈고 닦지 않으면 그 재능은 곧 쇠퇴하고 소멸된다. 장점을 관리하고 연마해가면 장점은 더 강해지고 탄탄해지지만, 약점에 신경을 쓰면 쓸수록 약점은 더 크게 부각된다. 관심을 장점에 두고 집중하면 할수록 약점은 없는 것처럼 여겨진다.

구시대에서 인정받는 인간상은 IQ가 높고, 아는 것이 많으며, 주어진 일을 성실히 수행하는 사람이다. 그러나 오늘날 우리가 직면하는 주변 환경은 과거와는 사뭇 다르다. 과거의 환경이 조용한 강에서 이루어지는 조정 경기에 비유된다면, 오늘날 환경은 급속하게 변하기 때문에 험한 계곡을 타고 내려가는 래프팅 경기에 해당된다. 이러한 주변 환경의 변화로부터 현 시대가 요구하는 인간상은 인격을 갖추고 창의적인 사고를 하는 EQ가 높은 사람이며, 학력보다는 무엇을 공부했느냐가 중요하다. 또한 직위보다는 직위에서의 차별화가 요구된다.

　아는 것이 많다는 것이 중요하지 않고 계속적으로 배우려는 자세가 필요하며, 스스로 일을 해나가는 인간상이 적합하다. 그래서 새 시대가 요구하는 인간상은 '높다/낮다'의 문제가 아니라 '한다/안 한다'의 문제인 것이다.
　그러나 구시대나 새 시대를 불문하고 모든 시대에서 인간이 갖추어야 할 인간상은 FQ(Faith Quotient, 믿음지수)이다. 믿음지수가 높은 인간이 하나님께 높임을 받는다.
　"복음에는 하나님의 의가 나타나서 믿음으로 믿음에 이르게 하나니 기록된바 오직 의인은 믿음으로 말미암아 살리라 함과 같으니라"(롬 1:17).

구시대와 새시대의 인간상 비교

구 시대 인간상	기존기업은 화창한 날씨에 한강에서 벌이는 조정경기에 비유된다. CEO와 상급자의 지시에 따라 주어진 일을 성실히 하면 된다. 그러나 불확실성과 세계화의 물결이 사방에서 몰아치는 오늘날 기업 현실은 중무장한 헤드기어를 쓰고 험난한 장애물을 쉴새없이 헤쳐나가야 하는 래프팅(rafting) 경기다. 창의력을 발휘하여 스스로 모든 일을 해야 한다.	새 시대 적합한 인간상
IQ (논리력, 언어지능) 학력 직위 아는게 많다 주어진 일을 한다 많다 / 적다의 문제		EQ (인격, 창의력) 무엇을 공부했는가 직위에서의 차별화 계속 배운다 스스로 알아서 한다 한다 / 안 한다의 문제

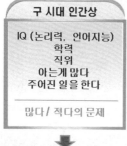

조정경기

래프팅경기

출처: 《경영과 리더십》, 오세열 저, 삼영사, p14.

학교에서 평가되는 IQ지능은 언어적 지능과 수학적 지능만으로 구성되어 있다. 그러나 하버드 대학의 가드너 교수는 인간에게는 여덟가지 지능이 있다고 발표했다. 언어와 수학적 지능 외에 음악, 공간, 신체운동, 친화, 자기성찰, 자연친화 지능이 그것이다. 무지개가 일곱 색깔을 가지는 것처럼, 인간은 이와 같은 여덟 가지 다양한 지능을 가지고 있다. 이러한 팔기통 엔진은 누구나 다 가지고 태어난다. 다만 사람마다 각 지능의 높낮이만 차이가 있을 따름이다. 누구나 여덟가지 지능 가운데 남보다 조금이라도 특출한 부분이 있게 마련이다. 하나님의 형상을 따라 창조된 인간이 자신의 장점을 발견하고 그것을 특화해 나간다면 우리는 원래 하나님의 형상에 더 가까워질 것이다.

우주의 생명체

나사 소속 과학자 루이스 햄린은 우주에는 은하가 2천 억 개 있고, 각각의 은하마다 2천 억 개의 항성이 있다고 한다. 그러므로 이 광활한 우주에는 항성이 지구에 있는 모래알 수보다도 더 많을 것이라는 결론이다. 우리는 세 개의 공간과 하나의 시간이라는 네 개의 차원을 가지고 살고 있으며, 그 안에서 시간과 공간이 서로 연결되어 있다.

인간은 지구라는 행성(planet)에서 달이라고 하는 위성(satellite)을 가지고 있다. 또한 태양이라는 항성(permanent star)을 돌며 은하계 속에 속해 있다. 지구는 우주공간을 돌면서 태양으로부터 나오는 빛과 온기를 받으면서 산다. 호주의 천문학자가 우주에 있는 별들의 수효를 계산해 냈는데, 자그마치 7이란 숫자 뒤에 0이 22개가 있는 숫자이다.

이 헤아릴 수조차 없는 수효는 지구상에 있는 모든 해변과 사막에 있는 모래알의 숫자보다도 많은 것이다. 별들의 숫자를 추정하는 것은 우리가 하나님을 더 큰 경외와 경탄을 가지고 찬양하게 만든다.

시편 147편 1-5절은 "할렐루야 우리 하나님을 찬양하는 일이 선함이여 찬송하는 일이 아름답고 마땅하도다… 그가 별들의 수효를 세시고 그것들을 다 이름대로 부르시는도다 우리 주는 위대하시며 능력이 많으시며 그 지혜가 무궁하시도다"라고 노래한다.

이 시편은 하나님의 위엄을 보여줄 뿐만 아니라 또한 우리 한 사람 한 사람에 대한 하나님의 직접적인 관심을 보여준다. 상심한 자를 고치시고, 저희 상처를 싸매시며, 우리 한 사람 한 사람을 손바닥 보듯이 아시며 돌보시는 하나님이시다.

성경은 생명체가 지구가 아닌 다른 우주 공간에 존재하는지에 대해 침묵하고 있다. 많은 그리스도인은 다른 행성에도 생명체가 있으리라고 생각해 왔다. C.S.루이스도 상당히 많은 생명체가 우주에 가득 차 있을지도 모른다고 말했다. 그러나 생명체가 어디에 얼마나 존재하든지 관계없이 확실한 한 가지 사실은 그것은 자연의 힘이 아닌 창조주 하나님의 작품이라는 점이다.

닐 암스트롱과 버즈 올드린은 달에 착륙한 첫 우주인이었다.

두 사람이 달에 첫발을 내딛으면서 맨 먼지 한 일은 성경과 성배, 성찬용 빵과 포도주로 성찬식을 행한 것이었다. 1968년 유인 우주선을 타고 최초로 달 주위를 공전한 프랭크 보먼은 창세기 1장을 인용하며 태초에 하나님은 천지를 창조하셨고, 그 태초가 그곳에 존재했다고 고백했다.

소련 우주인 가가린이 최초로 달 궤도를 돌고 와서 한 소감은 "달의 어디에서도 하나님을 볼 수 없었다"라고 했다. 그러나 몇 년이 지난 1971년 7월 26일 달에 도착한 미국우주비행사 제임스 어윈은 달 위를 걷기도 하고 달 표면을 이동차를 타고 운전했는데, 그는 이렇게 고백했다.

"달 위에 두 발을 딛고 선 후 끝없이 펼쳐진 광활하고 거대한 우주가 단 하나의 질서 속에 존재하는 것을 깨닫고 하나님이 살아 계심을 확신하게 되었다. 사람들은 인간이 달 위를 걷고 있다고 대서 특필하고 있지만, 2000년 전 예수 그리스도가 지구에 오셔서 지구 위를 걸으셨다는 것은 이보다 훨씬 큰, 말로 다할 수 없는 사건임을 통감한다."

그는 우주에는 하나님의 영광이 충만하며, 하나님의 음성을 가까이서 들었다고 말했다. 한 청년이 그에게 물었다.

"가가린은 하나님을 보지 못했다는데 당신은 어떻게 보았습니까?"

어윈은 "마음이 청결한 자는 하나님을 볼 것이라"라고 대답했다. 그는 달에서 지구를 볼 때 너무나 기이하고 황홀했다고 토로했다.

지구에서 보는 달은 흑백으로 작게 보이지만 달에서 보는 지구는 엄청나게 크고, 컬러로 울긋불긋하게 보였다고 했다. 그리고 중국의 만리장성이 보였다고 했다.

아폴로 15호와 제임스 어윈

그보다 더 중요한 간증은, 우주에서 지구로 돌아오는 도중에 하나님의 임재하심을 경험한 것이다. 캡슐을 타고 지구로 귀환할 때 두 개의 낙하산이 펼쳐져야 하는데 한 개만 작동하고 다른 낙하산이 펼쳐지지 않았다. 캡슐이 안전하게 지구에 안착하기 위해서는 하강속도를 두 개의 큰 낙하산이 줄여주어야 한다. 고장 난 낙하산을 펼치기 위해 휴스턴 본부와 우주인들은 필사적인 노력을 기울였다.

그러나 어떤 비상수단도 허사로 돌아갔다. 엄청난 속도로 떨어지고 있는 캡슐은 곧 박살이 나고 말 운명에 처했다. 이런 긴급한 상황에서 누구나 할 것 없이 외친 것은 "기도하자!"였다.

> "너는 내게 부르짖으라 내가 네게 응답하겠고 네가 알지 못하는 크고 은밀한 일을 네게 보이리라"(렘 33:3).

간절하고 집중적인 기도는 즉각적인 응답으로 돌아왔다. 이상한 현상이 발생했다. 느닷없이 캡슐이 떨어지고 있는 땅에서 큰 회오리바람이 치솟아 올랐고 캡슐의 속도를 현저하게 줄여주었다. 결국 속도를 줄여주는 낙하산의 효과를 회리바람이 멋지게 해냄으로써 캡슐이 안전하게 땅에 안착하게 되었다. 하나님의 기적이 일어난 것이다.

어윈은 "우주선을 휴스턴 사령탑에서 조정하는 줄 알았는데, 진정 우주선을 안전하게 인도하시는 분은 하나님임을 깨닫게 되었다"라고 말했다.

> "사람이 마음으로 자기의 길을 계획할지라도 그의 걸음을 인도하시는 이는 여호와시니라"(잠 16:9).

말씀 섭취의 방법

하나님의 말씀은 우리가 매일 영의 양식으로 먹어야 할 주식이지 간식이 아니다. 건강한 크리스천이 되기 위해서는 성경을 패스트푸드나 간식으로 먹어서는 안 된다. 결혼을 앞둔 한 청년의 성경 읽는 방식은 독특했다. 성경을 무작위로 펼쳤을 때 눈에 들어오는 말씀을 하나님이 주시는 레마로 믿고 성경을 읽어나가는 것이었다.

그러던 어느 날 성경을 펼쳤을 때 예레미야 16장 2절이 당첨되었다.

"너는 이 땅에서 아내를 맞이하지 말며 자녀를 두지 말지니라."

그 순간 충격으로 얼굴이 창백해졌다. 결혼 날짜를 받아놓은 총각에게 결혼을 포기하라니 도저히 받아들일 수 없었다. 이처럼 말씀의 앞뒤 문맥을 이해하지 않고 뚝 잘라서 읽는 것은 위험하다. 성경은 편식해서는 안 되며 골고루 읽어나가야 한다는 교훈을 준다. 또한 성경의 특이한 면을 관심을 갖고 보는 사람도 있다.

성경 66권 중 하나님이나 여호와란 말이 한 번도 나오지 않는 성경책은 어떤 책인가? 에스더서라는 사실을 발견했다. 그러면 가장 짧은 장은 어디일까? 시편 117장이다. 이런 식으로 성경을 보는 것은 잘못된 성경공부이다. "하나님의 말씀은 살아 있고 활력이 있어 좌우에 날선 어떤 검보다도 예리하여 혼과 영과 및 관절과 골수를 찔러 쪼개기까지 하며 또 마음의 생각과 뜻을 판단하는"(히 4:12) 책이다.

또한 "내가 네게 이른 말이 영이요 생명"이라고 말씀하신다. 공자나 맹자나 옛 성현들의 책과는 본질적으로 차이가 있다. 하나님의 말씀은 교훈과 책망과 바르게 함과 의로 교육하기에 합당한 책이다.

영국은 8세기에서 11세기까지 바이킹의 나라 또는 해적의 나라였지만, 하나님의 복음을 받아들인 후 신사의 나라로 바뀌었다. 복음은 개인을 변화시킬 뿐만 아니라 나라 전체를 변화시키는 능력을 갖고 있음을 보여준다. 성경은 사람이 떡으로만 살 것이 아니라 하나님의 입에서 나오는 말씀으로 살 것이라고 말씀하고 있다.

오늘날 세상에는 수많은 정보들이 홍수를 이루고 있다. 그런데 바다에 표류하는 사람은, 사방이 물 천지를 이루지만 정작 마실 물은 한 방울도 찾지 못하는 것처럼, 세상에는 온갖 정보들로 넘쳐나지만 정작 우리 영혼의 목마름을 해소시켜 줄 지식은 하나도 없다.

말씀은 빨리 먹어 치울 수 있는 패스트푸드가 아니라 소가 되새김질하듯이 읽고 암송하고 묵상해야 그 맛을 알 수 있다. 오늘날과 같은 저금리 시대에는 많은 사람들이 조금이라도 수익률이 높은 곳에 투자하려고 각종 펀드에 투자한다. 그런데 가장 확실하고 어떤 투자 대상보다 투자 수익률이 높은 투자 대상이 있다. 그것은 성경 암송과 묵상이다. 하늘나라는 말에 있지 않고 능력에 있다. 성경 암송에 소요된 시간과 노력에 비하면 말씀이 우리의 영과 혼과 육에 가져다주는 유익함은 말로 다할 수 없을 정도로 크다.

시편 119장 15절에서 "내가 주의 법도들을 작은 소리로 읊조리며 주의 길들에 주의하며"라고 시편기자는 노래한다. 시편 1편 한 장만으로도 노벨상을 타고도 남는 가치가 있다. 괴테, 셰익스피어, 톨스토이, 도스토예프스키 등과 같은 세계적 문학가들도 작품에 대한 소재를 성경에서 얻었고 성경을 떠나서는 위대한 작품을 쓸 수가 없었다.

성경의 핵심적인 내용들을 생각 속에 끌어들여 우리 사고의 영구적인 부품으로 편입시키면 그 말씀이 우리의 능력이 된다. 우리는 성경의 핵심부분을 손바닥처럼 훤히 알 필요가 있다. 가장 좋은 방법은 성경구절을 암송하여 삶의 사건과 상황을 통과할 때마다 계속 머릿속에 되새기는 것이다(수 1:8; 시편 1편; 롬 5:1-8; 고전 13장; 골 3:1-17 등).

이런 말씀들을 마음에 새기면 생각이 하나님의 빛으로 충만해진다. 그 빛이 어둠 속에 비춰면 어둠은 사라진다. 어둠의 세력을 어떻게 물리칠까 고민할 필요가 없다. 말씀 앞에서 어둠은 무력해진다. 하나님의 말씀이 우리 사고를 형성하여 우리의 일상적인 말 속에 스며들도록 하자. 그럴 때 성령의 생각이 우리의 생명과 평안임을 피부로 느끼게 된다. 나침반 바늘이 항상 정북을 가리키듯 삶의 모든 영역에서 우리의 생각이 늘 하나님 중심으로 맞춰지게 된다.

인류의 변화 역사 네 마디: 창조·타락·구속·영화

"모든 사람이 죄를 범하였으매 하나님의 영광에 이르지 못하더니 그리스도 예수 안에 있는 속량으로 말미암아 하나님의 은혜로 값없이 의롭다 하심을 얻은 자 되었느니라"(롬 3:23-24).

인간은 태초에 하나님으로부터 지음을 받은 후 에덴 동산에서 타락함으로 하나님 앞에서 쫓겨났다. 그 후 예수 그리스도의 구속의 은혜로 말미암아 변화되며, 하나님의 자녀로까지 신분의 변화를 가진다. 이와 같은 인간의 역사는 네 단어로 요약된다.

• 창조되었고(FORMED),

- 타락했고(DEFORMED),
- 구속되었고(TRANSFORMED),
- 영화롭게 되었다(CONFORMED).

첫째, 인간은 하나님의 형상을 따라 지음 받은바 되었다 (FORMED).

"하나님이 자기 형상 곧 하나님의 형상대로 사람을 창조하시되 남자와 여자를 창조"(창 1:27)하셨다. 하나님의 형상대로 지음 받은 아담은 범죄하기 전 하나님의 지혜와 계시, 재능과 모략, 지식과 여호와를 아는 영으로 충만하였다. 그리고 하나님은 아담을 로봇같이 창조하지 않고, 순종과 불순종을 선택할 수 있는 자유의지를 주셨다.

인간과 로봇의 차이는 무엇인가? 로봇은 프로그램대로 절대 순종하지만, 하나님께서는 인간을 창조하실 때 그것을 원하지 않으셨고 자유의지에 따라 하나님의 뜻을 따르도록 만드셨다.

둘째, 아담의 범죄 함으로 인하여 하나님은 인간을 죄인으로 규정하시고 사형선고를 내렸다. 그리하여 인간은 하나님의 생명으로부터 분리되었다(DEFORMED).

범죄 함으로 인하여 인간의 형상은 왜곡되고 하나님과 원수가 되었다. 인간의 마음은 상실되고, 혼미하고, 허망하게 되었다.

"기록된바 하나님이 오늘까지 그들에게 혼미한 심령과 보지 못할 눈과 듣지 못할 귀를 주셨다 함과 같으니라"(롬 11:8).

인간의 손상된 마음에는 상실된 마음과 혼미한 마음과 허망한 마음이 존재한다. 상실된 마음은 도덕에 대해 무감각하게 됨을 말한다.

> "또한 그들이 마음에 하나님 두기를 싫어하매 하나님께서 그들을 그
> 상실한 마음대로 내버려두사 합당하지 못한 일을 하게"(롬 1:28)

그리고 혼미한 마음상태에서는 하나님의 역사하심을 깨닫지 못
하고 사탄의 계략도 알지 못한다.

> "만일 우리의 복음이 가리었으면 망하는 자들에게 가리어진 것이라
> 그중에 이 세상의 신이 믿지 아니하는 자들의 마음을 혼미하게 하
> 여 그리스도의 영광의 복음의 광채가 비치지 못하게 함이니 그리스
> 도는 하나님의 형상이니라"(고후 4:3-4).

그리고 허망한 마음으로는 인간의 문제를 해결할 수 없고 결국
하나님을 떠나게 된다.

> "…이제부터 너희는 이방인이 그 마음의 허망(futility)한 것으로 행함
> 같이 행하지 말라"(엡 4:17).

셋째, 2000년 전 하나님은 예수 그리스도로 하여금 친히 십
자가에 달려 "의인으로 불의한 자를 대신하게 하심"(벧전 3:18)으로,
죄인인 인간이 하나님께 직접 나아갈 수 있는 길을 열어 주셨다
(TRANSFORMED). 예수님께서 우리를 위해서 다 이루셨다면 구원을
받기 위해서 우리가 할 일은 무엇인가?

> "네가 만일 네 입으로 예수를 주로 시인하며 또 하나님께서 그를 죽
> 은 자 가운데서 살리신 것을 네 마음에 믿으면 구원을 받으리라 사람이
> 마음으로 믿어 의에 이르고 입으로 시인하여 구원에"(롬 10:9-10) 이르게
> 하셨다.

인간을 개선시키기 위해 인류는 법률제정, 교육, 환경 개선이라

는 방법을 즐겨 사용해 왔다. 그러나 이러한 방법으로는 인류를 근본적으로 변화시키지 못한다. 법률 제정은 인간의 외면적인 면을 통제할 뿐 내면적 인간의 개선에는 아무런 진전을 가져올 수 없다. 교육 또한 지식을 통해 인간을 개선시키지 못하며 오히려 인간을 능란하게 만들 뿐이다.

환경을 개선함으로써 쾌적한 여건을 도모하지만 더 나은 환경 속에서도 인류의 내면세계를 변화시키지는 못한다. 우리의 단호한 의지나 힘, 또는 능으로도 안 되며 오직 예수 그리스도만이 우리를 진정으로 변화시켜 준다.

"그런즉 누구든지 그리스도 안에 있으면 새로운 피조물이라 이전 것은 지나갔으니 보라 새 것이 되었도다"(고후 5:17).

십자가에 달린 우편강도는 평생을 강도로 살아왔지만 죽기 직전에 예수님을 마음으로 믿고 입으로 시인하여 구원에 이르렀다. "아담 안에서 모든 사람이 죽은 것같이 그리스도 안에서 모든 사람이 삶을"(고전 15:22) 얻게 되었다. 아담의 원죄가 모든 인류에게 전가되어 모든 자가 죄인이 되었지만 그리스도 한 분으로 인해 모든 자가 생명을 얻게 되었다.

"곧 우리가 원수 되었을 때에 그의 아들의 죽으심으로 말미암아 하나님과 화목하게 되었은즉 화목하게 된 자로서는 더욱 그의 살아나심으로 말미암아 구원을 받을 것이니라"(롬 5:10).

한 사람 아담의 순종치 아니함으로 많은 사람이 죄인 된 것같이 한 사람 예수님의 순종하심은 많은 사람을 의인으로 만든다.

넷째, 하나님은 우리를 구원해 주셨을 뿐 아니라 우리를 하나님의 아들 신분으로 높여주셨다(CONFORMED).

"무릇 하나님의 영으로 인도함을 받는 사람은 곧 하나님의 아들이라 너희는 다시 무서워하는 종(slave)의 영을 받지 아니하고 양자(sonship)의 영을 받았으므로 우리가 아빠 아버지라고 부르짖느니라"(롬 8:14-15).

이제 우리의 손상된 마음은 새로운 마음으로 회복된다. 회복된 마음은 분별력 있는 마음으로 나타난다. 회복된 마음은 빼앗기지 않도록 지켜야 한다.

"모든 지킬 만한 것 중에 더욱 네 마음을 지키라 생명의 근원이 이에서 남이니라"(잠 4:23).

우리의 영적인 마음은 성령과 화합하여 하나님의 깊은 진리를 깨닫게 된다.

"오직 하나님이 성령으로 이것을 우리에게 보이셨으니 성령은 모든 것 곧 하나님의 깊은 것까지도 통달하시느니라"(고전 2:10).

새로워진 마음은 우리로 하여금 이 세상을 본받지 않게 하며 우리를 향하신 선하시고 온전하신 하나님의 뜻을 분별하게 만든다.

"너희는 이 세대를 본받지 말고 오직 마음을 새롭게 함으로 변화를 받아 하나님의 선하시고 기뻐하시고 온전하신 뜻이 무엇인지 분별하라"(롬 12:2).

이제 분별력 있는 마음으로 교만한 마음을 다 버리고 예수 그리스도께 복종하는 삶을 살아야 한다.

비타민 C

영국의 해군 군의관인 제임스 린드는 1747년 병사들과 항해 중 폭풍우를 만나 섬에 표류하게 되었다. 그런데 병사들이 괴혈병에 걸려 죽게 되었다. 원주민이 레몬 과일즙을 짜서 먹이자 생기를 찾게 되었다. 그 후 먼 곳을 항해할 때는 레몬을 잔뜩 싣고 항해를 하게 되자 한 명도 죽지 않았다. 괴혈병을 치료하는 요인이 비타민 C라는 사실과 인간은 스스로 생명유지에 필수적인 요인인 비타민 C를 만들지 못한다는 사실을 깨닫게 되었다.

인간이 처음 창조되었을 때는 스스로 비타민 C를 만들 수 있었지만, 어느 순간부터 합성 능력을 상실하게 되었다. 과학자들의 방위원소 추적 결과에 의하면 약 5천 년 전에 그 유전자를 잃게 된 것으로 추정하고 있다.

노아 홍수사건 후 일어난 바벨탑 사건으로 하나님은 인간에 대한 징계를 두 가지 하셨는데, 하나는 사람들의 언어를 다르게 하신 것이고 다른 하나는 비타민 C를 간 속에서 스스로 합성하는 능력을 상실하게 한 것이다.

비타민 C는 자기 스스로 산화되어 유해산소 물질을 제거하는 항산화제의 역할을 한다. 항산화제가 부족하면 생명을 잃게 된다.

비타민 C는 A, D, E, K가 지용성인 데 비해 수용성이므로 인체 내에 쉽게 흡수되고 독성이 없어 부작용이 없다. 소, 말, 개 등의 동물은 비타민 C를 스스로 만들어 내기 때문에 비타민 C를 따로 섭취할 필요가 없다. 소는 마른 여물을 푹 삶아서 먹여도 겨울 내

내 건강하게 지낼 수 있다. 즉 삶은 여물 속에는 비타민 C가 다 파괴되고 없어도 소는 몸속에서 스스로 비타민 C를 생성해 내기 때문에 문제될 게 없다.

노아의 여덟 식구는 배안에서 1년 17일, 즉 382일을 살았지만 한 명도 죽지 않았다. 괴혈병에 걸리지 않은 것은 그 당시 사람들은 인체 내에 스스로 비타민 C를 합성하는 기능을 가지고 있었다는 사실이다. 창조시대의 인간은 900세까지 살았는데, 인간이 죄를 짓고 비타민 C를 합성하지 못하자 급격히 수명이 단축하게 되었다.

80/20 법칙 실행하기

이탈리아 경제학자 빌프레도 파레토(Vilfredo Pareto, 1848~1923)는 백화점의 하루 매상 중 80퍼센트는 그 백화점의 단골인 20퍼센트의 손님이 올린다는 것을 발견하면서, 이를 80대 20원칙이라고 하고 자신의 이름을 따서 '파레토 법칙'이라 불렀다. 오늘날 파레토 법칙은 인생의 모든 영역에서 발견되는 보편적인 우주의 법칙이 되었다.

우리나라 최고경영자에게 성공적인 삶의 비결을 물었다. 그것은 파레토 법칙의 시행이었다. 경영자가 매일 밤 다음날 해야 할 일 35가지를 기술하고, 그중 우선순위 7위 내에 들어가는 20퍼센트의 일만을 10년간 매일 실행해 나갔다는 것이다. 그리고 우선순위

8위 이하의 일은 부하에게 위임하였다. 그 결과 기업의 경영실적이 뛰어나게 되었고 최고경영자의 자리에 오르게 되었다. 많은 경우 그 반대로 하는 자들이 많다. 즉 하루 중 크고 중요한 일은 소홀히 하고 하잘 것 없는 일에 많은 시간과 노력을 쏟는다. 이 파레토법칙은 성경적이다.

성경에 보면 "맹인 된 인도자여 하루살이는 걸러내고 낙타는 삼키는 도다"(마 23:24)라는 말씀이 있다. 하루살이와 같은 하찮은 일은 걸러내어 집착하고, 낙타와 같이 크고 중대한 일은 소홀히 여기는 것을 비유로 말씀하고 있는 것이다.

우리의 일상생활에서도 파레토 법칙을 적용하여 하루의 일과중 가장 중요한 일부터 집중적으로 행하는 습관을 들이면 성공적인 삶을 살게 된다. 많은 사람들이 '시간이 없다'와 '너무 바쁘다'는 말을 자주 한다. 이런 이들은 시간의 우선순위를 잘못 정하고 파레토 법칙을 시행하지 못하고 있다는 것을 자인하는 것에 불과하다.

파레토 법칙에 의하면 투입한 노력, 투입량, 원인 중 작은 부분(20퍼센트)이 각각 성과, 산출량, 결과의 80퍼센트를 만들어낸다. 노력하면 노력에 비례하여 결과를 얻는다는 말은 진리가 아니다. 예를들어 투입량의 50퍼센트가 항상 산출량의 50퍼센트를 가져온다는 말은 틀린 말이다. 효과가 큰 자원을 우선적으로 사용할 때 자원의 활용은 최적적으로 이루어 진다.

전체 시간 중 가장 생산적으로 일하는 1/5시간, 즉 20퍼센트에 해당하는 시간이 결과 중 가장 가치 있는 4/5의 결과, 즉 80퍼센트를 생산한다. 우리가 들이는 노력의 80퍼센트는 거의 낭비되고 집중적으로 노력을 쏟은 20퍼센트가 결과물의 80퍼센트를 결정짓는 것이 파레토법칙이다. 항상 집중적인 20퍼센트의 시간을 효율적으로 사용하는 데 익숙해져 있는 자는 그 반대로 행하는자에 비해 4배의 성과를 달성하게 된다.

80/20 피플은 사회의 모든 부문에 존재하는 창조적 개인을 이른다. 정치, 비즈니스, 사회사업 및 비영리단체, 스포츠, 연예, 미디어 등 각계각층에서 찾아볼 수 있다. 오프라 윈프리, 워런 버핏, 빌 게이츠, 마이클 조단, 넬슨 만델라, 스티븐 스필버그, 마더 테레사 등이 80/20 피플에 속한다.

역사를 통틀어 이 세상에 존재했던 수십억 명의 사람 가운데서 이 세상에 엄청난 영향력을 발휘했던 사람들은 극소수에 불과하다. 1퍼센트 미만의 사람들이 99퍼센트에 해당하는 막강한 영향력을 행사했다. 이들 창조적인 소수는 이전 세계를 변화시켰고, 개인의 힘으로 획기적인 업적을 달성했다. 과학자로 구성된 위원회가 지구가 둥글다는 이론을 제시하지 않았고, 뉴턴의 만유인력법칙이나 아인슈타인의 상대성이론을 발견하지 않았다.

80/20 법칙은 바로 평범한 다수보다 핵심적 소수에 초점을 맞추는 법칙이다. 80/20 피플에 들기 위해서 하루의 일과 중 평범한 다수에 해당하는 80퍼센트의 업무는 과감하게 다른사람에게 위임하고, 모든 에너지를 핵심적인 소수 업무 20퍼센트에 집중 투자하자. 즉 뛰어난 역량을 발휘할 수 있는 20퍼센트의 업무에 나 자신을 몰두시키고 나머지는 다른 이에게 위임하거나 자투리 시간을 활용

하여 처리한다면 놀라운 결과를 경험하게 될 것이다.

우리에게 찾아오시는 하나님

철학자들은 인간은 근본적으로 절대자인 신을 찾아 나선다고 한다. 그러나 이것은 불신자의 관점에서 본 것이고, 성경은 창세기로부터 요한계시록까지 일관되게 하나님이 인간을 찾아 나서는 것을 보여준다.

"볼지어다 내가 문밖에 서서 두드리노니 누구든지 내 음성을 듣고 문을 열면 내가 그에게로 들어가 그로 더불어 먹고 그는 나와 더불어 먹으리라"(계 3:20).

누가복음 15장 11-32절은 탕자의 비유 말씀이다. 하나님이 인간을 찾아오시고 기다린다는 요지의 이야기다. 찬송가 528장도 "예수님이 우리를 기다린다"는 것이지 "우리가 예수님을 기다린다"는 것이 아니다.

"예수가 우리를 부르는 소리, 그 음성 부드러워 문 앞에 나와서 사면을 보며 우리를 기다리네."

기독교 통계에 의하면 평균적으로 기독교인은 평생 6,000번 예배를 드리고 일만 번 기도와 찬양을 드리지만 전도는 거의 하지 않는다. 교회에 등록하게 된 교인들은 평균 네 번의 전도를 받았다고 한다. 평균적으로 새 신자 한 명이 교회에 등록하는 순간 거절당한 당신은 전도에 실패한 것이 아니라 4번 중 한번 기여한 것이 된다. 그러므로 전도할 때 거절당하는 것에 대한 두려움이나 무안함을 가질 필요가 없다. 그래서 성경은 너희가 때를 얻든지 못 얻든지 복음을 전하라고 말씀하신다. 우리에게는 복음을 이웃에게 전할 책임이 있고, 그 열매는 거두는 것은 하나님의 몫이다.

철학자 포이어바흐는 "철학의 비밀은 신학에 있다"라고 하였다.

철학은 인간의 본질을 묻는 것이다. 인간의 본질을 궁구하다 보면 인간이 어디에서 왔으며, 왜 살며, 어디로 가는지에 대한 기본적인 질문에 봉착하게 된다.

독일의 논리학자 안겔루스 질레지우스는 "나는 존재하나 내가 누구인지 모른다. 나는 이 세상에 왔지만 어디서 왔는지 모른다. 나는 가지만 어디로 가는지 모른다. 내가 이렇게 유쾌하게 사는 것이 놀랍기만 하다"라고 말했다. 신학 외에는 이 질문에 답해 줄 수 있는 길은 없다.

C.S. 루이스는 "하나님은 그분 자신을 넣어야 달릴 수 있도록 인간을 만드셨다. 그러나 인간은 잘못된 연료를 넣고 달리려 한다"라고 말했다.

탕자의 비유는 하나님이 인간을 찾아오시고 기다리신다는 이야기다.

토저는 탕자의 비유를 이렇게 설명하고 있다.

"탕자는 배교자도 죄인도 아니다. 탕자는 인류이다. 인류는 아담 안에서 돼지우리로 나갔다가 그리스도 안에서 돌아왔다. 집에 오면 너희는 아버지가 전혀 변하지 않으셨음을 알게 될 것이다. 그분은 너희가 모두 나가서 각기 제 길을 갔을 때와 전혀 달라진 것이 없이 너희를 맞아줄 것이다. 너희가 그리스도 안에서 아버지께 돌아가면 아버지께서 과거와 전혀 변함이 없으시다는 것을 알게 될 것이다."

어느 목회자의 명함에는 마태복음 13장 43절을 인용하여 "천국에서 해같이 빛나리"라는 문구가 삽입되어 있었다. 이는 다니엘 12장 3절의 말씀에서 "많은 사람을 옳은 데로 돌아오게 한 자는 별과 같이 영원토록 빛나리라"는 말씀에 근거하고 있다.

하루살이가 매미와 친구가 되어 온종일 재미있게 놀다가 해가 져서 헤어질 때가 되었다. 매미가 "내일 다시 만나서 놀자"라고 말했다. 그러나 하루살이는 "내일이 뭐야?"라고 대답했다.

그 다음날 하루살이가 보이지 않자 매미는 다시 개구리와 친구가 되어서 봄과 여름을 잘 지냈다. 가을이 되자 개구리가 작별인사를 한다. "내년에 다시 보자"라고 하자 매미가 말했다. "내년이 뭐야?" 봄과 여름 두 계절밖에 살지 못하는 매미는 눈 내리는 겨울을 알지 못한다.

인간의 수명은 70이요 강건하면 80이라고 한다. 100년도 채 못 사는 인생이지만 하나님을 믿는 자녀에게는 영생할 수 있는 선물이 주어진다.

하나님을 믿는 것이 좋다

'하나님이 존재한다면 왜 이 세상에 악이 존재하는가' 또한 반대로 '하나님이 존재하지 않는다면 왜 이 세상에 선이 존재하는가' 하는 물음은 우리에게 항상 의문과 회의를 가져다준다. 그렇다면 과연 하나님의 존재를 믿는 것이 옳은가 아니면 하나님의 존재를 믿지 않는 것이 옳은가? 이 질문에 대한 명쾌한 해답을 프랑스의 수학자이며 신학자인 파스칼이 그의 저서 팡세에서 보여주고 있다. '파스칼의 내기'로 알려진 그의 설명은 다음과 같다.

파스칼의 내기		
	하나님이 존재	하나님이 존재하지 않음
하나님을 믿음	천국	이득없음
하나님을 믿지 않음	지옥	이득없음

결론 :
하나님을 믿으면 천국 또는 이득 없음이고, 하나님을 믿지 않으면 지옥 또는 이득 없음이다. 결론적으로 하나님을 믿는 것이 믿지 않는 것보다 **좋다**.

이 내기에서 천국과 지옥이 존재한다는 확률과 존재하지 않는다는 확률, 그리고 하나님을 믿을 확률과 믿지 않는다는 확률은 각각 50퍼센트라고 가정한다. 이 내기에서 네 가지 선택이 있게 된다.

첫째, 당신이 하나님을 믿었는데 천국과 지옥이 존재한다면 당신은 천국에 갈 것이다.

둘째, 당신이 하나님을 믿었는데 천국과 지옥이 존재하지 않는다면 당신에게는 아무런 이득도 손해도 없다.

셋째, 당신이 하나님을 믿지 않았는데 천국과 지옥이 존재한다면 당신은 큰 고난에 처할 것이다. 왜냐하면 하나님은 자신을 믿지 않는 자에게는 영원한 형벌인 지옥을 예비하고 있기 때문이다.

넷째, 당신이 하나님을 믿지 않았는데 천국과 지옥이 존재하지 않는다면 당신에게는 아무런 이득도 손해도 없다.

여기서 50퍼센트의 확률로 하나님이 존재하지 않는다면 하나님을 믿거나 믿지 않거나 당신에게는 아무런 일도 일어나지 않는다. 그러나 50퍼센트의 확률로 하나님이 존재하는 경우 하나님을 믿으면 천국, 하나님을 믿지 않으면 지옥이 기다린다. 결론적으로 하나님을 믿는 것은 믿지 않는 것보다 좋다.

이삭

이삭은 위대한 아버지 아브라함의 그늘과 뛰어난 아들 야곱 사이에서 조용하고 소극적으로 행동하는 믿음을 소유하였다. 이삭은 지도자라기보다는 개성이 없는 추종자로 살았다. 아브라함이 죽고 이삭에 대한 아브라함의 강력한 영향력이 사라졌다. 곧 대적인 블레셋 사람들은 이삭의 연약함과 수동적인 성격을 이용하여 아브라함이 팠던 모든 우물을 메우고 이삭을 핍박했다.

이삭이 한 일이라곤 아버지 아브라함이 파고, 원수들이 막아버린 우물을 다시 파는 일뿐이었다. 이삭의 위대함은 다른 곳에서 나타난다. 이삭은 대자연의 아름다움 가운데서 저녁시간을 묵상과 기도로 하나님과 소통함으로써 능력을 얻었다.

"이삭이 저물 때에 들에 나가 묵상하다가"(창 24:63).

이삭은 농부로서 성공적인 결실을 이루었다.

"이삭이 그 땅에서 농사하여 그 해에 백배나 얻었고 여호와께서 복을 주시므로 그 사람이 창대하고 왕성하여 마침내 거부가 되어 양과 소가 떼를 이루고 종이 심히 많으므로"(창 26:12-14).

우리가 증권에 투자하여 10퍼센트의 투자수익을 올려도 성공적인 투자라고 여긴다. 그런데 이삭은 무려 100배, 즉 10,000퍼센트의 수익을 달성했다. 하나님은 일의 시종을 아시므로 자기 아들 이삭까지 바치는 아브라함의 믿음을 선하게 보셨다. 그리고 아브라함의 손에 들린 제물 잡는 칼이 결코 이삭의 가슴에 박히지 않을 것을 알고 계셨다. 희생제물로 바쳐질 때 이삭의 나이는 25세 정도의 성인이었다. 100세가 넘은 아버지께 대항하여 매우 쉽게 위기에서 벗어날 수 있었지만, 자신을 희생제물로 드리는 계획에 동의하였음을 보여준다.

하나님은 아브라함과 이삭의 순종을 보시고 이들 부자에게 만대에 걸쳐 측량할 수 없는 복을 내릴 것을 알고 계셨다. 그러나 몇 가지 모범적인 점을 제외하고 이삭의 생애는 완전히 기대 이하였다. 초기에는 희생적이었지만 말년에는 자기 중심적으로 변했다. 이삭은 아브라함을 존경하고 흠모하였지만 아버지의 실패로부터는 교훈을 받지 못했다. 아브라함과 마찬가지로 이삭도 아비멜렉에게 자기 아내를 누이라고 속이고 자신의 목숨을 부지했다(창 26:1-11).

그러나 이삭은 이스라엘 민족의 기초인 아브라함과 열두 아들을 낳아 이스라엘 국가의 시초가 된 야곱 사이를 연결하는 중요한 고리 역할을 하게 되었다.[3] 그리하여 "아브라함의 하나님, 이삭의 하나님, 야곱의 하나님"이라는 영원한 표호의 중심인물이 되었다.

"나는 아브라함의 하나님이요 이삭의 하나님이요 야곱의 하나님이로라 하신 것을 읽어보지 못하였느냐 하나님은 죽은 자의 하나님이 아니요 살아 있는 자의 하나님이시라 하시니"(마 22:32).

"하나님이 또 모세에게 이르시되 너는 이스라엘 자손에게 이같이 이르기를 너희 조상의 하나님 여호와 곧 아브라함의 하나님, 이삭의 하나님, 야곱의 하나님께서 나를 너희에게 보내셨다 하라 이는 나의 영원한 이름이요 대대로 기억할 나의 칭호니라"(출 3:15).

생각의 연금술

빌리브레이는 "당신의 머리 위로 까마귀가 날아가는 것을 막을 수는 없다. 그러나 그 까마귀가 머리 위에 앉아 둥지를 만드는 것은 막을 수 있다"라고 말했다. 그 생각이 들었다는 것은 마귀가 가져다주지만 내가 그렇게 생각했다는 것은 내 의지로 이루어진다. 우리는 영적싸움에서 항상 마귀와 대적하고 있기 때문에 극히 짧은 한순간도 마음을 놓아서는 안 된다.

리모컨으로 TV를 볼 때 프로가 마음에 들지 않으면 채널을 바꾸면 그만이다. 마찬가지로 부정적인 이미지가 마음에 떠오르면 즉시 마음의 채널을 바꿀 줄 알아야 한다. 그렇지 않으면 과거의 상처와 고통에서 헤어나지 못하고 절망의 늪에서 괴로워하게 된다. 컴퓨터 용어로서 GIGO(Garbage in Garbage out)란 말이 있다.

컴퓨터에 의미 없는 쓰레기를 입력하면 나오는 것은 쓰레기밖에 없다. 부정적인 생각이 우리 마음속에 들어가면 십중팔구 부정적인 행동이 나온다.

날마다 모든 면에서 자신이 더 나아지고 있다는 생각을 품으면 실제로 더 나아지는 결과를 얻는다. 성공을 위해서 성공하겠다는 강렬한 욕망이 잠재의식까지 스며들게 하면 실제 성공은 우리 문 앞에서 기다린다. 이 세상은 쾌활한 모습으로 원대한 목표를 향해 변화해가는 사람의 것이라고 에머슨은 말했다.

좋지 않은 기억을 삭제할 수 있다면 얼마나 좋을까?

확실히 나쁜 기억은 조금이라도 빨리 지우고 싶다. 간혹 나쁜 기억이 트라우마[4]라고 불릴 정도로 심각한 상태가 된 사람이 있다. 트라우마는 좋지 않았던 일이 뇌에서 반복적으로 기억되고 머릿속에 정착되는 현상을 말한다.

나쁜 생각이 떠오르면 그 사고를 정지시키는 것이 필요하다. "나쁜 기억은 세 번째 걸음을 내디딜 때 잊어버린다"라는 말이 있다. 싫은 기억과 생각은 바로 잊어야 한다는 것이다. 정말 그렇게 짧은 시간에 망각하는 것이 가능할지 의구심도 들지만 적어도 그런 마음가짐은 정말 소중하다. 이것이 여의치 않은 경우 망각을 위한 소도구를 준비해 두는 것이 좋다. 싫은 이미지가 떠오르면 이것을 없애기 위해 기억전환용 물품을 준비해 둔다.

예를 들면, 가족사진을 휴대하고 있다가 나쁜 기억이 떠오르면 바로 그것을 꺼내 보는 방법도 생각할 수 있다. 혹은 자신이 최고의 컨디션일 때의 사진을 찍어서 늘 휴대하고 다니면서 '그때는 내가 이렇게 빛났었지'라고 상기하는 것도 좋다.

뇌는 동시에 두 가지 일을 처리하는 능력이 약하다. 좋은 이미지의 것을 생각하기 시작하면 나쁜 기억을 보존하고 있는 뇌의 활동이 약해진다.[5]

철학자 루소는 "나는 걸을 때만 명상에 잠긴다. 걸음을 멈추면 생각도 멈춘다. 나의 사고와 생각은 걸음을 옮길 때 비로소 작동하기 시작한다"라고 말했다. 루소를 본받아 괴테는 걸어서 이탈리아를 여행했고, 그의 제자 훔볼트는 남미에서 1만 킬로미터를 걸어서 여행하며 과학을 탐구했다. 걷기는 뇌에 산소를 공급해서 생각을 정리하는 데 도움을 준다.

칸트, 헤겔 등 많은 철학자들은 예외 없이 산책을 즐겨했다.

아프리카에서 시작된 현생인류의 조상은 하루 약 20킬로미터 이상을 이동함으로써 전 세계로 퍼져나갔다. 인간의 두뇌는 걷는 운동을 하면서 발달해 왔으며, 오늘날도 여전히 그런 경험을 갈망한다. 특히 주로 앉아서 생활하는 현대인들의 경우는 더욱 그렇다. 그렇기 때문에 몸을 움직이면 생각도 움직인다. 운동을 하는 사람들이 소파에서 뒹구는 사람들보다 장기기억, 추론, 주의력, 문제해결 능력 등이 뛰어나다고 한다.[6]

뇌는 영혼의 하드웨어인 동시에 육체의 소프트웨어이다.

뇌가 올바로 작동하지 않으면 우리는 진정으로 되고 싶어 하는 사람이 될 수 없다. 뇌가 어떻게 작동하느냐에 따라서 행복의 정도, 효율적인 업무능력, 그리고 대인관계의 수위가 결정된다.[7]

우리의 인생에서 가장 행복했던 사건 10가지를 나열해 보자. 가능한 오감을 사용하여 상세히 그 기억을 묘사하라. 어떤 색이 떠오르는가? 어떤 냄새가 나는가? 기억나는 음악은? 가능한 장면을 생생하게 만들려고 노력해 보라. 나쁜 기억, 굴욕적인 사건 등 기억하고 싶지 않은 기억들은 가만히 두어도 생생하게 불현듯 떠올라서 괴로움을 겪었던 경험들이 누구나 다 있을 것이다. 나쁜 추억들은 떠오르는 즉시 휴지통에 버리도록 하자. 그리고 그 자리에 아름다웠던 추억으로 채워라.

인생은 나쁜 기억을 회상하기에 너무 짧다. 우리가 소중히 지켜야 할 것 중에서 가장 중요한 것은 마음을 지키는 일이다. 잠시라도 나쁜 기억과 감정이 우리 마음을 지배하지 못하도록 하자.

"모든 지킬 만한 것 중에 더욱 네 마음을 지키라 생명의 근원이 이에서 남이니라"(잠4:23).

2
말씀과 믿음

아브라함과 노아

아담과 하와로부터 10세대 후 노아의 시대에 이르러 세상에 폭력이 스며들었다. 유대교에서는 아브라함에 비해 노아를 혹평하고 있다. 조카 롯이 살고 있는 소돔성에 멸망이 임했을 때 아브라함은 하나님과 논쟁을 시작했다.

"정말로 의로우신 하나님이 의인과 함께 악인을 멸하시겠나이까? 하나님의 심판이 공의로워야 하지 않겠습니까?"

하나님은 아브라함의 기도를 받으시고 무려 여섯 번이나 그의 흥정을 받아들이셨다. 아브라함은 의인의 숫자를 50명에서 시작하여 45, 40, 30, 20, 10명까지 줄여가면서 하나님의 자비를 구했다.

그러나 끝내 의인 10명을 채우지 못하고 소돔과 고모라성은 멸망에 이르렀다. 하나님은 마지막까지 자비를 베푸셔서 롯과 아내, 그리고 두 딸을 멸망의 성에서 나오게 하셨다. 유대인들이 아브라함을 높이고 노아를 깎아내리는 이유도 여기에 있다.

아브라함은 하나님께 자비를 베풀어 소돔성을 멸하지 말아달라고 거듭 간구했지만, 노아는 하나님이 세상 죄악을 물로 심판하겠다고 했을 때 한 번도 자비를 구하지 않았다. 무려 여섯 번에 걸쳐 끈질기게 하나님과 거래하는 아브라함의 모습에서 백성에게 대한 긍휼한 심정을 읽을 수 있다. 그러나 노아는 "하나님이 홍수로 세상을 멸망시키겠다"(창 6:17)라고 하자 하나님과 논쟁을 벌이지 않았고, 하나님이 명한대로 방주를 짓기 시작했다.

아브라함과 노아 중 누가 하나님의 품성을 닮았는가?

요나서를 보면 악이 관영한 니느웨 성읍을 향하여 하나님은 긍휼의 심정으로 그들이 회개하고 돌이키도록 요나를 보냈다. 앞뒤를 분간하지 못하는 12만 명의 니느웨 백성에 대한 하나님의 긍휼한 심정은 소돔과 고모라에 대한 아브라함의 심정과 매우 닮았다. 이것이 유대인들이 아브라함을 높이 평가하는 이유이다.

탈무드에서 아브라함은 아버지가 운영하는 우상가게에서 아버지가 없을 때 가게에 있는 가장 큰 우상만 남겨놓고 모든 우상을 도끼로 부셔버린 후 도끼를 가장 큰 우상의 손에 얹어놓았다. 후에 아버지가 와서 아브라함에게 화를 냈다. 아브라함은 가장 큰 우상이 다른 우상들에게 화가 나서 그것들을 모조리 부셔버렸다고 대답했다. 아버지는 소리쳤다. "이 우상들은 움직이지 못한다는 사실을 모르느냐?"고 했다. 아브라함은 "우상들이 스스로 움직일 수 없다면 인간이 그들보다 나은 셈이군요. 그런데 왜 우상을 숭배해야 하나요?"라고 대답했다. 유대인들은 탈무드에 나오는 이 이야기를 유대학교에서 아이들에게 가르친다.

톨스토이는 "하나님을 모르는 것도 한심하지만, 하나님이 아닌 것을 하나님이라고 인식하는 것은 더욱 한심한 일이다"라고 말했다.

하나님의 전신갑주

✝ 인간은 애초에 수고도 길쌈도 요구되지 않는 동산(garden)에서 살도록 지음 받았다. 그러나 죄로 인하여 그 낙원(paradise)에서 쫓겨나게 되고, 들(field)에서 살게 되는 운명이 되었다. 들은 땀과 눈물과 고통을 쏟아야만 거주할 수 있는 곳이며, 많은 적들과 경쟁해야만 살아갈 수 있다. 이곳을 몇 년만 방치하면 가시와 엉겅퀴가 그들의 노고를 삼키고 모든 것을 앗아가 버린다. 들은 순식간에 황야(wilderness)로 변하고 만다.

오늘날 농부가 현대식 농기계로 무장하더라도 잠시 게으르면 그 토지는 정글과 황무지로 변하고 만다. 자연은 노력을 기울이지 않으면 들의 상태를 보존하지 않고 곧 황무지로 변하는 경향이 있다. 가만히 두면 나빠지는 경향은 우리 영혼(soul)에도 적용된다.

우리가 회심하고 경건한 마음상태가 된다는 것은 대적 마귀와 세상 세력의 입장에서 보면 달갑지 않은 것이다. 따라서 깨끗하고 정돈된 마음은 마귀의 입장에서는 잃어버린바 된 것이므로 어떻게 하든 도로 찾으려고 온갖 유혹과 거짓으로 우리를 공격한다. 때로는 우는 사자와 같이 덤비고, 때로는 광명의 천사로 가장하여 접근할 것이다. 따라서 우리는 하나님의 전신갑주로 무장해야 한다.

천국에서 우리에게 필요한 옷은 전신갑주가 아니라 영광의 겉옷이다. 전신갑주는 이 땅에서 우리가 밤낮으로 입고 다녀야 하는 옷이다. 왜냐하면 우리가 맞서고 있는 원수는 사람이 아니라 마귀이기 때문이다. 마귀는 교활하고 교묘한 속임수로 밤낮 우리를 속이고 죽이고 멸망시키려 한다. 마귀는 우는 사자처럼 삼킬 자를 찾아 다니지만 빛보다 어둠을 좋아하는 속성 때문에 때로는 광명의 천사로 가장하여 접근하는 경우가 많다. 양의 모습으로 변장한 마귀가 그리스도의 양 떼에 들어오면 아무도 의심 없이 걸려드는 경우가 많다.

여우는 곶감을 좋아한다. 곶감을 실에 꿰어 여우가 다니는 길목에 나지막하게 달아 두면, 의심 많은 여우는 처음에는 경계하다가 결국 따먹는다. 서너 개 곶감을 먹게 한 후 조금 높은 곳에 다시 곶감을 매달면 여우는 뒷발로 서서 간신히 곶감을 따먹는다. 그 다음에는 튼튼한 끈에 낚싯바늘을 곶감 속에 숨기고 여우가 힘껏 뛰어올라야 먹을 수 있도록 높게 매달아 둔다. 그러면 여우는 의심 없이 깡충 뛰어올라 덥석 죽음의 곶감을 입으로 문다.

인생도 마찬가지이다. 마귀는 달콤한 곶감으로 우리를 유혹한나.

더 평안함을 느끼도록 광명의 천사로 가장하여 유혹한다.

손자병법에는 적을 알고 나를 알면 백전백승을 거둔다고 했다. 우리의 영적 원수를 과소평가하고 하나님의 전신갑주를 입을 필요성을 느끼지 못하고, 아무런 무기도 없이 맨몸으로 전쟁터에 나간다면 순간적으로 굴욕적인 패배를 당하게 될 것이다. 전신갑주로 무장하지 않고 악령을 쫓아내려 했던 유대인들이 오히려 마귀에게 제압되어 "상하고 벗은 몸으로" 도망간 사건이 사도행전 19장 15-16절에 기록되어 있다.

"우리의 씨름은 혈과 육을 상대하는 것이 아니요 통치자들과 권세들과 이 어둠의 세상주관자들과 하늘에 있는 악의 영들을 상대함이라 그러므로 하나님의 전신갑주를 취하라 이는 악한 날에 너희가 능히 대적하고 모든 일을 행한 후에 서기 위함이라 그런즉 서서 진리로 너희 허리띠를 띠고 의의 호심경을 붙이고 평안의 복음이 준비한 것으로 신을 신고 모든 것 위에 믿음의 방패를 가지고 이로써 능히 악한 자의 모든 불화살을 소멸하고 구원의 투구와 성령의 검 곧 하나님의 말씀을 가지라"(엡 6:12-17)

하나님의 전신갑주는 전쟁터에 나가는 로마병사들의 완전 무장한 복장이다. 전신갑주는 여섯 가지 중요한 장비로 구성되어 있는데 허리띠, 호심경, 신, 방패, 투구, 검이 그것이다. 이중에서 검으로 지칭되는 하나님의 말씀만 공격용 장비이고, 나머지 다섯 가지는 방어용이다.

"하나님의 말씀은 살아 있고 활력이 있어 좌우에 날선 어떤 검보다도 예리하여 혼과 영과 및 관절과 골수를 찔러 쪼개기까지 하며 또 마음의 생각과 뜻을 감찰하나니"(히 4:12).

말씀은 날카롭게 베고 쪼개는 능력을 가지고 있다. 예수님도 광야에서 마귀의 공격을 받았을 때 구약의 말씀(신 6:16, 8:3, 13)으로 검을 빼어들고 마귀를 물리쳤다. 그런데 놀라운 사실은 마귀도 예수님을 공격할 때 시편 91편 11-12절의 말씀을 인용했다. 우리가 하나님의 말씀으로 무장하고 언제나 경계를 늦추지 말아야 할 이유가 여기 있다. 우리 마음속에 새겨진 말씀이 마귀가 알고 무기로 사용하는 말씀보다 적다면 어떻게 마귀를 이길 수 있겠는가.

복음의 빚진 자

바울은 자신이 모든 자에게 빚진 자라고 말한다. "헬라인이나 야만인이나 지혜 있는 자나 어리석은 자에게 다 내가 빚진 자라"(롬 1:14).

남에게 빚을 지고 있다는 의미는 두 가지로 구분된다. 내가 특정한 자에게 돈 100만 원을 빌린 경우를 가정하자. 첫째, 내가 돈을 갚기까지는 나는 그에게 빚진 상태가 된다. 두 번째, 내 친구가 나에게 100만 원을 주면서 그 돈을 특정한 자에게 주라고 부탁하는 경우다. 내가 100만 원을 특정한 자에게 주기까지는 나는 특정한 자에게 빚을 진 상태가 된다. 바울은 이 두 번째 경우에 해당하는 빚을 지고 있다. 두 번째 예에서 나의 친구는 예수 그리스도이고,

나는 바울, 특정한 자는 복음을 듣지 못한 자이다.

바울은 헬라인이나 야만인이나 지혜 있는 자나 어리석은 자에게 갚아야 할 어떤 빚도 없다. 하지만 예수 그리스도가 바울에게 그들에게 전하라고 복음을 맡기셨다. 바울에게 복음을 맡김으로써 바울이 빚진 자가 되도록 하신 분은 예수 그리스도이다. 바울뿐만 아니라 우리 모두는 세상에 빚진 자들이다. 복음이 우리에게 왔다면 그것을 우리만 간직하고 있어서는 안 된다. 우리는 바울이 그의 빚을 갚는 데 열심인 것처럼 우리도 복음의 빚을 갚는 데 열심을 내야 한다.

말씀을 듣고자 하는 자세가 중요하다

성령 충만한 사람이 이 세상에서 특별한 사람으로 비쳐지는 것은 그만큼 대다수의 그리스도인들이 영적으로 병들어 있다는 증거라고 토저는 말했다. 또한 믿음은 설교를 듣는 데서 생성되지 않고 하나님의 말씀을 듣는 데서 생긴다. 물론 설교가 하나님의 말씀에 뿌리를 내리고 있다면 설교를 듣는 것은 믿음을 자라게 한다. 시련과 환난이 말 그대로 시련과 환난으로 끝난다면 인간에게는 희망이 없다.

그러나 절망 가운데서 믿음을 가진다면 그 절망은 소망으로 바뀐다. 왜냐하면 절망은 인간의 영혼에 치명적인 교만을 깨뜨리기 때문이다. 기독교의 목표는 행복해지는 데 있지 않고 거룩해지는

데 있다. 성령님은 우리가 행복을 느낄 때 거하시는 분이 아니라 거룩한 마음을 가질 때 우리 안에 거하신다. 행복은 목적이 아니라 상태다. 행복은 추구할 수 없다. 행복을 목적으로 삼으면 삼을 수록 행복은 그 목적에서 점점 더 멀어진다.

카네기는 "성공은 원하는 것을 갖는 것이고, 행복은 가진 것을 원하는 것이다"라고 말했다. 참 믿음이란 성경적 진리에 닻을 내리는 것이므로 막연한 느낌과는 다르다.

조지 뮬러는 "느낌은 믿음과 하등의 관련이 없다. 믿음은 오직 하나님의 말씀과 관련을 가진다. 막연한 느낌은 그것이 강하든 약하든 믿음에 관한 한 아무런 영향을 발휘할 수 없다. 따라서 우리는 우리 자신의 사고나 느낌이 아닌 성경을 의존해야 한다"라고 말했다.[8]

하나님은 우리 내면을 변화시켜서 외부가 개선되게 하지만 세상은 먼저 인간의 외부를 바꾸고 내면을 개선하고자 한다. 우리의 내면이 먼저 변화되려면 하나님의 말씀을 듣고자 하는 열망이 있어야 한다. 하나님은 설교를 통해서만 말씀하시지 않고 하찮 것 없는 매개체를 통해서도 말씀하신다.

베드로는 닭울음소리를 듣고 예수님을 세 번 부인했던 자신의 죄를 기억하고, 마음을 찢으며 통회의 눈물을 쏟았다. 베드로가 "밖에 나가서 심히 통곡하니라"(눅 22:62)는 기록은 성경 전체에서 가장 슬픈 대목이다.

루터는 자신의 옆에서 벼락 맞고 죽어가는 친구를 보며 회개하게 되었다. 엘리야는 호렙산 동굴의 침묵 속에서 하나님의 작고 세미한 음성을 들었다(왕상 19:13). 니콜라스 헤르만은 여름에 무성했던 나뭇잎 가지가 겨울에 우수수 떨어져 벌거숭이가 되는 자연의 조화를 보고 회심하였다.

스펄전은 주일학교 교사가 성도들을 격려하는 말을 듣고서 크리스천이 되었다. 무디는 순박한 중년부인의 간증을 듣고서 성령의 기름부음을 받았다. 매주일 강단과 인터넷에서 수많은 말씀이 선포될지라도 중요한 것은 듣는 자가 들을 준비가 되어 있어야 한다는 점이다.

모세오경

크리스토퍼 라이트(Christopher Wright)는 "구약은 만물과 시간과 인류를 다 품는 궁극적이고 우주적인 이야기이기 때문에 메타내러티브(metanarrative), 즉 거대한 이야기"라고 표현했다. 그중에서 모세오경은 성경 전체에 대한 길잡이가 되는 책들로서 권위와 위엄을 가지고 오래전부터 설교와 기도, 그리고 연구의 대상이 되고 있다.

유진 피터슨은 모세오경을 인간의 탄생으로부터 성인에 이르는 다섯 단계-태아기, 분만기와 유아기, 학령기, 청소년기, 성인기-의 과정으로 알기 쉽게 설명하고 있다. 창세기는 태아기로서 하나님이 장차 인간에 대한 창조와 구원과 심판이라는 역사를 이루시기 위해 자신을 직접 드러내시는 책이다.

창세기에서는 아브라함으로부터 시작하여 이삭과 야곱으로 이어지는 사람들에게 직접 말씀하시고 인도하신다. 마치 자궁 속에서 생명이 잉태되고 발길질하며 자라나듯이 미발달상태의 백성을 보호하시고 튼튼하게 자랄 수 있도록 인도하신다.

출애굽기는 분만기와 유아기로서 하나님의 백성들이 이집트에서 종살이라는 분만의 고통을 경험하게 하신다. 극심한 출산의 고통은 모세를 등장시켜 이집트의 재앙과 홍해가 갈라지는 기적을 통해 하나님의 백성이 자궁에서 빠져나오는 것으로 마무리된다.

모세는 유아에 해당하는 백성들을 이끌고 시내산에 도착하여 하나님으로부터 신령한 젖을 공급받는다. 겨우 옹알이를 시작하는 백성들에게 살아 계신 하나님을 섬기도록 십계명이라는 삶의 이정표를 제공한다. 하나님을 섬기는 일은 예배임을 가르친다.

레위기는 학령기로서 유아기에서 유년기로 접어드는 하나님의 백성들이 드리는 제사의식과 절기에 대한 구체적인 세부조항을 익히도록 가르친다. 하나님의 백성들이 밟아야 할 기초 교과과정을 그림으로 상세하게 보여준다. 오늘날도 성막기도를 통해 하나님을 만나는 체험을 한다.

민수기는 청소년기로서 호기심이 많고 때로는 반항하며 부모를 순종하지 않는 시기이다. 정체성이 확고하게 정립되지 않은 시기이므로 실수를 연발하기도 한다. 하나님의 백성들은 열하루 길이면 도달할 수 있는 가나안 땅을 거의 40년 동안 광야에서 헤맨다. 하나님을 반역하고 매를 맞고 돌아오는 과정을 되풀이하게 된다.

마지막으로 신명기는 성인기라고 할 수 있다. 성인이 되는 길은 임신으로부터 출산, 유아기를 거쳐 학령기와 청소년기에 이르는 종합적인 과정을 마칠 때 이르게 되는 머나먼 여정이다. 이제 그들은 약속의 새 땅으로 들어가게 되었다. 그들을 거룩한 백성으로 변화시켜 주신 분은 만군의 여호와 하나님이시다.[9]

성령 충만과 말씀 충만

골로새서 3장 16절은 말씀 충만의 증거를 보여준다. "그리스도의 말씀이 너희 속에 풍성히 거하여 모든 지혜로 피차 가르치며 권면하고 시와 찬미와 신령한 노래를 부르며 마음에 감사함으로 하나님을 찬양"하게 된다. 한편 성령 충만의 증거는 에베소서 5장 18-20절에 있다.

"오직 성령으로 충만함을 받으라 시와 찬송와 신령한 노래들로 서로 화답하며 너희의 마음으로 주께 노래하며 찬송하며 범사에 우리 주 예수 그리스도의 이름으로 항상 아버지 하나님께 감사하며."

성령 충만의 증거와 말씀 충만의 증거는 똑같이 시와 찬미와 신령한 노래로 하나님께 영광 돌리며, 감사로 넘치게 됨을 보여준다.

하나님의 보이지 않는 영, 즉 성령이 보이는 하나님의 말씀을 통해서 역사하기 때문에, 성령 충만했을 때 나타나는 증거와 말씀 충만했을 때 나타나는 증거는 동일하다. 우리가 하나님의 말씀 속에 충만히 거할 때 우리는 성령의 충만함을 받게 된다. 그렇다면 우리가 말씀으로 충만하기 위해서는 어떻게 해야 할까. 말씀을 읽고 묵상하고 마음속에 간직해야 한다. 말씀을 끊임없이 묵상하고 암송하여 하나님의 말씀이 우리의 말과 생각이 되어야 한다. 이러한 상태에 이르기 위해서는 많은 수고와 인내가 필요하다.

우리 속에 간직된 말씀으로 기도하고 나아갈 때 성령 충만은 자연스럽게 이루어진다. 말씀 충만이 되기 위해서는 우리 속에 말씀이 가득하도록 규칙적으로 말씀을 읽고 묵상하고 암송해야 한다. 요한복음 1장 1절에 "태초에 말씀이 계시니라 이 말씀이 하나님과 함께 계셨으니 이 말씀은 곧 하나님이시니라"고 말씀하신다. 말씀과 기도는 분리할 수 없다.

"사람이 귀를 돌려 율법을 듣지 아니하면 그의 기도도 가증하니라" (잠 28:9).

하나님의 말씀이 마음속에 차고 넘쳐서 우리의 기도 속에 자연스럽게 스며들어야 한다.

돼지를 도살장으로 끌고 가는 방법은 간단하다. 돼지 앞에 콩을 던져주면 순순히 도살장으로 들어간다. 마찬가지로 마귀가 가장 안전하게 그리스도인을 타락시키는 방법은 쾌락에 빠지게 하는 것이다.

요정의 노랫소리가 들려왔을 때 많은 배에 탔던 이들은 노랫소리에 현혹되어 서서히 물속으로 빠져 들어가 죽어 갔다. 그런데 유독한 배에 탔던 사람들은 한 명도 죽지 않고 살아남았다. 그 비결은 요정의 노랫소리보다 더 큰 소리로 찬송을 힘차게 불렀기 때문이다. 세상 유혹이 쉴 새 없이 몰려오지만 찬송과 기도소리가 더 커지면 모든 유혹을 이길 수 있다.

로마서 8장

책을 읽을 때 전체의 맥락과 흐름을 안다면 그 책의 내용을 조금 아는 것이고 요점을 아는 것은 모든 것을 아는 것이라고 한다. 모든 성경은 성령의 감화를 받은 40여 명의 저자가 1600여 년에 걸쳐 쓴 책으로서, 그 가치의 경중을 가릴 수는 없다. 그러나 66권을 벌통에 비유하면 신약 로마서는 벌집에 해당하고 로마서 8장은 송이 꿀에 비유된다고 한다.

로마서 8장은 1절 말씀 "그러므로 이제 그리스도 예수 안에 있는 자에게는 결코 정죄함이 없나니 이는 그리스도 예수 안에 있는 생명의 성령의 법이 죄와 사망의 법에서 너를 해방하였음이라"로 시작하여, 38-39절 "내가 확신하노니 사망이나 생명이나 천사들이나 권세자들이나 현재 일이나 장래 일이나 능력이나 높음이나 깊음이나 다른 어떤 피조물이라도 우리를 우리 주 그리스도 예수 안에 있는 하나님의 사랑에서 끊을 자가 없으리라"로 끝난다. 이 로마서 8장의 말씀은 우리에게 하나님을 향한 믿음과 소망과 사랑을 크게 더하여 준다.

천사와 인간의 차이는 무엇인가?

천사는 하나님의 완전한 피조물이기 때문에 발전이 없다. 그러나 인간은 불완전하지만 영적으로 계속 성장할 수 있다. 그래서 인간은 영적성장을 계속하여 그리스도의 장성한 믿음의 분량까지 성장할 수 있다.

> "우리가 다 하나님의 아들을 믿는 것과 아는 일에 하나가 되어 온전한 사람을 이루어 그리스도의 장성한 분량이 충만한 데까지 이르리니"(엡 4:13).

천사들은 하나님을 수종 드는 임무를 시종 수행하지만 하늘나라에서 우리는 하나님의 아들의 신분으로 높아진다. 그래서 이 세상에 있는 잠깐 동안만 천사보다 못하지만 저 세상에서는 천사보다 높아진다는 것을 말씀하신다.

> "그를 잠시 동안 천사보다 못하게 하시며 영광과 존귀로 관 씌우시며"(히 2:7).

묵상

오늘날 사탄은 세상의 어지러움과 인간의 조급함을 통하여 크게 역사한다. 칼 융은 "조급함은 마귀에게서 나온 것이 아니라 마귀 그 자체이다"라고 말했다. 묵상을 통하여 주님께 가까이 가기 위해서는 자신의 골방에 들어가야 한다. 하루 평균 스마트 폰에 3시간을 소비하면서도 하나님과의 소통시간은 10분에도 미치지 못한다면 어떻게 은밀한 중에 응답하시는 주님을 만날 수 있겠는가.

인간은 의식적이든 무의식적이든 하루 오만가지의 생각이 마음을 지배한다고 한다. 그 가운데 부정적인 것이 긍정적인 것보다 훨씬 많다고 한다. 밭을 매지 않으면 잡초가 곡식을 능가하여 자라듯이, 마음을 통제하지 않으면 부정적인 생각이 긍정적이고 생산적인 생각을 누르고 활개를 친다. 우리 마음속에 부정적이며 누추하고 음란한 생각이 떠오르거나, 전에 겪은 트라우마나 두려움이 엄습해 올 때 이를 물리치는 좋은 방법은 하나님의 말씀으로 마음을 채우는 것이다. 말씀을 외우고, 묵상하고, 말하고, 행하고, 말씀으로 꿈을 꿀 때 우리 마음은 즉시 정화된다. 생명의 빛이신 말씀은 일순간에 어둠을 몰아낸다.

성경에 나오는 인물들은 자기 나름의 묵상방법을 터득하고 있었다. 묵상은 머리로 이해한 말씀을 가슴으로 깨닫는 것을 말한다. 이삭은 "저물 때에 들에 나가 묵상"(창 24:63)했다. 시편은 성도들이 하나님의 말씀을 묵상하는 것을 노래한 책이다.

"내가 나의 침상에서 주를 기억하며 새벽에 주의 말씀을 작은 소리로 읊조릴 때에 하오리니"(시 63:6).

시편 1장은 복 있는 자는 "여호와의 율법을 주야로 묵상하는 자"(시 1:2)임을 노래한다. 예수님은 분주한 사역 가운데서도 '한적한 곳'으로 물러가 하나님과 대화하는 습관을 가지셨다.

조급한 마음에서는 일을 그르치기 쉽다. 마음의 평정은 돌파구를 마련하는 계기가 된다. 평안한 마음상태에서 기적을 이룬 사례 두 가지를 들어본다.

•**사례1**〉 목수가 일하다가 실수로 아끼던 시계를 톱밥 속에 떨어뜨렸다. 동료와 같이 손전등까지 비추면서 반나절을 찾아 헤맸지만 찾지 못했다. 그런데 조용히 들어온 목수의 아들이 바닥에 조용히 앉아 귀를 기울여 시계의 똑딱거리는 소리를 듣고 쉽게 시계를 찾았다.

•**사례2**〉 깊은 갱도 속에서 광부들이 일하고 있었는데 갑자기 전기가 나갔다. 순간 당황한 광부들은 깜깜한 어둠 속에서 출구를 찾으려고 벽을 정신없이 더듬었다. 그러나 출구는커녕 방향도 찾지 못했다. 이에 기진맥진해진 광부들은 자리에 앉아 숨을 고르며 휴식을 취했다. 그때 한 사람이 제안을 했다.

"출구를 찾아 헤매지 말고 이렇게 앉아서 바람의 방향을 느껴보는 게 어때요? 바람은 출구에서 나오니까요."

그의 제안대로 광부들은 한 자리에 앉아서 오랫동안 앉아 있었다. 처음에는 아무것도 느껴지지 않았는데, 시간에 흐르자 감각이 조금씩 예민해지면서 바람이 얼굴을 미세하게 어루만지는 것이 느껴졌다. 그렇게 그들은 바람이 불어오는 방향으로 움직였고 마침내 무사히 갱도를 벗어날 수 있었다.

공의와 인자를 행하며 겸손히 하나님과 동행하자

워싱턴 DC의 국회의사당은 온종일 관광객으로 붐비고 있다. 통로에 있는 벽화와 천정화 에는 콜럼버스 때부터 최근까지의 미국 역사를 그린 유화와 부조가 장식되어 있고,

링컨 대통령과 유명 인사들의 초상화가 장식되어 있다. 커다란 홀은 전직 정치가들의 기념비와 상으로 가득 차 있다. 그러나 웅장한 건물과 그 내부를 둘러보면서도 천정 돔에 새겨져 있는 하나님의 말씀을 올려다보는 사람은 거의 없다. 거기에는 미가서 6장 8절의 말씀이 새겨져 있다.

> "사람아 주께서 선한 것이 무엇임을 네게 보이셨나니 여호와께서 네게 구하시는 것은 오직 정의를 행하며 인자를 사랑하며 겸손하게 네 하나님과 함께 행하는 것이 아니냐."

인간이 하나님 앞에서 선하게 여김을 받는 것은 첫째, 하나님의 성품인 공의와 인자를 본받아 행하는 것이다. 철로의 두 레일과 같이 공의와 인자는 하나님의 성품을 반영하고 있다. 하나님은 공의로우시기 때문에 죄를 보면 그냥 지나칠 수가 없으시고, 다른 한편으로 사랑의 하나님이시기 때문에 모든 죄를 용서하신다.

죄를 지은 인류에 대해서 하나님의 품성인 '공의와 사랑'을 손상시키지 않고 처리하는 방법은 무엇일까. 이것이 하나님의 딜레마였다. 그 해결책은 인간의 죄를 자기 아들 예수 그리스도가 대신 치르게 함으로써 공의를 실천하고, 인간의 죄를 사해줌으로써 사랑을 실천하는 것이다. 둘째, 겸손히 하나님과 동행해야 한다.

베드로후서 1장 5절에서 7절에 "너희가 더욱 힘써 너희 믿음에 덕을, 덕에 지식을, 지식에 절제를, 절제에 인내를, 인내에 경건을, 경건에 형제 우애를, 형제 우애에 사랑을 더하라"고 말씀하신다. 인간은 오직 믿음으로 구원을 얻지만 상급은 행함으로 얻게 된다. 믿음 위에 덕, 지식, 절제, 인내, 경건, 형제우애, 사랑을 쌓아야 한다. 그러나 이 모든 덕목을 행할 때 겸손함으로 해야 한다.

우리는 덕과 지식이 많고, 절제하는 자들이 겸손하지 못한 예를 주변에서 얼마든지 찾아볼 수 있다. 그리고 인내하고 경건하고 형제우애가 넘치는 자들이 겸손하지 못한 예도 쉽게 찾아볼 수 있다. 그러므로 이 모든 덕목들이 겸손하게 행해지는 것은 가장 중요하다.

믿음이냐 행함이냐

신약성경의 저자인 야고보와 바울은 각각 야고보서와 로마서에서 사람이 의롭게 되는 것에 대한 상반된 주장을 하고 있는 듯하다. 야고보는 사람이 의롭다 하심을 받는 것은 행함이고 바울은 믿음이라고 말씀하고 있다. 이는 행함이냐 아니면 믿음이냐의 논쟁을 불러 일으킨다.

야고보는 "이로 보건대 사람이 행함으로 의롭다 하심을 받고 믿음으로만 아니니라"(약 2:24)라고 말씀하고 있다. 이는 "복음에는 하나님의 의가 나타나서 믿음으로 믿음에 이르게 하나니 기록된바 오직 의인은 믿음으로 말미암아 살리라 함과 같으니라"(롬 1:17)라고 하는 로마서와 상치된다.

루터는 야고보서가 오직 믿음으로만 의인이 된다는 로마서와 갈라디아서의 가르침에 모순되는 것처럼 보이기 때문에 야고보서를

'지푸라기 서신'이라고 불렀다. 그러나 야고보서는 믿음을 공박한 것이 아니라 행위로 믿음 있음을 보이지도 않고서 믿음을 가진 척하는 위선에 대하여 공격한 말씀이다.

> "어떤 사람이 말하기를 너는 믿음이 있고 나는 행함이 있으니 행함이 없는 네 믿음을 내게 보이라 나는 행함으로 내 믿음을 네게 보이리라"(약 2:18).

야고보서는 믿음의 필요성을 부정하지 않는다. 그는 단지 믿음은 행함으로 결과를 보여 주어야 한다고 주장하고 있을 뿐이다. 바울은 구원이 행위가 아니라 믿음으로 말미암는다는 것을 입증하기 위해 하나님의 약속에 대한 아브라함의 응답으로서의 믿음을 들고 있다(로마서 4장). 반면 야고보는 이삭을 바친 아브라함을 인용함으로써 믿음이 효력을 갖기 위해서는 행함을 통하여 증명되어야 함을 증거하였다(약 2:21-24).

이 두 가지 경우는 서로 모순되지 않는다. 왜냐하면 아브라함은 처음부터 하나님과의 관계에 들어가기 위해 실천하는 믿음을 가졌었고, 하나님께서 그에게 명하신 것을 순종함으로써 믿음이 증명되었기 때문이다. 결국 의인이 되기 위한 전제조건으로서 믿음과 행함의 논쟁은 서로 모순되지 않고 상호보완적이다.[10]

말씀의 활용

우리 모두는 감옥에 갇혀 있고, 우리에게는 열쇠 다발이 주어져 있으며, 우리가 원한다면 감옥 문을 열고 나갈 수 있다고 가정하자. 그러나 우리가 감옥을 나가는 것을 원하지 않는다면 비록 자유 할 수 있는 방법을 알고 있더라도 죄수로 남아있을 수밖에 없다.

성경에는 32,500가지 약속의 말씀이 있다. 그 가운데 인생의 문제에 대한 모든 처방이 들어있다. 살아가면서 부닥치는 문제 가운데 하나도 빠뜨린 것이 없다고 말씀하신다.

"여호와께서 그들에게 말씀하시되 경계에 경계를 더하며 경계에 경계를 더하며 교훈에 교훈을 더하며 교훈에 교훈을 더하고, 여기서도 조금, 저기서도 조금 하사 그들이 가다가 뒤로 넘어져 부러지며 걸리며 붙잡히게 하시리라"(사 28:13).

하나님이 인생에게 하신 말씀 가운데 교훈을 얻지 못한다면, 우리는 계속 병들고 곤경 가운데 남아있을 수밖에 없다. 단순히 성경을 읽는 것으로 만족한다면 필요한 처방을 손에 쥘 수 없다. 성경을 읽는 데 그치지 않고 당신의 기억 속에 말씀을 충분히 저장해 놓는다면, 당신의 영적생활은 활기차고 유익하게 될 것이다. 세상의 위인들의 명언이나 유명한 시구를 암송하는 것 이상으로 말씀을 소중히 여긴다면, 틀림없이 그 말씀이 "영생하도록 솟아나는 샘물"이 되어 모든 지혜의 원천이 되고 위로의 근간이 될 것이다.[11] 또한 말씀을 간직한 자에게는 육체의 건강까지 책임져 주신다.

"그것은 얻는 자에게 생명이 되며 그의 온 육체의 건강이 됨이니라"

(잠 4:22).

예수님은 광야에서 40일간 성령에게 이끌리시며 사탄에게 시험을 받으셨다. 그런데 놀랍게도 사탄의 공격무기는 하나님의 말씀이었다. 사탄은 구약의 말씀을 마음속에 간직하고 적절하게 끄집어내서 예수님을 공격했다. 사탄이 예수님을 성전 꼭대기에 세우고 "네가 만일 하나님의 아들이거든 여기서 뛰어내리라 기록되었으되 하나님이 너를 위하여 그 사자들을 명하사 너를 지키게 하시리라"(눅 4:9-10)고 말했다.

사탄이 인용한 이 말씀은 시편 91편 11절의 말씀이다. 사탄이 이 정도로 하나님의 말씀을 공격 무기로 사용한다면 마귀를 대적하기 위해 우리가 얼마나 더 하나님의 말씀을 마음속에 간직해야 할 것인가.

우리는 종종 아름다운 시나 명언을 마음속에 새기고 암송하며 삶의 위로와 활력을 얻는다. 그러나 성경을 암송하고 그 말씀이 내 마음과 가슴속에 새겨지는 경우 우리가 얻는 유익은 너무나 많다. 하나님의 말씀은 지혜의 근본이며 모든 위로의 기초가 된다. 우리는 말씀을 영생하도록 솟아나는 샘물처럼 풍성하게 마음속에 새기며 묵상해야 한다. 그때 우리의 영적 삶은 활기차고 강건하게 될 것이다. 성령의 도움과 말씀의 가르침이 없이는 인간은 아무리 '배워도 마침내 진리의 지식에 이를 수 없게'(딤후 3:7) 된다.

많은 사람들이 하나님을 무시하고 세속주의에 푹 빠져 살아가고 있다. 빛이 오면 어둠이 물러가듯이 세속주의에서 벗어나기 위해서는 우리 마음을 말씀으로 채워야 한다. 말씀이 육신이 되어 오신 그리스도께서 우리의 영과 혼과 육을 지배하신다. 성경 암송은 영적성장의 절대적인 기본이 된다.

"이 율법책을 네 입에서 떠나지 말게 하며 주야로 그것을 묵상하여 그 안에 기록된 대로 다 지켜 행하라 그리하면 네 길이 평탄하게 될 것이며 네가 형통하리라"(수 1:8).

말씀을 읽고 묵상이 없으면 진수성찬을 앞에 놓고 먹지 않는 것과 같다. 그리고 묵상은 하지만 기도로 반응하지 않으면 음식을 씹기만 하고 삼키지 않는 것과 같다.

말씀의 중요성

 "사람이 떡으로만 살 것이 아니요 하나님의 입으로부터 나오는 모든 말씀으로 살 것"(마 4:4)

"천지가 없어지기 전에는 율법의 일점일획도 결코 없어지지 아니하고 다 이루리라"(마 5:18)고 말씀하신다.

빈 어항에 모래와 작은 조약돌, 중간 크기의 돌을 잔뜩 넣은 뒤 큰 돌을 넣는 것은 불가능하다. 어항에는 가장 큰 돌을 먼저 넣고 나중에 작은 돌을 넣은 후 물을 부으면 이상적인 어항이 된다. 마찬가지로 하나님의 말씀을 우리의 마음속에 가장 먼저 넣으면 세상적인 근심, 걱정 또는 세상일이 들어가도 든든하게 말씀으로 모든 것을 이길 수 있다. 그렇지 않고 세상의 근심, 걱정이 인간의 마음속에 가득 차면 말씀이 들어갈 공간이 없어진다.

역사적으로 여러 번 성경을 없애려는 시도가 있었다.

구약시대 여호야김 왕은 성경사본을 모두 불태우려는 시도를 했고, AD 303년에는 로마의 디오클레시안 황제가 로마제국에 있는 모든 성경을 태우라는 명령을 내렸다.

그러나 10년 후 그의 후계자 콘스탄틴 대제는 기독교를 국교로 선포했다. 프랑스가 낳은 무신론자 볼테르는 "기독교는 내가 죽은 후 100년이 못가 사라질 것이다"라고 예언했다. 그러나 볼테르가 죽은 후 영국 성서공회가 제네바에 있는 볼테르의 집을 사서 그 집에서 볼테르가 사용하던 인쇄기로 성경 전권을 발행했다.

인간이 집필한 어떠한 책도 영원히 그 효력을 존속시키지 못하지만 성경의 영향력은 영원히 지속될 것이다.

인생에서 불변의 법칙이 있는데 그것은 모든 것이 변한다는 사실이다. 우리 몸의 세포조차도 27일마다 기존세포가 죽고 새로운 세포로 변한다. 그러나 영원불변하는 것은 오직 하나님과 말씀이다.

"천지는 없어지려니와 주는 영존하시겠고 그것들은 다 옷같이 낡으리니 의복같이 바꾸시면 바뀌려니와 주는 한결같으시고 주의 연대는 무궁하리이다"(시 102:26-27).

"풀은 마르고 꽃은 시드나 우리 하나님의 말씀은 영원히 서리라"(사 40:8).

우리는 공자, 맹자, 소크라테스와 같은 분들이 인생을 살아가는

데 있어서 유익한 철학과 지혜를 쓴 책들을 알고 있다. 이러한 지혜서는 우리의 삶과 생활에 유익을 가져다주는 점에서 성경과 같다. 그러나 하나님의 성령의 감동하심을 받아 쓰인 성경은 우리 삶에 유익을 주는 정도에 그치는 것이 아니라 생명과 능력과 구원의 진리를 깨닫게 해준다.

인류 역사상 많은 책들 가운데 가장 오랫동안 쓰인 불후의 명작은 ≪파우스트≫로서 괴테가 60여 년간 썼다고 한다. 그러나 성경은 1600년 동안 그것도 전혀 다른 직업과 다른 지역에 살던 사람들이 동일한 주제인 예수 그리스도에 대해서 썼다는 사실 하나만 보더라도 기적이 아닐 수 없다. 그러나 이러한 성경은 가장 읽히지 않는 책이 되었다.

축구의 대가인 푸스카스는 축구를 잘하게 된 비결을 이렇게 말한다. 공을 차고 있지 않을 때는 축구에 관한 이야기를 하고, 축구 이야기를 하지 않을 때는 축구에 관한 생각을 한다. 세상적인 일에 몰두하는 이도 이처럼 최선을 다하는데, 하물며 하나님의 말씀에 대해서는 우리가 어떻게 해야 할까? 마땅히 말씀을 읽지 않을 때는 말씀에 관한 주제로 이야기를 나누고, 말씀에 관한 이야기를 나누지 않을 때는 말씀을 묵상해야 하지 않겠는가? 말씀과 기도는 분리할 수 없다.

우리는 말씀이 가슴속에 가득 차고 넘쳐서 출렁거리게 해야 한다. 말씀은 훑어 내려가며 읽는 신문이나 잡지가 아니라 샅샅이 파고들어 가야 하는 광산과 같다. 그래서 보배를 찾는 것처럼 찾으라고 권고한다.

"은을 구하는 것같이 그것을 구하며 감추어진 보배를 찾는 것같이
그것을 찾으면 여호와 경외하기를 깨달으며 하나님을 알게 되리니"
(잠 2:4-5).

한 농부가 논둑을 걷다가 기이한 광경을 보게 되었다. 큰 뱀이
고개를 들고 혀를 날름거리고 있었다. 자세히 보니 그 앞에 있는
쥐가 최면에 걸린 듯 꼼짝 못하며 공포에 질려 있었다. 쥐가 할 수
있는 유일한 행동은 바들바들 떨면서 찍찍 소리를 내는 것이었다.
농부가 손수건을 꺼내 뱀과 쥐 사이를 갈라놓았다. 그러자 최면에
걸렸던 쥐는 해방되어 움직이게 되었고 재빨리 도망쳤다.

오늘날 많은 신자들이 사탄의 책략에 의해 두려움에 빠져 있다
는 사실을 발견할 수 있다. "옛 뱀이요 마귀요 사탄"(계 20:2)인 두려움
의 영에 눌려 무기력한 삶을 살고 있다. 이때 영이요 생명이신 말씀
의 손수건이 필요하다. 말씀은 단순히 기록된 글이 아니라 마귀의
최면을 풀게 하는 능력이다.

"이는 우리 복음이 너희에게 말로만 이른 것이 아니라 또한 능력과
성령과 큰 확신으로 된 것임이라"(살전 1:5).

소련의 서기장 후르시초프가 피카소의 그림을 보고 "당나귀가
꼬리를 흔들어 그린 그림이다"라고 혹평했다. 마찬가지로 예수님이
이 땅에 구세주로 오셨는데, 어둠이 이를 알지 못하고 진리를 거스
렸다. 세상 신을 믿는 자들이 예수님을 거부하고 거짓 신을 숭배
했다.

예수님의 설교는 비유의 설교라고 해도 과언이 아니다. 예수님은 비유가 아니면 말씀하시지 않으셨다. 마태, 마가, 요한복음에 서른 세 번의 비유의 말씀이 있다. 그중 세 번 반복되는 비유의 말씀이 여섯 가지이고, 두 번 반복되는 말씀이 세 가지이다. 씨 뿌리는 자의 비유, 겨자씨의 비유 등은 세 번 반복되는 말씀이다.

호세아서는 하나님을 반역하고 우상숭배 하는 백성들을 인내로 기다리는 하나님의 심정을 보여주기 위한 비유의 말씀이다. 하나님은 선지자 호세아를 창녀와 결혼하게 했다. 그의 아내가 간음하는 것을 보면서 괴로워하는 호세아로 하여금 하나님의 심정을 이해하도록 했다. 즉 이스라엘 백성이 하나님의 계명을 저버리고 우상숭배 함으로써 하나님의 마음을 얼마나 아프게 했는가를 스스로 깨닫게 했다. 그리하여 호세아는 어떤 선지자보다 하나님의 마음을 가장 잘 이해하는 선지자가 되었다.

빌 클린턴은 백악관 집무실에서 실제로 간음했지만, 지미 카터는 백악관의 오벌하우스에서 마음속으로 간음했던 죄를 고백했다. 세상의 법을 적용하면 마음속으로 간음한 지미 카터는 무죄이지만, 하나님의 법으로는 클린턴이나 카터 모두 간음죄에 해당된다. 말씀에 의하면 실제 간음과 마음속 간음은 차이가 없다.

"여자를 보고 음욕을 품는 자마다 마음에 이미 간음하였느니라"(마 5:28).

인생의 두 길

성경에는 우정의 두 모델이 있는데 하나는 룻과 나오미가 나누는 여자 간의 우정이고, 또 하나는 다윗과 요나단이 나누는 남자 간의 우정이다. 룻기 1장 20-21절에 보면 이국 땅 모압에서 남편과 두 아들을 잃은 나오미가 이방 여인 며느리 룻만을 데리고 고향 베들레헴으로 귀향하는 이야기가 나온다. 청운의 꿈을 안고 10년 전 남편과 두 아들을 데리고 모압으로 이민 갔던 나오미는, 남편이 죽고 두 아들마저 죽자 룻과 오르바 두 며느리 중 오르바는 모압의 고향으로 돌아갔으나, 룻은 끝까지 나오미와 함께 베들레헴으로 돌아온 것이다. 기쁨과 즐거움으로 고향에 돌아온 것이 아니라 실패자로 낙향하는 그들을 고향사람들은 따뜻하게 환대해 주었다.

나오미는 사람들에게 자신을 나오미라 부르지 말고 마라라 칭하라고 주문했다. 마라는 쓴맛, 즉 괴로움을 의미한다. 마라의 길로 귀향한다는 것은 수치스럽고 자존심 상하는 일이다. 금의환향이란 말은 있어도 실패하고 망해서 고향사람들에게 돌아오는 것은 견디기 힘든 일이다. 나오미가 체면을 중시한다면 자기 고향이 아닌 예루살렘이나 여리고로 가는 것이 합당했을 것이다. 그러나 나오미는 마라의 길로 인도하신 분이 여호와이기 때문에 고향으로 돌아와 이웃에서 이야기한다.

나오미가 비록 고통과 괴롬의 길이었지만 마라를 피했다면 하나님의 섭리를 깨닫지 못했을 것이다. 룻은 친정으로 돌아가라는 시어머니의 권유를 뿌리치고 끝내 나오미를 따라 이국땅 베들레헴으로 이주했다. 룻도 개인적으로 마라의 길을 선택했기 때문에 예수님의 조상이 되는 큰 축복을 받게 되었다.

우리도 마라의 길을 회피하지 말자. 우리 인생은 때때로 성공의 길로 보이던 길이 실패의 길로 바뀌고, 눈물과 한숨의 길이 축제의 길로 바뀌는 일들을 만난다. 그래서 "형통한 날에는 기뻐하고 곤고한 날에는 되돌아보아라 이 두 가지를 하나님이 병행하게 하사 사람이 그의 장래 일을 능히 헤아려 알지 못하게 하셨느니라"(전 7:14)고 권고하신다.

우리 교민이 가장 많이 사는 미국 서부의 로스앤젤레스 도시는 원래 강수량이 연간 40미리에도 못 미치는 사막지역이었다. 궁여지책으로 인근 콜로라도 지역의 풍부한 강물을 끌어들여 개발하게 되었다. 그로 인해 로스앤젤레스는 사막이라는 마라의 쓴 고통을 극복하고 축복된 도시로 탈바꿈했다.

세계적인 기독교 변증가인 영국의 C.S. 루이스는 타임지가 선정한 의심할 바 없는 20세기 최고의 기독교 사상가이다. 그가 글을 쓰게 된 동기는 엄지손가락을 구부리지 못하는 신체적 결함을 가졌기 때문이다. 글 쓰는 데는 어려움이 없지만 손으로 물건을 쥐거나 들지 못했다. 어릴 때 꿈은 공작이었지만 전혀 할 수가 없었다. 하고 싶은 일을 못하게 되자 절망에 빠졌다. 엄지손가락 불구는 루이스에게 마라의 쓴물이었다. 하지만 이를 수용하고 서재로 들어가 책을 손에 쥐게 되었다. 하나님은 루이스를 20세기 역사의 지평을 여는 위대한 저술가로 쓰기 위해 눈물의 마라를 거치게 하였다.

광야의 체험

 성경에는 세 개의 광야가 소개된다.
•첫째, 모세가 이스라엘 백성을 애굽 땅에서 이끌어내어 40년 동안 거쳐간 시내광야이다.
•둘째, 예수님이 40일간 금식했던 유대광야이다.
•마지막은 다윗이 적으로부터 도망치며 기거했던 엔게디 광야가 그것이다.

광야는 아무것도 예측할 수 없는 위험한 곳이다. 사나운 짐승들이 굶주리며 먹을 것을 찾아 울부짖는 곳이다. 폭풍우가 불면 천지가 어두워지며 순식간에 악마의 얼굴로 돌변하는 곳이다. 발 한 번 잘못 디디면 전갈과 독사가 위해를 가하는 곳이다. 광야는 끊임없는 시험(testing)과 유혹(tempting)이 있는 장소이다. 그러나 우리가 광야에 거할지라도 이곳에서 하나님의 위대한 신비와 기적을 체험할 수 있다.

모세는 이스라엘 백성들을 이끌고 출애굽한 후 직선거리로 사흘이면 다다를 수 있는 가나안 복지를 사십년 간 유리방황하며 시험과 유혹을 이겨야 했다. 광야의 시련과 고난을 통과한 후 이스라엘 백성은 우상과 하나님을 분별하는 방법과 하나님께 예배하는 방법을 배웠다. 실로 비싼 대가를 치른 후 이를 깨닫게 되었다.

예수님은 광야에서 금식하신 후 마귀의 시험과 공격을 말씀으로 이겼다. 다윗은 적으로부터 도망하기 위해 엔게디 광야에 들어가게 되었지만 거기서 하나님의 임재와 거룩함을 알아보는 능력이 크게 자라났다. 우리는 광야를 두려워해서는 안 된다. 광야의 체험을 통해 하나님 앞으로 더 가까이 다다가게 된다.

하나님은 우리가 쾌락에 탐닉하고 있을 때 우리에게 속삭이면서 경고하시고, 잘못된 길로 가고 있을 때 양심 가운데 가책을 느끼게 하시며, 고통 가운데 허덕일 때 확성기를 틀어놓은 것처럼 소리치신다.

고난과 성공

고난에 대해 스펄전은 이렇게 말했다.

"주님이 사랑하시는 자들에게는 어떤 재난도 일어날 수 없다. 그에게 닥치는 재난은 재난이 아니라 비밀한 형태의 선일 뿐이다. 손실은 그를 부요하게 하고, 병은 그에게 약이며, 치욕은 그의 영예이고, 죽음은 그의 유익이다."

또한 "우리에게 견딜 수 없는 짐이 하나님께는 먼지 한 톨보다 작은 것"이라고 스펄전은 말했다.

"구르는 돌에는 이끼가 끼지 않는다"라는 격언이 있다. 대개 안전하고 행복한 상황에서는 변화를 싫어한다. 누리고 있는 복으로 인해 변화와 반전의 기회가 오는 것을 달갑게 생각지 않는다. 그러나 그리스도인은 시련과 환난을 극복할 때 더 큰 행복과 기쁨을 누리게 된다.

콜럼버스는 31번 대서양 횡단에 실패한 후 32번째 대서양 횡단에 성공했다. 선더스는 1,000번 거절당한 후 성공하여 KFC(캔터키 프라이드 치킨)를 일으켰다. 처칠은 결코, 결코, 결코 포기하지 말라고 했다.

"인내를 온전히 이루라 이는 너희로 온전하고 구비하여 조금도 부족함이 없게 하려 함이라"(약 1:4).

세상에는 인내 없이 이루어지는 일은 하나도 없다. 재능만으로는 안 된다. 위대한 재능을 가지고도 성공하지 못한 사람들이 많다. 천재성으로도 안 된다. 성공하지 못한 천재는 웃음거리만 된다. 교육으로도 안 된다. 세상에는 교육받은 낙오자로 넘치고 있다. 오직 인내와 결단력만이 무엇이든 이룰 수 있다.

고난과 성공은 동행한다. 만일 어떤 사람이 고난 없이 성공했다면 그것은 그의 부모나 그와 관련된 사람이 이전에 고난을 받았기 때문이고, 만일 고난을 받았는데도 성공하지 못한다면 그 후손에게 성공의 월계관은 돌아간다. 베토벤은 귀머거리였지만 광대한 하모니를 들었다. 앉은뱅이였던 바이런은 알프스의 하늘을 올라가며 노래했다.

밀턴은 52세에 실명하고 그 후 아내가 세상을 하직했다. 엎친 데 겹친 격으로 반대자의 고소로 옥에 갇히게 되었다. 그러나 불후의 명작인 《실낙원》을 저술한 것은 바로 이 시기였다. 소경으로서 진정한 낙원을 본 것이다. 정말 비참한 것은 앞을 못 보거나 아내를 잃거나 옥에 갇히게 되는 것이 아니라 그 환경을 이겨내지 못하고 주저앉아 버리는 것이다.

밀턴은 실낙원에서 성경의 창세기 이전의 역사를 상세하게 보여
주고 있다. 밀턴의 작품은 상식을 뛰어넘는 문장과 우아한 문체로
동시대인들의 찬탄의 대상이었을 뿐 아니라 전 시대를 통틀어 영어
로 씌어진 서사시중 으뜸으로 꼽히고 있다.

하늘나라에서 원래 천사장으로 지음받은 루시퍼가 무슨 이유로
반역하여 사탄으로 전락하게 되었는지를 날카롭고 치밀하게 서술
하고 있다. 사탄에 대한 묘사를 너무나 구체적이고 사실적으로 피
력하기 때문에 19세기 비평가들은 실낙원의 주인은 아담이 아니라
사탄이라고 주장하기도 한다. 밀턴은 스스로 극심한 고난의 삶을
살았지만 끝내 자유의지를 잃지 않은 인간의 전형을 보여 주었다.

에디슨은 전기를 발명하려고 실험을 거듭했지만 수천 번의 실패
를 거듭했다. 그러나 결코 포기하지 않고 실험을 거듭한 후 한 가
지 사실을 발견했다. 전기가 전선을 타고 아무런 저항 없이 흐르면
빛을 발하지 못하지만, 필라멘트가 전선 중간에서 전기의 흐름을
방해하면 놀라운 빛을 발한다는 사실이다.
생명력이 없는 전기도 그 흐름이 순조로우면 빛을 발하지 못하
고 필라멘트에 의해 저항을 받으면 아름다운 빛을 발한다. 평탄하
고 순조로운 삶 가운데서 모진 역경과 시련이 우리의 앞길을 가
로 막을 때 믿음으로 그 환난을 극복한다면 큰 열매를 맺게 될 것
이다.

우리의 삶 가운데서 모든 여건이 다 갖추어지고 순풍에 돛단 듯

이 어려움과 역경이 없다면 누구나 평안을 누릴 수 있다. 그러나 예수님은 고난과 역경 가운데서 누릴 수 있는 진정한 평안을 우리에게 주시겠다고 약속하신다. 평안에 관한 주제의 미술대회에서 최종적으로 두 편의 작품이 결정되었다.

첫 작품은 물결이 전혀 일지 않는 고요한 호숫가에서 젊은 남녀가 노를 젓고 있는 그림이었다.

다른 하나는, 거대한 폭포 물줄기가 쉴 새 없이 쏟아져 내리고 태산을 뒤덮는 물소리가 천지를 진동하는 가운데, 폭포 뒤편의 바위틈새에서 조그마한 보금자리를 틀고 한 마리 새가 새근새근 잠들어 있는 그림이었다.

두 그림 중에서 과연 참된 평안을 표현한 작품은 어느 것이라고 생각되는가? 폭포 가운데서 잠들어 있는 새를 그린 작품일 것이다.

이 세상에서 얻을 수 없는 놀라운 평안은 역경 가운데서 주어진다. "평안을 너희에게 끼치노니 곧 나의 평안을 너희에게 주노라 내가 너희에게 주는 것은 세상이 주는 것 같지 아니하니라 너희는 마음에 근심하지도 말고 두려워하지도 말라"(요 14:27)

성경은 365번 우리에게 염려하지 말라고 권고한다. 1년은 365일이니까 매일매일의 삶 속에서 염려하지 말라는 것이다.

> "가련하고 가난한 자가 물을 구하되 물이 없어서 갈증으로 그들의 혀가 마를 때에 나 여호와가 그들에게 응답하겠고, 나 이스라엘의 하나님이 그들을 버리지 아니할 것이라"(사 41:17).

하나님은 우리가 안락하고 모든 것에 부족함이 없을 때 찾아오시는 것이 아니라 우리가 절망 가운데 낙심하고 있을 때 찾아오신다. "하나님께서 구하시는 제사는 상한 심령이라 하나님이여 상하고 통회하는 마음을 주께서 멸시하지 아니하시리이다"(시 51:17)라고 말씀하신다.

다이아몬드와 흑연은 둘 다 탄소(C) 원자로만 이루어져 있다. 최고의 보석으로 사랑받는 다이아몬드는 현재까지 가장 단단한 천연 광물로 분류된다. 그러나 흑연은 다이아몬드처럼 투명하지도 단단하지도 않다. 오히려 흑연은 무른 성질이 있어 연필심으로 많이 쓰인다. 똑같이 탄소 원자로 이루어져 있는데, 이들의 운명을 갈라놓은 것은 무엇일까?

다이아몬드는 2,000도가 넘는 고온과 수만 기압의 고압 상태에서 만들어진 후 가스와 함께 지상으로 분출되는 암석에 섞여 나온다. 이처럼 생명력이 없는 다이아몬드도 극한 시련을 견뎌내야만 최고의 보석으로 인정을 받는다.

대나무는 씨를 뿌린 후 5년이 지나면 고작 3센티미터밖에 자라지 않는다고 한다. 그런데 그 시기가 지나면 무섭게 뻗어나가 석 달만에 27미터까지 자라나 거대한 대나무 숲을 이룬다. 그러면 처음 5년간 대나무는 무엇을 하고 있었을까. 5년간 대나무는 아래로만 뿌리를 내리고 내실을 다진다. 대나무는 위로 성장하기 전 먼저 아래로 뻗어나가 내실을 기하는 것이다.

우리 인생의 꿈이 실현되는 과정도 마찬가지다. 당장은 성공의 기미가 보이지 않을지라도 튼튼히 기초를 다지는 자는 나중에 큰 결실을 가져온다. 'Success'(성공)가 'Work'(노력)보다 앞서는 곳은 영어 사전밖에 없다.

진실한 스토리

암전문의로 미국에서 활동하고 있는 원종수 권사는 젊은 시절 각혈하면서 폐병으로 죽어가고 있었다. 그는 하나님 앞에 수없이 많은 날들을 예배와 기도로 헌신했는데, 사랑의 하나님이 자신을 버린 것에 대한 거룩한 분노를 터뜨렸다. 하나님을 향해 이렇게 절규하며 기도했다고 한다.

"많은 사람들이 나를 하나님의 사람이라고 하는데, 그렇게 많은 시간을 들여 새벽기도와 철야기도를 해온 내가 폐병으로 죽으면 당신에게 도움이 되겠소?"라고 극단적으로 항의하며 기도했다고 한다. 기도하면서도 스스로 생각하기를 말(스토리)이 된다고 여겼다고 한다.

원 권사는 우리가 기도할 때 자신의 기도가 말이 된다고 생각되면 그 기도는 응답된다고 말했다.

"사랑하는 자들아 만일 우리 마음이 우리를 책망할 것이 없으면 하나님 앞에서 담대함을 얻고 무엇이든지 구하는 바를 그에게서 받나니…"(요일 3:21).

원종수 권사는 산속 깊은 기도원에 들어가 식음을 전폐하고 죽으리라는 각오로 금식기도에 들어갔다. 사흘이 지나자 의식을 잃고 쓰러졌다. 환상 가운데 예수님이 나타나 "종수야 너의 머리는 완전하게 되었다. 머리로부터 얼굴, 목, 가슴, 오장육부, 다리 순서로 점점 내려가면서 발가락까지 완전하게 되었다고 하는 순간 그의 몸은 완전하게 치유 받는 기적이 일어났다. 우리에게 진실한 스토리가 있다면 하나님을 대면해서도 담대해질 수 있고 그 삶에 기적은 일어난다.

사랑의 하나님

프랑스 철학자 샤를 보들레르는 "만일 하나님이 있다면 틀림없이 악마일 것이다"라고 말했다. 하나님이 사랑의 하나님이시라면 왜 이 세상에 악이 존재하는가. 이에 대한 응답이 없을 경우 하나님에 대한 불신과 회의가 몰려오고 분노와 원망의 마음이 가득하게 된다. 믿는 그리스도인도 선하신 하나님이 인간을 파멸하는 악을 내버려 둔다는 생각에 믿음을 저버리기도 한다.

착한 사람이 불의의 사고로 죽게 되고, 새벽기도를 가던 일가족이 술 취한 자동차에 받혀 몰사당하며, 어린아이가 불치의 병으로 죽게 되는 일들을 보면서 하나님을 원망하게 된다. 이 문제에 대한 답을 얻지 못한다면 악을 대적할 수도 없고 믿음의 기도도 드릴 수 없게 된다. 먼저 악이 존재하는 이유는 인간이 악을 선택했기 때문이다.

"한 사람으로 말미암아 죄가 세상에 들어오고"(롬 5:12)

악이 세상에 온 것은 첫 사람 아담으로부터 말미암는다. 제일 먼저 아담과 하와가 원죄를 범함으로써 잘못된 선택을 하게 되었다. 그 후 인류는 이들의 행실을 이어받고 수천 년이 흐르면서 수십억 인류가 다 잘못된 길로 향하게 되었다. 그 결과 세상에 죄가 가득 차게 되었다. 하나님은 공의의 하나님이시기 때문에 악을 그냥 내버려두실 수 없다.

그러면 어떤 방법이 있을까. 두 가지 방법을 생각할 수 있다.

첫째, 이 세상의 악을 다 없애버리는 것이다. 하나님은 노아시대에 홍수로 세상의 모든 생물과 인간을 쓸어버리셨다. 그 후 세상과 언약을 맺으시고 다시는 세상을 물로 심판하지 않으시기로 약속하고 그 증거로 무지개를 구름 위에 두셨다.

"내가 내 무지개를 구름 속에 두었나니 이것이 나와 세상 사이의 언약의 증거니라"(창 9:13).

하나님은 인간이 자신과 친밀한 관계를 가지기 원하시므로 이 방법은 하나님의 최종적인 해결책이 아니다.

둘째, 하나님은 자유의지를 통해 악을 다루시는 것이다. 범죄 한 인간은 생명과 죽음이라는 두 갈래 길에서 자유의지로 둘 중 하나를 선택할 수 있다.

세상의 모든 악을 종결시킨다는 것은 인간의 자유의지까지 말살하게 되는 것인데, 이것은 하나님이 원하시는 바가 아니다. 하나님은 자신의 손으로 지음 받은 인간이 자유의지로 기꺼이 하나님께 순종하고 교제하며, 하나님께 찬양과 영광을 돌리기 원하신다. 그러나 자유의지로 악을 선택한 자는 영원한 심판에 처하게 된다.

구원의 진리

런던 악기점에 남루한 신사가 낡은 바이올린을 들고 와서 5달러에 바이올린을 사달라고 간청했다. 악기점 주인은 굶주림을 호소하는 이 중년남자를 불쌍히 여겨 5달러를 건네주었다. 이 남자는 사례하고 총총히 사라졌다. 주인은 바이올린 활을 당겨보고 아름다운 선율에 깜짝 놀랐다. 먼지를 털고 바이올린 속을 들여다보니 "1704년산 안토니오 스트라디바리"라고 쓰여 있었다. 바이올린의 거장 스트라디바리의 바이올린이었다. 나그네를 찾았으나 자취를 감춘 지 오래였다. 이 바이올린은 10만 달러를 호가하는 최고의 명품이었다.

그런데 우리에게는 명품 바이올린보다 수만 배 더 고귀한 가치를 가진 구원과 영생의 선물이 무료로 주어져 있다. 이것을 외면한다면 이보다 더 슬픈 일이 있겠는가. 어떤 대중가요 가수가 '인생은 나그네길'이라는 노래를 불렀다. 불교에서는 인생은 고해요, 불난 집과 같다고 한다. 인생의 삶 자체가 고생이요 불난 집과 같아서 쉴 새 없이 작은 불 큰불을 끄며 허둥지둥 사는 것이 우리의 모습이라는 것이다.

성경 욥기에서 인생은 '고난을 위해 났나니 불티가 하늘로 날아오름과 같다'고 했다. 날아오르는 불티가 몸에 닿으면 따끔거리며 쉴 새 없이 고통을 준다. 인생의 학교에서 피할 수 없는 필수과목은 생로병사(生老病死)이다. 태어나서 병들어 고통 받는 일을 반복하다가 결국 한줌의 흙으로 돌아가는 것이 우리 인생이다. 성경은 "너희 생명이 무엇이냐 너희는 잠깐 보이다가 없어지는 안개니라"(약 4:14)고 하신다.

야곱은 살아온 인생길이 수고와 슬픔뿐이라고 했다. 많은 봉사와 행위를 통해 하나님 앞에 자신의 의로움을 나타냄으로써 구원에 이를 수 있다는 생각은 매우 교만한 생각이다. 왜냐하면 이것은 하나님의 본질을 훼손하고, 예수 그리스도가 십자가에서 죽으시고 부활하신 일을 무가치한 것으로 만들기 때문이다.

> "하나님이 죄를 알지도 못하신 이를 우리를 대신하여 죄를 삼으신 것은 우리로 하여금 그 안에서 하나님의 의가 되게 하려 하심이라"
>
> (고후 5:21).

하나님의 본질은 선하심과 인자하심이다. 우리의 의를 드러내는 것은 하나님을 자비로우신 분에서 끌어내리고 예수 그리스도께서 십자가에서 죽으실 필요가 없다는 것을 말한다. 예수님은 영생을 이렇게 정의하고 있다. "영생은 유일하신 참 하나님과 그가 보내신 자 예수 그리스도를 아는 것"이라고 요한복음 17장 3절에서 밝히고 있다. 영생은 어떤 사물과 연관되거나 선행이나 자선으로 얻어지는 것이 아니라 인격적인 존재인 하나님과 예수님을 앎으로써 얻어진다.

공의와 사랑의 하나님

하나님의 두 가지 성품인 사랑과 공의는 배타적인 것으로 두 가지를 동시에 이룰 수 없다. 사랑의 하나님은 어떤 허물과 죄도 다 덮어주고 용서하는 것이다. 그러나 공의의 하나님은 죄를 보면 지나칠 수 없으시다. 하나님의 두 가지 성품을 다 이루기 위해서는 어떻게 해야 할 것인가. 세상의 재판관은 자비로우려면 공의를 이룰 수 없고 공의를 이루려면 자비를 베풀 수 없다.

세상의 재판관이 살인자를 재판할 때 그 죄인을 대신하여 자신의 아들을 대신 죽도록 했다면 이는 공의와 자비를 다 이룬 것이 된다. 세상의 재판관이 이러한 재판을 했다는 이야기를 들어본 적이 없다. 만에 하나 그러한 일이 있다손 치더라도 그것은 개인에 대한 일이지 인류의 죄를 구속하는 일은 아닌 것이다.

그러나 하나님은 자비로우시며 공의로우시다. 예수님이 십자가에서 우리 인류의 죄를 대신 지시고 돌아가신 사실은 죄를 지은 인간에 대해서 공의의 틀을 깨뜨리지 않으면서 자비를 베푸신 증거가 된다. 즉 죄를 지은 인간이 십자가에 달려야 하는데 하나님의 외아들을 대신 죽게 하신 것은 인간에게 무한한 자비를 베푼 것이 되고, 죄의 대가를 십자가의 형벌로 갚은 것은 공의를 실현하신 것이 된다.

그렇다면 인간에게 대한 하나님의 자비와 연단의 손은 어떤 관계일까. 인생을 시계의 숫자판에 비유한다면 두 시계바늘은 우리와 함께하시는 하나님의 손길이다. 시간(hour)을 보여주는 작은 바늘은 연단의 손길이고 분(minute)을 지칭하는 큰 바늘은 자비의 손길이다. 자비의 손길은 연단의 손길보다 12배 빠르게 움직인다. 하나님은 우리를 적게 연단하시고 크게 자비의 손길을 베푸신다. 그래서 하나님의 속성은 선하시고 인자하심이 영원하시다. 이 말씀은 성경 전체에서 가장 많이 반복되는 구절로서 시편 136편 1절로부터 26절까지 매절마다 스물여섯 번에 걸쳐 반복된다. 두 바늘은 견고한 축에 고정되어 있다. 축은 하나님의 변치 않으시는 마음을 나타낸다.

하나님의 자비의 손길로 구원받은 성경의 기록들을 살펴보자.

•므낫세는 이스라엘 왕 가운데 가장 사악한 왕 중 하나였다. 바알신과 아세라 목상을 숭배하였고, 마법사였으며, 자신에 대한 예언자의 말씀을 거역했다. 하나님께 대한 신실한 믿음을 가졌던 부친 히스기야가 헐어버린 우상의 신전을 다시 세웠다. 여호와께서 이방인을 들어 므낫세를 치자 크게 겸비하여 하나님께 간구하였고, 하나님은 그를 구원했다(대하 33:2-13; 왕하 21:16).
•막달라 마리아는 일곱 귀신이 들렸지만 구원받았다(눅 8:2).
•군대귀신이 들렸던 사람이 은혜로 구원받았다(막 5:1, 19).
•핍박자 사울이 은혜로 구원받고 위대한 그리스도인 바울이 되었다(행 9:15).[12]

어느 왕이 가장 아름다운 다이아몬드를 보유하고 있었다. 그런데 그 다이아몬드에 흠집이 생겼다. 왕은 모든 세공사들에게 흠집을 제거하라고 명령했다. 그러나 흠집 제거는 할 수 없었다. 그때 한 지혜로운 자가 와서 그 흠집을 이용하여 아름다운 장미꽃 봉우리를 만들었다. 다이아몬드는 이전보다 더 아름다운 모습으로 바뀌었다.

말씀을 듣지 못한 기갈

경제학에서 '한계효용체감의 법칙'이란 것이 있다. 같은 재화를 하나씩 추가로 소비하는 경우 총 만족감은 점차 줄어들면서 증가한다는 것이다. 재화 가운데 가장 빨리 한계효용이 체감하는 것은 신문이나 잡지류의 책일 것이다. 이러한 것들은 한번 보면 더 이상 볼 가치가 없어진다. 그리고 한계효용이 오히려 체증하는 책으로는 삼국지나 명작소설이 될 것이다.

그러나 성경은 어떤 세상의 책보다도 한계효용이 체증하는 책이다.

> "하나님의 말씀은 살아 있고 활력이 있어 좌우에 날선 어떤 검보다도 예리하여 혼과 영과 및 관절과 골수를 찔러 쪼개기까지 하며 또 마음의 생각과 뜻을 판단하나니 지으신 것이 하나라도 그 앞에 나타나지 않음이 없고 우리의 결산을 받으실 이의 눈앞에 만물이 벌거벗은 것같이 드러나느니라"(히 4:12-13).

또한 "천지가 없어지기 전에는 율법의 일점일획도 결코 없어지지 아니하고 다 이루리라"(마 5:18)고 말씀하신다. 성경에는 인간이 살아가면서 겪는 기갈은 물이 없어서 오는 갈함이나 양식이 없어서 오는 주림이 아니며, 오직 하나님의 말씀을 듣지 못하는 데서 오는 기갈이라고 권고한다. 돈이나 명예가 없어서가 아니라 구원의 복음의 말씀을 듣지 못하고 들어도 깨닫지 못함으로 오는 문제라는 것이다. 그래서 성경은 "사람이 떡으로만 살 것이 아니요 하나님의 입으로부터 나오는 모든 말씀으로 살 것이라"(마 4:4)고 권고한다.

예전에는 밤에 길을 잃었을 때 북극성을 보고 길을 찾곤 했다. 그러나 오늘날은 위성위치시스템인 GPS(global positioning system)가 친절하게 길을 안내해 준다. GPS는 24개의 위성을 통해 여행자의 위치를 경도, 위도, 고도에 의해 계산하고 나아갈 방향을 제시해 주기 때문에 이제는 하늘을 쳐다볼 필요가 없다.

빌리 그레이엄 목사는 초기에 설교를 할 때 플로리다에서 악어를 향하여 설교했다고 한다. 농촌에서 목회를 시작한 어느 목사는 돼지나 소를 보면서 말씀을 전했다고 한다.

복음은 헬라어로 유앙겔리온, 즉 기쁜 소식이며 신약에 76번이나 반복된다. 영국 성경번역의 아버지인 윌리엄 틴데일은 로마서는 신약성경의 핵심이며 가장 순수한 유앙겔리온이라고 지적했다.

마틴 루터는 복음은 우리에 갇힌 사자와 같아서 변호는 필요 없고 해방만 필요하다고 서술했다. 복음은 완전하고 어떠한 흠결도 없기 때문에 어떤 변호도 필요 없다, 그러나 우리에 갇혀 있으면 아무런 능력도 발휘할 수 없기 때문에 풀어놓아 자유롭게 하면 힘과 능력을 발휘하여 본연의 사명을 다한다. '복음은 우리에게 말로만 이른 것이 아니라 능력과 성령과 큰 확신으로 된 것'(살전 1:5)이기 때문이다.

하나님은 이 땅에서 우리를 예수 그리스도의 증인(witness)으로 부르셨지 변호사로 부르지 않으셨다. 그러므로 우리는 이 세상에서 예수님이 구원자가 되심을 증언하는 증인의 삶을 살면 된다. 그러면 저 세상에서 우리가 심판대 앞에 섰을 때, 예수님이 피고석에 서 있는 우리에게 변호사가 되신다. 재판장이신 하나님은 변호사인 예수님의 변호를 들으시고 우리를 천국으로 들이신다.

신약과 구약은 하나님이 인간과 맺은 엄숙한 약속이다.

모세를 통해 주신 옛 언약은 율법에 기초하고 있고, 예수 그리스도를 통해 주신 새 언약은 그리스도의 피가 그 언약을 확증해준다. 옛 언약인 율법에서는 '~할지니라', '~하지 말지니라'고 되어 있으며, 그 책임은 인간에게 있다. 그러나 새 언약인 약속에서는 '내가 ~하리라', '내가 하리라'고 되어 있다.

신약에서 책임은 하나님께 있음을 보여준다. 율법은 거친 말로 하라고 명령한다. 계명을 어기면 멸망에 이르고 계명을 지키면 살리라고 명한다. 그러나 복음은 온유하게 하나님이 하리라고 한다. 율법은 쫓아내고 복음은 끌어들인다. 율법은 하나님과 사람 사이의 간격을 보여주고 복음은 그 간격에 다리를 놓아 죄인이 그곳을 건너오게 한다.

조지 뮬러는 "영적생활의 활력은 우리의 삶과 생각 속에 말씀이 얼마나 차지하고 있는지 여부에 달려 있다"라고 말했다.

레먼스는 "습관은 최상의 하인이거나 최악의 주인이다"라고 했다.

좋은 습관을 가진 사람에게 습관은 가장 좋은 보화가 되지만 나쁜 습관을 지닌 이에게 습관은 실패로 가는 지름길을 제시한다. 우리가 말씀을 묵상하고 암송하며 기도에 힘쓰는 좋은 습관을 가지면 금은보화를 가진 것보다 더 큰 유익을 가질 수 있다.

일전에 코미디언 이주일 씨가 폐암으로 오랫동안 투병생활을 하다가 생을 마감하게 되었다. 임종이 가까웠을 때 동료 코미디언이었다가 목회자가 된 신소걸 목사가 병상에서 예수님을 전한 후 성경에 손을 얹고 같이 기도하자고 했다. 그러나 그는 성경에 손을 얹을 힘이 없다고 답변했다. 예수님을 나의 구주로 믿고 입으로 시인하는 것이 때로는 구만리장천보다 더 멀고 힘든 경우가 있다.

사람의 가장 큰 착각은 자신의 성과와 영혼 상태가 비례한다고 믿는 것이다. 자신이 세상에서 열심히 노력하고 성취한 부와 권력과 명예에 비례하여 자신의 영혼 상태도 하나님께 높임을 받는다고 착각하는 경향이 많다. 그래서 사회적으로 명성을 얻고 높은 지위에 있는 이들이 구원받기가 훨씬 어려운 것을 보게 된다.

구약성경의 핵심 말씀 13)

구약성경의 처음 다섯 권인 오경의 큰 주제는 인간의 타락, 하나님의 주권과 언약과 구원과 거룩함에 있다. 오경에 나오는 핵심사건은 창조, 홍수, 바벨탑 사건, 하나님과 아브라함과의 언약이다.

구약성경 39권의 내용을 한 구절로 요약해 본다.

■ 오경(Pantateuch)

• 창세기: 태초에 하나님이 계시니라(창 1:1).

• 출애굽기: 내 백성을 보내라(출 5:1).

• 레위기: 내가 거룩하니… 너희도 거룩하라(레 11:44).

• 민수기: 다만 여호와를 거역하지는 말라(민 14:9).

• 신명기: 너는 마음을 다하고 뜻을 다하고 힘을 다하여 네 하나님 여호와를 사랑하라(신 6:5).

■ 역사서(The Historical Books)

• 여호수아: 강하고 담대하라… 네 하나님 여호와가 너와 함께하느니라(수 1:9).

• 사사기: 그때에 이스라엘에 왕이 없으므로 사람이 각기 자기의 소견에 옳은 대로 행하였더라(삿 21:25).

• 사무엘상·하: 모든 나라와 같이 우리에게 왕을 세워 우리를 다스리게 하소서(삼상 8:5).

• 열왕기상·하: 누가 주의 이 많은 백성을 재판할 수 있사오리이까(왕상 3:9).

• 역대상·하: 그의 왕위가 영원히 견고하리라(대상 17:14).

• 에스라·느헤미야: 그들이 우리 하나님께서 이 역사를 이루신 것을 앎이니라(느 6:16).

• 에스더: 네가 왕후의 자리를 얻은 것이 이때를 위함이 아닌지 누가 알겠느냐(에 4:14).

■ 시가서(The Poetical Books)

욥기, 시편, 잠언, 전도서, 아가서를 통틀어 시가서라고 하는 이유는 내용에 시를 많이 사용하기 때문이다.

- 욥기: 이제 주의 손을 펴서 그의 모든 소유물을 치소서 그리하시면 틀림없이 주를 향하여 욕하지 않겠나이까(욥 1:11).
- 욥기는 기원이 분명치 않지만 증거를 토대로 유추해 보면, BC 700년경으로 본다. 지혜문학에 속하는 욥기는 "왜 하나님은 의인에게 고난을 하락하시는가?"라는 오래된 질문을 다룬다.
- 시편: 내 영혼아 여호와를 송축하며 그의 모든 은택을 잊지 말지어다(시 103:2).
- 잠언: 여호와는 지혜를 주시며 지식과 명철을 그 입에서 내심이며(잠 2:6).
- 전도서: 이것도 헛되어 바람을 잡는 것이로다(전 6:9).
- 아가서: 내 사랑하는 자는 내게 속하였고 나는 그에게 속하였도다(아 2:16).

■ 선지서/예언서(The Prophets)

- 이사야: 거룩하다 거룩하다 거룩하다 만군의 여호와여(사 6:3).
- 예레미야: 내가 너의 상처로부터 새살이 돋아나게 하여 너를 고쳐주리라(렘 30:17).
- 예레미야 애가: 우리가 스스로 우리의 행위들을 조사하고 여호와께로 돌아가자(애 3:40).

애가서는 고통의 절규, 개인적 아픔, 예루살렘 거민의 집단적 비극과 수치를 표현하는 노래다. 가장 깊이 부르짖는 기도를 배우고 싶다면, 성경 66권 중 예레미야 애가를 참고하라.

- 에스겔: 나 여호와는 말하고 이루느니라(겔 17:24).
- 다니엘: 오직 은밀한 것을 나타내실 이는 하늘에 계신 하나님이 시라(단 2:28).
- 호세아: 너의 하나님께로 돌아와서(호 12:6).
- 요엘: 내가 내 영을 만민에게 부어 주리니(욜 2:28).
- 아모스: 오직 정의를 물같이, 공의를 마르지 않는 강같이 흐르게 할지어다(암 5:24).
- 오바댜: 네가 행한 대로 너도 받을 것인즉(옵 1:15).
- 요나: 하물며 이 큰 성읍…내가 어찌 아끼지 아니하겠느냐(욘 4:11).
- 나훔: 여호와는 노하기를 더디 하시며 권능이 크시며 벌 받을 자를 결코 내버려두지 아니하시느니라(나 1:13).
- 하박국: 의인은 그의 믿음으로 말미암아 살리라(합 2:4).
- 학개: 너희는 너희의 행위를 살필지니라(학 1:5).
- 스가랴: 그날에는 여호와께서 홀로 한 분이실 것이요
- 그의 이름이 홀로 하나이실 것이라(슥 14:9).
- 말라기: 공의로운 해가 떠올라서 치료하는 광선을 비추리니(말 4:2).

궤도수정

실패를 두려워하지 않는다면 우리는 크게 성공할 수 있다. 인생은 실수를 저지르고 실수를 고쳐나가는 과정이다. 실패에 대한 두려움은 창의력, 혁신, 도전, 성장, 생산성의 발목을 잡는다. 목표는 애초부터 실패할 가능성을 갖고 있다. 모든 비행기는 이륙할 때와 열 추적 미사일이 발사될 때 제 코스를 이탈하거나 목표에 어긋나게 발사된다고 한다. 그러나 비행기가 최종 목적지에 도착하고 미사일이 정확히 목표를 맞추게 되는 것은, 미리 설정해 놓은 궤도수정 장치가 있어서 운항 중에 목표지점으로 향하도록 궤도가 수정되기 때문이라고 한다.

이와 마찬가지로 에덴동산에서 하나님의 형상대로 지음 받은 우리 인간의 삶은 인류의 조상 아담이 하나님께 불순종함으로 인하여 처음부터 잘못된 궤도를 가지고 시작되었다. 비행기가 이륙 후 궤도를 수정하는 것과 마찬가지로 우리 인간도 태어날 때부터 잘못된 궤도를 가지고 태어났기 때문에 궤도수정이 필요하다.

시편 51장 5절에서 다윗은 "내가 죄악 중에 출생하였음이여 어머니가 죄 중에서 나를 잉태하였나이다"라고 고백하고 있다. 또한 성경에는 "이 세상에 의인은 없나니 하나도 없다"고 말씀하고 있다. 과거, 현재, 미래의 어떠한 인간도 궤도수정이 필요하지 않은 자는 단 한 사람도 없다. 그러면 인류의 잘못된 궤도는 어떻게 수정하고 구원을 받을 수 있을까.

복된 소식이 들려온다.

인류의 죄악은 2000년 전 예수 그리스도께서 다 짊어지시고 갈보리 십자가에서 몸이 찢기고 피 흘려주심으로 갚아 주셨다는 소식이다. 우리가 할 일은 예수 그리스도께서 나의 구주가 되신다는 사실을 마음으로 믿고 입으로 시인하는 것이다.

> "네가 만일 네 입으로 예수를 주로 시인하며 또 하나님께서 그를 죽은 자 가운데서 살리신 것을 네 마음에 믿으면 구원을 받으리라 사람이 마음으로 믿어 의에 이르고 입으로 시인하여 구원에 이르느니라"(롬 10:9-10).

참된 평안

사람은 자기의 마음속에 떠나온 고향의 모습을 그대로 간직하고 있다. 고향의 음식과 사투리, 고향의 개울과 풍경은 오랜 세월이 흘러도 항상 마음속에 남아 있다. 사람은 고향을 결코 잊을 수가 없다. 그래서 한국인에게 가장 널리 애창되는 노래 중 하나가 '고향의 봄'이다.

'나의 살던 고향'은 늘 어릴 적 추억거리와 풍경의 아늑함을 우리에게 전달해 준다. '향수'라는 가곡에서는 차마 꿈에서라도 잊을 수 없는 곳으로 고향을 노래하고 있다.

짐승들도 마찬가지이다.

'수구초심'이란 말이 있는데 여우는 죽을 때가 되면 자기가 살던 굴 쪽으로 머리를 향하게 하고 고향을 그리워하며 죽는다고 한다. 강남에서 온 새들은 앉을 때 남쪽으로 향하여 앉는다. 연어는 산

란기가 되면 자기가 태어난 곳으로 돌아와서 알을 낳는다. 수만리 떨어진 고향을 찾아오기 위해 사력을 다해 강을 거슬러 올라온다. 그러나 산란한 후에는 힘이 빠져 그곳에서 죽게 된다.

그러면 우리 인간의 고향은 어디일까?

인간의 고향은 바로 하나님의 품이다. 창세기 2장 7절에서 "여호와 하나님이 땅의 흙으로 사람을 지으시고 생기를 그 코에 불어넣으시니 사람이 생령이 되니라"고 하셨다. 인간은 모두 하나님으로부터 왔기 때문에 하나님께 나아올 때 진정한 자유와 평안을 누리게 된다. 그러므로 하나님께서는 "내가 너희를 품을 것이라 내가 지었은즉 내가 업을 것이요 내가 품고 구하여 내리라"(사 46:4)고 말씀하시고, "그가 너를 그의 깃으로 덮으시리니 네가 그의 날개 아래에 피하리로다 그의 진실함은 방패와 손 방패가 되시나니"(시 91:4)라고 약속하신다.

집을 나간 자식이 아버지께로 돌아갈 때 말로 다할 수 없는 보호하심과 은혜를 부모로부터 받듯이 우리가 영혼과 육체의 고향인 하나님께 나아올 때 축복과 은혜를 하나님께로부터 받게 된다.

기업가에게는 돈에 대한 목마름이 있고, 정치가에게는 권력에 대한 목마름이 있고, 스포츠맨에게는 파워에 대한 목마름이 있다. 그러나 크리스천에게는 세상에서 구할 수 없는 영적 목마름이 있어야 한다. 우리는 복을 구하기 전에 하나님에 대한 갈망으로 채우는 것이 필요하다. 왜냐하면 하나님은 인간으로부터 갈망받기를 원하시기 때문이다.

이 세상에서는 참된 평안을 찾을 수 없고 전능하신 하나님의 품

안으로 돌아가야만 진정한 평안함을 느낄 수 있다.

"평안을 너희에게 끼치노니 곧 나의 평안을 너희에게 주노라 내가
너희에게 주는 것은 세상이 주는 것과 같지 아니하니라 너희는 마
음에 근심하지도 말고 두려워하지도 말라"(요14:27).

허무한 인생

 노벨 문학상을 받은 헤밍웨이가 지은 노인과 바다라는
소설이 있다.

멕시코 바다에서 한 노인이 소년을 데리고 조각배를 타고 고기
를 잡으러 나간다. 40일간 애썼지만 한 마리의 고기도 못 잡고 소
년은 육지로 돌아온다. 혼자 남은 노인은 다시 더 깊은 바다로 나
아가 드디어 83일 만에 생명을 걸고 사투를 벌인 결과 큰 고기 한
마리를 잡는다. 그 고기를 배에 매 단 채 육지로 돌아오는데, 갑자
기 큰 상어 떼의 공격을 받는다.

쫓아도 쫓아도 몰려오는 상어 떼를 물리치느라 온몸에 상처를
입고 기진맥진하게 되었다. 겨우 육지에 당도해 보니 배에 매단 고
기는 상어 떼에 의해 다 찢겨나가고 남은 것이라곤 온몸의 상처와
빈 배밖에 없었다. 좌절과 허무함을 느끼며 집으로 돌아가는 노인
의 모습을 상상할 수 있다.

이 세상에서 가장 많은 재물과 부귀와 권력과 지혜를 누렸던 솔
로몬은, 전도서 2장 11절에서 "내 손으로 한 모든 일과 내가 수고한 모

든 것이 다 헛되어 바람을 잡는 것이며 해 아래에서 무익한 것이로다"라고 고백했다. 생명을 걸고 돈 벌고 권력을 잡으려고 노력하지만 나중에 우리에게 남는 것은 허무함과 노쇠함과 질병과 죽음밖에 없는 것이 우리의 인생이다. 그래서 욥은 "사람은 고생을 위하여 났으니 불꽃이 위로 날아가는 것 같으니라"(욥 5:7)고 고백하고 있다.

그러나 우리의 인생을 하나님께 내어 맡길 때 하나님께서는 우리의 발걸음을 지켜주시고 불안과 좌절과 두려움을 제하여 주시고 이생에서 필요한 것을 공급해 주신다. 그래서 "나의 하나님이 그리스도 예수 안에서 영광 가운데 그 풍성한 대로 너희 모든 쓸 것을 채우시리라"(빌 4:19)고 약속하신다.

시편 42편과 43편에서는 3번이나 반복하여 "내 영혼아 네가 어찌하여 낙심하며 어찌하여 내 속에서 불안해 하는가 너는 하나님께 소망을 두라 그가 나타나 도우심으로 말미암아 내가 여전히 찬송하리로다"라고 고백한다.

하나님의 속성

 하나님의 속성은 한마디로 완전함이다.
일곱 수는 완전한 숫자다.
• 엘리야는 일곱 번 기도한 후 구름이 생겨나고 비가 왔다(왕상 18:42-45).
• 엘리사는 기도하고 죽은 아이 위에 엎드리니 아이가 일곱 번

재채기를 한 후 소생했다(왕하 4:32-35).

• 여호수아는 여리고 성을 6일 동안 매일 한 바퀴씩 돌고 제칠일
에는 제사장 일곱이 일곱 양각나팔을 불고 일곱 바퀴를 돌자 성이
무너졌다(수 6:1-5).

• 야곱이 에서에게 일곱 번 절을 한 후 에서의 마음이 풀어졌다
(창 33:1-4).

• 나아만 장군은 요단강에서 일곱 번 목욕한 후 병이 깨끗하게
나았다(왕하5:14).

그러나 아브라함은 소돔 성을 구하기 위해 하나님께 일곱 번 구
하지 않고 여섯 번 구한 후 소돔 성은 멸망했다(창 18:23-33).

완전한 하나님의 속성을 세분하면 세 가지로 나누어진다.

하나님의 속성은 전지(omniscience), 전능(omnipotence), 무소부재(omni-
presence)의 세 단어로 설명된다.

전지는 '모든'이라는 의미의 옴니(omni)와 '지식'이라는 뜻의 사이언
스(science)의 합성어이다. 하나님의 지식은 완전하고 피조물 가운데
그분의 눈에 인식되지 않는 존재는 없다.

"지으신 것이 하나도 그 앞에 나타나지 않음이 없고 우리의 결산을
받으실 이의 눈앞에 만물이 벌거벗은 것같이 드러나느니라"(히 4:13).

윌 로버스(Will Rogers)는 "모든 인간은 무식하다. 단지 무식한 분야
가 서로 다를 뿐이다"라고 말했다. 우리 인간이 알아야 할 것은 너
무나 많지만 우리가 아는 것은 너무나 적다. 오직 하나님만이 모든
것을 아신다.

전능은 '모든'이라는 의미의 옴니(omni)와 '능력'이라는 뜻의 포텐스(potence)의 합성어이다.

하나님은 아브라함에게 "나는 전능한 하나님이라"(창 17:1)라고 말씀하셨다. 예수님은 "하나님으로서는 다할 수 있느니라"라고 말씀하셨다. 천사는 이를 이중부정의 어법으로 "대저 하나님의 모든 말씀은 능하지 못하심이 없느니라"(눅 1:37)라고 표현했다. 때때로 그는 자연을 다스리는 능력을(마 8:27), 귀신을 제어하는 능력을(눅 4:36), 천사를 복종하게 하시는 능력을(마 26:53), 질병을 고치시는 능력을(눅 4:40), 심지어 죽음까지도 이기시는 능력을(마 5:41-42) 나타내셨다.[14]

그리고 무소부재는 '어디서나'라는 의미의 옴니(omni)와 '존재함'이라는 뜻의 프레전스(presence)의 합성어이다.

"내가 주의 영을 떠나 어디로 가며 주의 앞에서 어디로 피하리이까 내가 하늘에 올라갈지라도 거기 계시며 스올에 내 자리를 펼지라도 거기 계시니이다 내가 새벽 날개를 치며 바다 끝에 가서 거주할지라도 곧 거기서도 주의 손이 나를 인도하시며 주의 오른손이 나를 붙드시리이다"(시 139:7-10).

어디서나 계시는 하나님을 우리가 멀리 떨어져 계신다고 느끼는 이유는 인간의 도덕적 성품이 하나님과 닮지 않았기 때문이다. 인간은 하나님의 형상으로 지음 받았지만 인간의 범죄함으로 인해 하나님의 도덕적 성품을 잃어버렸다.

요한복음 3장 16절과 요한계시록 3장 16절

하나님은 불신자에게 요한복음 3장 16절의 말씀으로 경고하시고, 신자에게는 요한계시록 3장 16절 말씀으로 책망하신다. 불신자에게 주시는 경고의 말씀은 "하나님이 세상을 이처럼 사랑하사 독생자를 주셨으니 이는 그를 믿는 자마다 멸망하지 않고 영생을 얻게 하려 하심이라"(요 3:16)이다.

이 말씀을 반대로 생각하면 하나님을 믿지 않는 사람들에게 보내는 경고의 말씀이다. 즉 독생자 예수를 믿지 않는 자는 멸망에 이르고 영생을 얻지 못한다는 의미다. 또한 이 말씀을 통하여 하나님의 '태도'와 '행동'과 '목적'을 알 수 있다. 즉 '사랑하사'에서 우리를 향한 하나님의 '태도'가 무엇인지를 알게 된다. 또 '독생자를 주셨으니'에서 우리 가운데서 행하신 하나님의 '행동'을 알게 되고, '영생'에서 우리를 향한 하나님의 '목적'이 무엇인지를 알 수 있다. 한편 요한계시록 3장 16절은 믿는 자를 향한 경고이다.

"네가 이같이 미지근하여 뜨겁지도 아니하고 차지도 아니하니 내 입에서 너를 토하여 버리리라"(계 3:16).

비록 우리가 물질적으로 부하고 부족한 것이 없다고 할지라도, 미지근한 신앙을 가지고 있다면 영적으로 곤고하고 가련하며 눈먼 장님과 같다고 말씀하신다. 하나님은 신자들의 이와 같은 미지근한 태도를 견디지 못하고 입에서 토해 낼 것이라고 준엄하게 경고한다.

애가로 가득한 말씀

시편의 3분의 1 내지는 절반이 애가다. 애가를 통해 진정 우리 죄악이 얼마나 크고 중한지를 이해하게 된다. 크리스천이 자신만의 애가를 부를 수 없다면 타락한 죄인의 정체성을 깨닫지 못한다. 예수 그리스도를 통해 우리에게 주어진 대속의 은혜의 깊이와 진실을 알지 못한다. 욥, 다윗, 예레미야, 그리고 예수님으로 이어지는 인물들은 애가의 언어를 깊이 있게 구사하고 있다.

예수님은 예루살렘에 입성하실 때, 겟세마네 동산에서 기도하실 때, 십자가에 달려 고통당하실 때 애가로 그 마음을 쏟아내셨다. 강력한 기도를 드리고 싶으면 예레미야 애가를 묵상하고 그처럼 부르짖으라고 권고한다. "내 눈이 눈물에 상하며 내 창자가 끊어지며 내 간이 땅에 쏟아졌으니"(애 2:11)라고 부르짖었다. 우리 인생은 애가와 함께 시작한다. 인간은 아름다운 동산에서 하나님과 동행하도록 창조되었으나 매일 아침 눈 뜨는 곳은 시험과 유혹이 만연되고 타락하고 황량한 세상이다.

성경은 애가로 가득 차 있다. 아브라함에서 바울에 이르기까지 주요 인물들은 하나님께 간구하며, 애가를 통해 죄를 슬퍼했다.

"어찌하여 주의 얼굴을 내게서 숨기시나이까?"

"여호와여 나의 뼈가 떨리오니 나를 고치소서."

"내가 탄식함으로 곤핍하여 밤마다 눈물로 내 침상을 띄우며 내 요를 적시나이다."

성경의 인물들은 적의 공격으로 곤경에 처했을 때 오로지 애가의 언어를 통해서만 자신의 처지를 하나님께 아뢰었다. 하나님을 향하여 애가를 부를 때 위로부터 용서와 위로와 해결책이 있음을 깨닫게 된다.

소명은 고통을 수반한다. 하나님께 부름 받은 성경의 위대한 인물들은 하나님으로부터 부름 받았을 때 모두 자신이 부적격자로 생각했다. 모세는 지상의 최강자 바로에게 가서 "내 백성을 이끌어 내라"는 하나님의 부름 받았을 때 "나는 입이 뻣뻣한 자니 보낼 만한 자를 보내소서"라고 했고, 요나는 타락한 도시 니느웨로 가서 회개를 선포하라는 소명을 받았을 때 반대편 도시 다시스로 도망갔다.

예레미야는 거역하는 백성에게 가서 복음을 전하라고 했을 때, 그들을 위해 매일 눈물로 기도하여 눈물의 선지자라는 별명을 얻었다. 그 외에도 고향을 떠나라고 아브라함을 부르셨을 때, 군대를 이끌라고 기드온을 부르셨을 때, 왕을 거역하라고 에스더를 부르셨을 때, 메시아를 낳으라고 마리아를 부르셨을 때 '예, 감당하겠습니다'라고 즉시 나아간 이는 한 사람도 없었다. 소명은 두려움과 고통을 수반한다.

3

믿음의 선한 싸움

위대한 진리

만유인력을 발견한 위대한 천재과학자 뉴턴이 말년에 치매와 기억상실증에 걸리게 되었다. 제자들이 와서 선생님이 발견한 위대한 진리가 무엇이냐고 질문해도 기억할 수가 없었다. 가족이 누구인지도 알지 못하고 그 어떤 것도 기억해 내지 못했다. 제자들이 안타까워서 마지막으로 질문했다. 그러면 선생님이 기억나시는 것이 있다면 얘기해 달라고 질문하자 한참을 골똘하게 생각하다가 입을 열었다. "나는 내가 죄인인 것과 예수 그리스도께서 나의 구세주라는 사실을 알고 있다"라고 대답했다.

우리가 모든 것을 잊어버리고 다 잃어버렸을지라도 예수님이 우리의 모든 죄를 사하셨다는 사실을 믿는다면 구원은 우리 앞에 와 있다.

"비록 무화과나무가 무성하지 못하며, 포도나무에 열매가 없으며, 감람나무에 소출이 없으며, 밭에 먹을 것이 없으며, 우리에 양이 없으며, 외양간에 소가 없을지라도 나는 여호와로 말미암아 즐거워하며 나의 구원의 하나님으로 말미암아 기뻐하리로다 주 여호와는 나의 힘이시라 나의 발을 사슴과 같게 하사 나를 나의 높은 곳으로 다니게 하시리로다"(하박국 3:17-19)

대표성의 원리

 "한 사람이 순종하지 아니함으로 많은 사람이 죄인 된 것같이 한 사람이 순종하심으로 많은 사람이 의인이 되리라"(롬 5:19).

일본과 한국이 축구시합을 한다고 하면 모든 국민들은 밤잠을 자지 않고 축구시합을 보게 된다. 한국이 일본을 이겼다는 소식이 전해지면 온 국민이 환호하고 나라가 떠들썩해진다. 그런데 따지고 보면 한국대표 11명과 일본대표 11명이 경기를 했을 뿐인데, 온 국민이 그 결과를 보며 좋아하거나 애석해 한다. 실제로는 선수들이 뛰었지만 우리나라를 대표하여 뛰었기 때문이다. 또 다른 예로 1945년 일본 천황 한 사람이 항복문서에 서명함으로 일본 전체가 2차대전에서 패배한 것과 같다.

이러한 대표성의 원리는 영적인 문제에서도 적용된다.

인류의 조상 아담의 죄성이 인류 대대로 전가되어 우리 모두가 죄를 범하게 된 것이다. 우리의 죄를 벗어버리기 위해서 누군가 대가를 치러야 하는데, 하나님의 아들 예수님이 육체의 몸을 입으시고 우리에게 오셔서 우리의 죄를 대신 지시고 십자가에서 돌아가셨다.

아담이 우리를 대표하여 범죄 함으로 모든 인류가 죄인의 신분이 되었으나 예수님이 우리를 대표하여 죄를 청산하셨다.

"아담 안에서 모든 사람이 죽은 것같이 그리스도 안에서 모든 사람이 삶을 얻으리라"(고전 15:22).

"곧 우리가 원수 되었을 때에 그의 아들의 죽으심으로 말미암아 하나님과 화목하게 되었은즉 더욱 그의 살아나심으로 말미암아 구원을 받을 것이니라"(롬 5:10).

그런데 아담의 대표성과 예수 그리스도의 대표성에는 약간의 차이가 있다. 아담 한 사람의 범죄는 모든 사람에게 자동적으로 전가되어 죽음이 임하게 되었지만, 예수님의 의로운 한 행동은 자동적으로 전가되지 않고 그것을 믿는 자에게만 선택적으로 생명을 주시겠다고 약속하신다.

2000여 년 전 하나님은 그리스도로 하여금 친히 십자가에 달려 "의인으로서 불의한 자를 대신하게 하셨으니"(벧전 3:18) 죄인인 우리가 하나님께 직접 나아갈 수 있는 길을 열어 주셨다. 그러나 그것은 2000년 전의 일인데 오늘의 우리와 무슨 관계인가.

성경은 예수 그리스도는 어제나 오늘이나 영원토록 동일하다고 말씀하고 계신다. 예수님께서 우리를 위해서 다 이루셨기 때문에 우리는 이 사실을 마음으로 믿고 입으로 시인하여 구원에 이르게 된다.

"네가 만일 네 입으로 예수를 주로 시인하며 또 하나님께서 그를 죽은 자 가운데서 살리신 것을 네 마음에 믿으면 구원을 받으리라 사람이 마음으로 믿어 의에 이르고 입으로 시인하여 구원에 이르느니라"(롬 10:9-10).

따라서 우리가 구원을 받은 것은 하나님께서 거저 주시는 선물이다.

"너희가 그 은혜에 의하여 믿음으로 말미암아 구원을 받았으니 이것은 너희에게서 난 것이 아니요 하나님의 선물이라 행위에서 난 것이 아니니 이는 누구든지 자랑하지 못하게 함이니라"(엡 2:8-9).

선물은 대가를 요구하지 않는다.

수렵시대 원시인들의 치아

인간의 입속 미생물 생태계는 농경의 도입과 산업혁명을 계기로 구강 질환에 취약한 형태로 변했다는 연구 결과가 나왔다. 호주 애들레이드대학 연구진은 신석기시대 수렵원시인부터 중세의 농부, 현대인에 이르는 34명의 유골에 남은 치석에서 DNA를 채취해 분석했다. 치석은 이빨의 세균막이 침, 뼈에서 나온 칼슘, 인 등 무기질과 섞여 돌처럼 굳어진 것으로서 이 속에 갇힌 박테리아는 수천 년이 지나도 썩지 않고 원형 그대로 남아 있게 된다.

수렵시대 원시인 구강에는 현대인의 입에는 없는 다양한 박테리아종이 살고 있었다고 한다. 이들의 다수는 유익한 균이었고, 충치 등 구강질환을 일으키는 박테리아는 극히 소수였다. 그러나 농경이 도입되면서 인류의 입속에는 충치를 만드는 스트렙토코쿠스 무탄스라는 박테리아가 대거 증가했다. 이는 치아 표면에 남은 당류와 탄수화물을 분해해 젖산을 생성하는 박테리아다. 젖산은 치아의 딱딱한 부분을 부식시킨다. 인류가 보리, 밀 등 탄수화물이 풍부한 무른 곡식을 먹게 되면서 충치균이 구강 생태계의 터줏대감이 된 것이다.

그 이후 수천 년간 뚜렷한 변화가 없던 입속 생태계는 산업혁명 때 또 한 번 변화를 겪었다. 제분 제당산업이 발달하면서 가공곡물과 당류의 섭취가 급증하면서 그나마 남아 있던 유익한 미생물은 거의 사라졌다. 그 빈자리는 잇몸질환과 관련된 박테리아들이 차지했다. 먹거리의 변화는 입속 생태계의 변화를 초래했고 그 결과 인류는 치과의사를 끼고 살게 되었다.[15] 하나님의 섭리는 오묘하다. 인간이 아무것도 없는 원시 시대에 살 때는 입안의 충치나 질환이 발생하지 않도록 환경을 만들어 주셨다.

예수님을 십자가에 못 박은 자들

 예수님을 십자가에 못 박은 자들은 선하고 의로운 자들이었다. 예수님이 예루살렘 성에 입성할 때 "앞에서 가고 뒤에서 따르는 자들이 소리 지르되 호산나 찬송하리로다 주의 이름으로 오시는 이여 찬송하리로다 우리 조상 다윗의 나라여 가장 높은 곳에서 호산나 하더라"(막 11:9-10). 여기서 예수님을 환호하고 찬송하던 자들이 나중에 예수님을 십자가에 못 박은 무리들이었다. 이들은 선하고 의로운 유대인들로서 자신의 선한 양심 안에 갇혀 있기 때문에 예수님을 이해할 수 없었다.

그들은, 예수님이 선에 대한 자신들의 관념을 거부했기 때문에 예수님을 십자가에 못 박았다. 스스로 선하고 의롭다고 생각하던 사람들은 이미 선에 대한 지식을 가지고 있었기 때문에, 대안적인 덕목을 제안하는 예수님을 용납할 수 없었다. 마치 독침을 가진 벌레가 사람을 찌르되 완전히 순전한 마음으로 쏘는 것과 같다.[16]

마찬가지로 고난당하고 있는 욥을 보고, 친구들은 자신들이 하나님을 완벽하게 이해하고 있다는 착각에 빠져 있었다. 그들은 스스로를 선하다고 믿었고, 하나님은 어느 누구도 이유 없이 괴롭히는 분이 아니라는 사실을 확신했다. 따라서 욥이 고난당하는 것은 분명 욥이 죄를 지었기 때문이라고 믿었다. 그들의 논리대로라면 욥은 마땅히 죄로 인해 벌을 받아야 했다. 그들은 욥에게 회개를 촉구했다. 욥이 회개하면 하나님이 모든 것을 바로잡아 주실 것이라고 주장했다. 욥의 친구들이나 예수님을 십자가에 못 받은 자들이나 모두 자신들이 생각하는 선이라는 의식 속에 갇혀 있었기 때문에 상대방을 받아들일 수 없었다.

성찬의 의미

아우슈비츠 포로수용소는 많은 유대인과 폴란드인이 수용되어 있었다. 이렇게 죽으나 저렇게 죽으나 매 일반 이라고 생각한 이들중 일부가 탈출을 시도했다. 그러나 곧 발각되어 붙잡히게 되었다. 수용소 측은 모두를 운동장에 집합시키고 벌칙으로 임의로 10명을 지명하고 죽이겠다고 선언했다. 수용소장은 돌아다니면서 10명을 지명해 나갔다.

그중에 프란치세크 가조우니체라는 남자가 지명되자 그 남자는 그 자리에 털썩 주저앉았다. '내가 죽으면 내 아내와 아이들은 어떻게 되나…' 하면서 쓰라린 눈물을 흘렸다. 그때 키가 작고 안경 쓴 자가 나와 "나는 아내도 아이도 없는 사람입니다. 저 사람을 대신해 죽겠습니다"라고 했다. 수용소장은 이를 허락했다.

그는 47세의 폴란드인 콜베 신부였다. 40년이 지난 후 콜베의 죽음을 기념하기 위해 장례식을 다시 거행했다. 이 자리에 프란치세크 가조우니체의 아내와 아이들, 그리고 손자 손녀가 참석했다. 이들은 "콜베 신부의 죽음이 우리에게 생명을 대신 주었다"라고 고백했다. 크리스천들은 주님의 찢겨진 살과 흘리신 피를 먹고 마시는 성찬식을 행할 때마다 예수님이 우리를 대신해 생명을 주셨다고 고백해야 한다.

구원은 우리의 기억 속에서 가능하다. 예수님이 우리를 위해 겪었던 고통을 기억하지 않으면 희생자나 가해자의 구원도 불가능해진다. 그리스도인들은 십자가 그늘 안에서 살기 때문에 기억의 의무를 안고 살아간다. 성찬을 행할 때 우리는 예수 그리스도의 말씀을 되풀이한다.

"이것은 너희를 위하는 내 몸이니 이것을 행하여 나를 기념하라…
이 잔은 내 피로 세운 새 언약이니 이것을 행하여 마실 때마다 나를
기념하라"(고전 11:24-25).

성찬은 구주 예수 그리스도의 깨어진 몸과 흘리신 피를 기억하는 시간이다. 우리는 영광의 주님이 배반당하고 치욕당하고 조롱 속에 재판을 받고 잔인하게 살해당하신 그 밤을 기억하는 예식을 되풀이한다.

우리는 예수 그리스도께서 왜 십자가에 달리셨으며 그 결과가 무엇인지를 기억해야 한다. 그 기억이 없다면 기독교 신앙도 있을 수 없다. 기독교 신앙의 모든 것이 그 기억에 달려 있다. 우리가 알게 된 사실을 기억해야 하고 기억한 것을 말해야 한다.

"너희가 이 떡을 먹으며 이 잔을 마실 때마다 주의 죽으심을 그가 오
실 때까지 전하는 것이니라"(고전 11:26).

우리는 성찬에 참여함으로써 그리스도께서 우리 죄를 위해 죽으셨다는 사실을 기억하고 이를 세세토록 선포해야 한다.[17]

하나님에 대해 아는 것과 하나님을 아는 것의 차이

하나님에 대해 아는 것과 하나님을 아는 것은 큰 차이가 있다. 우리는 성령 충만한 생활에 대해서 이론적으로 많은 것을 알고 있고 방송과 수많은 영상자료로부터 유명 목회자의 설교를 듣고 있다. 그러나 하나님에 대해서 아는 것은 많지만 정작 하나님을 알지 못하는 경우가 많다. 우리는 하나님의 형상대로 지음을 받았기 때문에 우리 안에는 하나님을 알 수 있는 능력이 있다.

우리는 가슴으로 아는 지식 1그램이 머리로 아는 지식 1톤보다 낫다는 사실을 깨달아야 한다. 비록 죄 가운데 빠져 그 능력을 상실했을지라도 성령께서 거듭나게 함으로써 우리의 몸과 혼과 영은 새롭게 되고 하나님을 아는 지식에서 자라가게 된다. 과거의 영적 선각자들은 하나님을 찾기 위해 애통했으며, 밤낮으로 기도했고, 기회가 있든 없든 하나님을 추구했다. 모세는 하나님을 알고 있다는 사실을 다음과 같이 토로했다.

"내가 참으로 주의 목전에 은총을 입었사오면 원하건대 주의 길을 내게 보이사 내게 주를 알리시고 나로 주의 목전에 은총을 입게 하시며 이 족속을 주의 백성으로 여기소서"(출 33:13).

시편은 다윗의 생애를 통해서 하나님을 찾는 자의 부르짖음과 찾은 자의 기쁨을 보여준다. 바울은 하나님을 향한 열망으로 인해 그리스도를 아는 것이 자신의 목표가 되었고, 이를 위해 모든 것을 희생했다.

"그러나 무엇이든지 내게 유익하던 것을 내가 그리스도를 위하여 다 해로 여길 뿐더러 또한 모든 것을 해로 여김은 내 주 그리스도 예수를 아는 지식이 가장 고상하기 때문이라 내가 그를 위하여 모든 것을 잃어버리고 배설물로 여김은 그리스도를 얻고 그 안에서 발견되려 함이니"(빌 3:7-9).

크리스천의 영적성장은 사람마다 일정하지 않고 다양하다. 다니엘과 같이 꾸준히 승리를 통한 영적성장을 이루는 예가 있는가 하면, 베드로와 같이 실패를 통해 연단받고 성장을 이루어 가는 경우도 있고, 디모데와 같이 연단을 통하여 성장을 이루는 경우도 있다.

그리스도인의 삶이란 살아 움직이는 것이다. 만일 우리가 성경말씀 섭취가 그리스도인의 영적 삶을 위한 양식이라고 한다면 기도는 영적 삶의 호흡이다. "참된 영성은 영적지식과 영적체험의 양쪽을 풍성히 누리는 것"이라고 쉐퍼는 말했다. 그리스도를 몸소 체험하는 것이 지식보다 훨씬 더 중요하지만, 체험 후에는 그리스도를 아는 지식에서 자라나야 한다. "오직 우리 주 곧 구주 예수 그리스도의 은혜와 그를 아는 지식에서 자라나라"(벧후 3:18)고 했다.

지·정·의(知·情·意)의 하나님

성령은 하나의 인격자(person)로서 인간과 같이 지성(knowledge)과 감성(emotion)과 의지(will)를 가지고 계신다. 성령은 지성(knowledge)을 가지고 계시기 때문에 우리를 가르치시고,

감성(emotion)을 가지고 계시기 때문에 우리를 측은히 여기고 긍휼을 베푸신다. 우는 자와 함께 울며 탄식하고 슬퍼하는 마음을 가지고 계신다.

그는 또한 의지(will)를 가지고 계시기 때문에 자기의 뜻을 따라 행동하신다.

> "이와 같이 성령도 우리의 연약함을 도우시나니 우리는 마땅히 기도할 바를 알지 못하나 오직 성령이 말할 수 없는 탄식으로 우리를 위하여 친히 간구하시느니라"(롬 8:26).

인격적인 하나님께 드리는 기도가 응답받기 위해서는 기도생활에서도 인간의 지성, 감성, 의지를 동원하여 전인적인 방법으로 구해야 한다.

첫째, 예수 그리스도가 나의 지성의 주인이 되도록 마음을 정비해야 한다. 그러기 위해서는 우리의 사고과정이 순수하고 거룩해야만 한다.

> "하나님 아는 것을 대적하여 높아진 것을 다 무너뜨리고 모든 생각을 사로잡아 그리스도에게 복종하게 하니"(고후 10:5).

내 지성이 주를 맞이하는 데 부족함이 없도록 마음상태를 준비할 필요가 있다.

둘째, 예수 그리스도가 나의 감성의 주가 되어야 한다. 우리의 감성은 매우 변화무쌍하여 마치 피아노의 건반과 같다. 우리의 삶 속에서 다양한 사건이 발생할 때 깊은 좌절의 음색을 가진 저음에서부터 아름다운 사랑의 화음, 그리고 날카로운 분노의 고음에 이르기까지 다양하게 반응한다. 그러나 예수 그리스도가 우리 삶의 주인이 되시면 분노와 질투, 경거망동, 좌절, 아첨 등 우리 마음대로 피아노 건반을 두들기는 일은 없을 것이다.

> "내가 그리스도와 함께 십자가에 못 박혔으니 그런즉 이제는 내가 사는 것이 아니요 오직 내 안에 그리스도께서 사시는 것이라 이제 내가 육체 가운데 사는 것은 나를 사랑하사 나를 위하여 자기 자신을 버리신 하나님의 아들을 믿는 믿음 안에서 사는 것이라"(갈 2:20).

셋째, 의지는 방아쇠를 당기려고 하는 손가락과 같다. 우리는 부지불식간에 어떤 말을 불쑥 던져놓고 후회하는 경우가 있다. 그런 말을 하지 말았어야 했는데 하며 자책하거나, 양심의 가책을 느끼는 경우도 있다. 우리는 때때로 자기본위로 생각하고 자신의 의지로 모든 일을 결정할 권리가 있다고 주장한다. 그러나 예수님은 "나는 나의 뜻대로 하려 하지 않고 나를 보내신 이의 뜻대로 하려 한다"(요 5:30)라고 말씀하신다.

예수님은 만물을 소유하고 계셨지만 자기를 보내신 이의 뜻에 순종함으로써 "나는 항상 그가 기뻐하시는 일을 행한다"(요 8:29)라고 했다. 기도에서 나의 의지는 마지막에 작용한다. 야곱은 주의 사자와 씨름하면서 "당신이 내게 축복하지 아니하면 가게 하지 아니하겠나이다"(창 32:26)라고 하며 불굴의 의지로 기도를 드렸다. 우리도 이를 본받아 지성으로 사고하고, 우리의 감성을 내려놓으며, 불퇴진의 의지로 기도를 마무리하는 것이 필요하다.

빌리 그레이엄 목사는 우리 마음속에 세 가지 작은 사람이 있다고 말했다. 그것은 지성, 감성, 그리고 의지이다. 이 세 가지는 항상 갈등을 일으키고 있는데 세 가지가 조화를 이룰 때 올바른 인격이 세워지고 바른 행복과 용기가 샘솟는다고 지적했다. 우리의 지식으로 아는 것과 감성으로 느끼는 것, 그리고 의지로 행하는 것은 각각 다르다. 병든 자를 지나칠 때 우리의 마음은 감성적으로 도와주고픈 생각이 일어난다.

그러나 실제 행동으로 도와주지 못하고 지나칠 때가 많다. 가난한 자를 도와주고 병든 자를 보살펴 주는 것을 지식으로 깨닫고 감성적으로 느꼈을 때 행동으로 실행한다면 완벽한 조화를 이루어 진정한 기쁨을 맛보게 될 것이다.

119와 911

우리 나라의 재난구조 전화번호는 119이고 미국의 재난 구조번호는 911이다. 재난과 곤경에 처했을 때 이 번호로 전화하면 즉각 도움을 받을 수 있다. 우리가 죄를 범했을 때 인간의 도움이 아닌 하나님으로부터 도움을 받을 수 있는 길이 성경에 기록되어 있다.

119로 기억되는 요한일서 1장 9절은 "우리가 우리 죄를 자백하면 그는 미쁘시고 의로우사 우리 죄를 사하시며 우리를 모든 불의에서 깨끗하게 하신다"(요일 1:9)라고 말씀하신다. 하나님은 우리의 죄를 한번 용서하시면 다시 들추어내는 법이 없이 영원히 버리시는 분이다.

우리가 재난을 당하면 119로부터 도움을 받듯이, 하나님은 우리가 죄를 자백하기만 하면 우리의 모든 죄와 불의에서 건지시고 깨끗게 하신다.

미국의 재난구조 번호인 911도 마찬가지다. 이는 시편 91편 11절의 말씀이다. 우리가 어떤 어려운 상황에 빠졌을 때 "그가 너를 위하여 그의 천사들을 명령하사 네 모든 길에서 너를 지키게 하심이라"고 약속하신다.

신앙부흥은 깊은 밤에 이루어진다

하나님께 드리는 기도가 시간과 장소에 따라 차이가 있다는 말은 옳은 말이 아니다. 하나님의 은혜를 간절히 원하는 사람에게는 그 원하는 만큼 어디에서든 하나님의 은혜가 주어진다. 신자가 성령 충만을 바란다고 다 성령 충만을 받는 것은 아니다. 성령 충만을 받고자 하는 진실되고 간절한 마음이 있어야 한다. 그래서 신자들은 자기가 간절히 원하는 만큼 성령 충만을 받을 수 있다.

성경에 보면 한 맹인이 오직 눈을 뜨기 위한 일념으로 "다윗의 아들 예수여 나를 불쌍히 여기소서"라고 부르짖는 것을 볼 수 있다. 제자들이 나무라자 더 큰 소리로 소리쳤고, 이에 예수님이 돌아보시며 그의 외침에 응답해 주셨다. 은밀한 골방에서 하나님께 아뢰는 기도도 하나님께서 들어주시지만, 성경에는 부르짖는 기도를 강조한 구절이 375번이나 나온다.

"여호와여 잉태한 여인이 산기가 임박하여 산고를 겪으며 부르짖음 같이 우리가 주 앞에서 그와 같으니이다"(사 26:17).

사람은 절박할 때 부르짖게 되는데 단지 부르짖는 소리에도 하나님은 은혜를 베푸신다.

"그가 네 부르짖는 소리로 말미암아 네게 은혜를 베푸시되 그가 들으실 때에 네게 응답하시리라"(사 30:19).

그러나 철야기도를 드리며 크게 외치며 눈물을 흘리는 것이 우리의 공로가 아님은 분명하다. 오직 하나님의 선하심과 긍휼하심을 힘입어 우리의 기도가 천사의 손에 받들려 하나님께 드려지는 것이다. 모든 사람들이 하루 일과를 마치고 쉬고 있는 시간에 밤늦게까지 기도하는 것은 결코 쉬운 일이 아니다. 그러나 하나님을 만나는 특별한 경험을 갖고자 좁은 문으로 들어가는 소수의 영혼은 한밤중에 그곳에 당도할 가능성이 높다.

나침반은 항상 정북을 가리킨다. 나침반의 고향은 북쪽이다. 인위적으로 나침반의 침을 다른 곳으로 옮긴 후 손을 떼도 즉시 정북으로 간다. 우리는 각각 일상생활에서 분주하게 일을 한다. 학생은 공부, 주부는 가사일, 남편은 직장 일에 몰두한다. 그러나 그러한 일에서 놓여날 때는 즉시 하나님께로 향해야 한다.

신분의 변화

군대에서 대령이 준장 원 스타로 진급하면 그의 신분과 지위에 40가지의 변화가 있다고 한다. 대통령으로부터 군장도를 하사받고, 차량 지급과 전속부관의 직급이 높아지고 복장이 달라진다, 그가 부대에 있으면 장군 깃발이 게양된다. 군대에서 높은 직급으로 올라가도 지위와 신분이 이렇게 달라지는데, 하물며 우리가 구원의 은총을 누리게 되면 우리의 신분은 진토와 거름무더기에서 영광의 위치를 얻게 된다.

우리는 "택하신 족속이요 왕 같은 제사장이요 거룩한 나라요 소유된 백성"으로 높임을 받는다. 하나님께서는 죄와 저주로 인하여 영원한 멸망의 구렁텅이에 빠질 수밖에 없는 우리를 건져내시고, 말로 다할 수 없는 신분과 지위의 변화를 가져오게 하셨다. 하나님의 소원은 모든 사람이 구원을 받는 것이다. 그러나 우리가 하나님의 구원의 은총을 거부하면 그 구원은 우리에게 이를 수 없다.

"내가 복음을 부끄러워하지 아니하노니 이 복음은 모든 믿는 자에게 구원을 주시는 하나님의 능력이 됨이라… 복음에는 하나님의 의가 나타나서 믿음으로 믿음에 이르게 하나니 기록된바 오직 의인은 믿음으로 말미암아 살리라"(롬 1:16-17).

우리가 구원의 하나님을 잊어버리면 우리에게는 황폐함이 임한다고 말씀하고 계신다.

"네가 네 구원의 하나님을 잊어버리며 네 능력의 반석을 마음에 두지 아니한 까닭이라"(사 17:10).

"수풀 속의 처소와 작은 산꼭대기의 처소 같아서 황폐하리니"(사 17:9).

고향에 대한 그리움을 생각할 때마다 자기가 태어난 강으로 헤엄쳐 돌아오는 연어가 떠오른다. 연어는 작은 시내에서 태어난 후 바다로 나가 생활한다.

몇 년간 바다에서 살다가 죽음을 맞이하기 위해 고향의 하천으로 돌아오는데, 그 과정이 성도들의 순례여행을 떠오르게 한다. 수천 킬로미터를 헤엄치는 동안 때로는 거센 폭포를 거슬러 올라가야 하고, 여러 가지 장애물과 암초를 피해야 하며, 또 곰과 같은 동물을 피해야만 한다. 그런 후 고향의 하천에서 알을 낳고는 장렬한 최후를 맞이한다. 그런데 인간과 연어가 다른 점은 연어에겐 고향이 목적지이며 종착지이지만, 인간에게 있어 죽음은 본향으로 들어가는 관문(關門)이다.

영적 전쟁을 인식하자
-Already, but not yet (이미, 그러나 아직)

1944년 6월, 노르망디 상륙작전의 성공은 2차 세계대전이 연합군의 승리로 굳혀지는 결정적인 계기가 되었다. 그러나 연합군의 최후 승리는 그로부터 14개월이 지난 1945년 8월이었다. 그 14개월간 전쟁에서 죽은 사람이 2차대전이 발발하고 노르망디 상륙작전이 성공했던 시점 이전까지 사망한 사람 수보다 더 많았다. 연합군의 아이젠하워가 1944년 6월 6일을 Dday로 삼아 노르망디 상륙작전을 감행하여 파리를 회복하였다.

결국 1945년 5월 7일과 8월 15일, 각각 독일과 일본의 항복을 이끌어내어 2차 세계대전을 연합군(미국, 영국, 프랑스)의 승리로 종식시켰다. 1945년 8월 15일은 Vday가 되어 2차대전이 끝나게 되었다.

Dday의 성공이 곧바로 완전승리를 의미하지는 않는다. 노르망디 작전이 성공했지만, 그로부터 Vday까지 1년 여간 치열한 국지전이 계속되었다. 마찬가지로 미국과 이라크 간의 국가 간 전쟁은 이미 끝났지만 아직도 게릴라에 의한 국지전은 계속되고 있다.

우리의 영적전쟁도 이와 마찬가지다. 예수님이 성육신하셔서 인류의 죄를 대속하기 위해 십자가에 못 박히시고, 3일 만에 부활하심으로 마귀에 대해 결정적 승리를 거두었다. 이미 2000년 전 갈보리 십자가에서 몸이 찢기시고 피 흘려 돌아가셨다. 그러나 장사된 지 3일 만에 다시 부활하심으로 우리의 죄를 도말하시고 승리하셨다. 그날은 실로 Dday였다.

예수님의 초림과 재림 사이 시대를 살아가고 있는 우리가 믿음 생활을 그 어떤 세대 성도들보다 더욱 공고하게 해야 할 이유가 여기에 있다. 예수님이 이 땅에 다시 오시기 전까지는 영적전쟁이 종식된 것이 아니다. 최후의 승리의 날, Vday는 아직 이르지 않았다.

예수님은 이미 마귀와의 싸움에서 승리했지만 마귀는 최종적으로 결박되어 불과 유황불이 타오르는 무저갱(abyss) 속에 던져지기까지 믿는 자들을 '속이고, 죽이고, 멸망시키는' 전략을 이전보다 더 강하게 펴 나갈 것이다. 지금도 마귀는 우는 사자와 같이 삼킬 자를 찾아 나서거나, 때로는 광명의 천사로 가장하여 우리를 달콤하게 유혹하고 있다. 그런데 전쟁에서 이겨놓고 국지전에서 패한다면 그 얼마나 어리석고 애통한 일인가.

지혜의 비결

오래전 유럽에 거주했던 네안데르탈인은 최초로 사람을 매장하는 관습을 가졌던 인류의 조상이다. 매장 관습은 인간이 동물과 다름을 보여주는 중요한 기준이 된다. 그 뒤에 유럽지역에 도착한 크로마뇽인은 네안데르탈인과 오랫동안 공생하며 살아왔다. 이들은 주로 동굴 생활을 하며 바늘, 낚시, 작살 등 다양한 도구와 기구를 만들어 사용하였다.

그런데 크로마뇽인은 현대 인류의 조상이 되었지만, 네안데르탈인은 유럽에서 갑자기 사라졌다. 고고학자들은 네안데르탈인이 멸종된 원인 중 하나가 바늘을 사용하지 못했다는 점을 지적하고 있다. 빙하기가 유럽에 닥치자 크로마뇽인은 바늘을 이용해 가죽옷을 지어 입었지만, 네안데르탈인은 옷을 만들어 입지 못하고 추위에 멸절되었을 것으로 추정한다. 바늘을 이용할 줄 아는 작은 지혜를 가진 크로마뇽인은 살아남았다. 하지만 그렇지 못한 네안데르탈인은 같은 동물가죽으로 옷을 해 입었지만 바늘을 사용하지 못한 결과 추위를 효과적으로 막지 못했을 것이다.

오늘날은 IQ보다 EQ(감성지수)가 높은 사람이 성공한다고 한다. 그러나 IQ와 EQ보다 더 중요한 것은 FQ(Faith Quotient), 즉 믿음지수이다. "고운 것도 거짓되고 아름다운 것도 헛되나 오직 여호와를 경외하는 여자는 칭찬을 받을 것"(잠 31:30)이라고 한다. 그러므로 "너희는 먼저 그의 나라와 그의 의를 구하라 그리하면 이 모든 것을 너희에게 더하시리라"(마 6:33)고 말씀하신다.

우리가 믿음지수 FQ를 높이면 하나님이 우리의 IQ와 EQ를 높여주신다는 말씀이다. 세상에서는 지혜의 시대가 도래했다고 하지만, 성경에서는 이미 지혜를 얻는 비결을 잠언에서 보여주고 있다.

잠언 9장 10절에 "여호와를 경외하는 것이 지혜의 근본이요 거룩하신 자를 아는 것이 명철"이라고 하였다. 그런데 시편 127장 1절을 잘못 이해하는 경우가 있다.

"여호와께서 집을 세우지 아니하시면 세우는 자의 수고가 헛되며 여호와께서 성을 지키지 아니하시면 파수꾼의 깨어 있음이 헛되도다."

하나님이 도와주지지 않으면 인간의 힘으로 애쓴다고 해서 이루어지지 않는다는 의미이다. 그러나 분명히 인간이 할 일과 하나님이 도와주실 일이 구분되어 있다. 집을 세우고 성을 지키는 일은 하나님의 일이지만, 인간이 할 일은 엄연히 목수가 집을 짓고 파수꾼이 깨어 있는 일이다. $500*0=0$이지만 $500*1=500$이 된다. 내일 시험인데 공부는 안 하고 밤새도록 기도하면 어떻게 될까. 당연히 F학점이 된다. 우리가 할 일을 힘써 다하고 하나님께 기도할 때 하나님께서 지혜를 주신다.

누에의 길이는 8cm에 불과하지만 그 몸에서 나오는 명주실은 1,000m가 넘는다. 자신의 몸의 약 2천 배가 넘는 실을 몸에 품고 있다. 그리스도인의 능력도 이와 같다. 우리자신의 능력은 보잘 것 없지만 하나님이 능력을 주시면 놀라운 일을 할 수 있다. 인간은 뇌세포의 2퍼센트도 채 못쓰고 죽는다고 한다.

"내게 능력 주시는 자 안에서 내가 모든 것을 할 수 있느니라"(빌 4:13).

스바 여왕은 솔로몬의 지혜를 시험하기 위해 왕 앞에서 수수께끼를 냈다.

"한 남자에게 아들이 있었는데 이 남자는 이 아들의 아버지인 동시에 할아버지가 되고, 한 여자에게 한 아들이 있었는데 이 여자는 이 아들의 어머니가 되는 동시에 할머니가 되었다."

"이 사건이 무엇인가"라고 물었다. 솔로몬은 하나님이 소돔과 고모라를 불로 심판하실 때 롯과 두 딸이 도망하여 굴에 거하는 사건을 들었다. 그때 롯의 두 딸이 아비와 동침하여 각각 아들을 낳게 되었다. 큰 딸의 아들은 이름을 모압이라 하고, 작은 딸의 아들은 벤암미라고 하였는데, 오늘날 각각 모압 족속과 암몬 족속의 조상이 되었다. 즉 롯의 두 딸이 아버지와 동침하여 아들을 낳았으므로 롯은 아들들의 아버지인 동시에 할아버지가 되고, 두 딸들은 아들들의 어머니인 동시에 할머니가 되었다.

기쁨(Joy)과 행복(Happiness)

기쁨(joy)은 영혼(spirit)의 영역이고, 행복(happiness)은 마음(mind)의 차원이다. 행복은 감정, 느낌, 환경과 관련되어 있다. 일이 잘 되어갈 때 행복감을 느끼지만 그렇지 않은 경우 행복감을 느낄 수 없다. 행복(happiness)은 꽤 오랫동안 유쾌하게 느끼는 정신 상태를 말하며, 마음의 영역에 속한다. 그러나 기쁨(joy)은 외적 환경이 유쾌하든 유쾌하지 않든지 상관없이 내면 깊숙이 느끼는 만족의 상태를 말한다. 기쁨은 감정, 느낌, 환경에 좌우되지 않으며 신체적 조건이나 상태에도 영향을 받지 않는다. 기쁨의 근원은 하나님께 있다. 현재 삶이 불행하고 즐겁지 않더라도 항상 기뻐할 수 있다.

성경에는 "항상 기뻐하라"는 말씀은 있지만 항상 행복하라는 말씀은 없다. 사자굴에 던져진 초대교회 성도들은 극심한 고통과 두려움이 엄습해 오는 가운데 결코 행복할 수 없었지만 기쁨을 유지할 수 있었다. 해도 없고 상함도 없고 고통도 없는 천국은 영원히 행복만 누릴 수 있는 처소이다. 그러나 인간이 거하는 이 세상에서는 형통한 날과 곤고한 날이 병행해서 온다.

"형통한 날에는 기뻐하고 곤고한 날에는 되돌아 보아라 이 두 가지를 하나님이 병행하게 하사 사람이 그의 장래 일을 능히 헤아려 알지 못하게 하셨느니라"(전 7:14).

우리가 살아가면서 겪는 곤고함은 하나님의 연단의 손길일 수 있다. 하나님은 우리에게 연단의 수단으로 불행도 사용하신다.

헬렌켈러는 그의 저서 ≪3일만 볼 수 있다면≫에서 하나님이 자신의 눈을 3일만 뜨게 해 주신다면 첫째 날은, 설리반 선생님의 얼굴을 오랫동안 뵙고 감사드린 후 산으로 올라가 꽃과 풀을 보고 빛나는 마을풍경을 보고 싶다고 했다. 둘째 날은, 새벽 일찍 뒷동산에 올라가 먼동이 트는 모습을 감격스럽게 보고, 밤에는 총총히 빛나는 영롱한 하늘의 별들을 마음껏 즐기고 싶다고 고백했다. 마지막 날은, 큰길로 나가 부지런히 오가는 사람들의 활기찬 모습을 보고 싶다고 했다. 오후에는 영화관에 가서 영화를 보고, 저녁에는 거리마다 휘황찬란하게 비추는 네온사인을 감상하고, 쇼윈도 상품을 구경하고 싶다고 했다. 그리고 집으로 돌아와 사흘간 눈뜨게 하신 하나님께 감사기도를 드리겠다고 고백했다.

한번 태어난 자와 거듭 태어난 자

예수님은 "사람이 거듭나지 아니하면 하나님의 나라를 볼 수 없느니라"(요 3:3)라고 말씀하셨다. 모든 인간은 어머니 뱃속에서 한번 태어난다. 그러나 하나님의 진정한 자녀가 되려면 영적으로 다시 태어나야 한다.

"육으로 난 것은 육이요 영으로 난 것은 영이니 내가 네게 거듭나야 하겠다 하는 말을 놀랍게 여기지 말라"(요 3:6-7)

육으로 난 것은 한번 태어난 자에 해당되고, 영으로 난 것은 거듭난 자, 즉 두 번 태어난 자에 해당된다. 거듭난 자는 육적으로 한번 죽음을 맞이하지만 천국에서 영원한 삶을 누린다. 그러나 한번 태어난 자는 육적인 죽음과 구원받지 못함으로 인해 영적인 죽음을 다시 맛보게 된다. 그런데 주님은 한번 태어난 자들이 두 번 태어난 자들을 핍박한다고 가르치셨다.

"세상에서는 너희가 환난을 당할 것이다"(요 16:33)라고 가르치셨고, 산상수훈에서는 "의를 위하여 박해를 받은 자는 복이 있나니 천국이 그들의 것임이라 나로 말미암아 너희를 욕하고 박해하고 거짓으로 너희를 거슬러 모든 악한 말을 할 때는 너희에게 복이 있다"(마 5:10-11)라고 말씀하셨다.

이 세상에는 두 영이 존재하는데 하나는 불순종의 자녀들 가운데 역사하는 영이며, 다른 하나는 성령이다. 이 두 영은 이 세상뿐만 아니라 저 세상에서도 영원히 화합할 수 없다.

이 두 그룹에 속한 사람을 어떻게 구분할 수 있을까.

바울은 한번 태어난 자가 거듭난 자를 핍박한다고 말한다.

"그때에 육체를 따라 난 자가 성령을 따라 난 자를 핍박한 것같이 이
제도 그러하도다"(갈 4:29).

"예수께서 대답하시되 진실로 진실로 네게 이르노니 사람이 물과
성령으로 나지 아니하면 하나님의 나라에 들어갈 수 없느니라"(요
3:5).

어머니의 뱃속에서 태어난 후 물과 성령으로 다시 태어난 자가
두 번 태어난 자이며 진정한 그리스도인이다.

기독고 세계관: 창조·타락·회복

기독교 세계관은 근본적으로 세 가지 차원을 포함한
다. 본래의 선한 창조, 죄로 인한 창조세계의 타락, 그리
스도 안에서 구속, 즉 창조세계의 회복이다. 이 세상에 존재하는
중요한 다른 세계관은 바로 기독교 세계관이 제시하는 창조·타락·
회복의 틀을 적용하여 설명된다. 이들 세계관이나 이데올로기는 예
외 없이 다음의 세 가지 질문에 답하게 된다.

- 창조: 창조란 궁극적 기원을 지칭한다. 모든 세계관 혹은 이데
  올로기는 기원에 관한 설명이 있어야 한다. 모든 것은 어디에서
  왔는가? 우리는 누구이며 어떻게 여기까지 오게 되었는가?
- 타락: 선한 목적으로 창조된 세계가 왜 잘못되어 가고 있는가?
  타락은 악과 고통, 그리고 전쟁과 갈등 등의 모습으로 우리에게

다가오고 있는데 그 이유는 무엇인가?

• 회복: 타락을 역전시키고 원래 상태로 돌아가기 위해서 어떤 방법이 필요한가?

마르크스는 개신교 목사인 부친의 영향을 받아 자신의 공산주의 이론을 창조·타락·회복의 논리로 전개했다. 마르크스는 만물의 궁극적 기원을 스스로 존재하면서 창조기능을 하는 우주와 물질로 간주했다. 그런데 재산의 사적소유권을 인정함으로써 경제적 타락의 길로 들어서게 되었으며, 모든 착취와 계급투쟁의 악이 발생하였다고 주장했다. 이를 회복하는 방법은 재산의 사적소유권을 파괴하는 것이라고 논리를 전개했다. 구원자 프롤레타리아 계급, 즉 공장노동자들이 악한 부르주아 계급을 혁명을 통해 심판하는 것이 사회주의 이론이다. 그러나 이 이론이 완전히 실패로 돌아갔음을 소련과 중국의 사례에서 볼 수 있다. 마르크스주의는 하나님의 구속원리를 변형시키고 물질을 하나님으로 격상시켜 만든 이론이므로 이를 종교적 이단으로 부른다.

마르크스 사상의 원조격에 해당하는 루소의 사상도 기독교 세계관인 창조·타락·회복의 논리에 기초하고 있다. 루소철학의 출발점은 하나님이 선한 목적으로 창조한 에덴동산을 자연으로 보았다. 자연상태에서 인간은 자율적으로 행동하며 스스로 선택하는 존재였다. 그런데 가족과 사회 또는 문명이 태동하자 인간은 도덕적·생물학적·영적 유대관계의 틀 속에 갇히게 되었다.

개인은 스스로 선택하는 존재에서 관습·전통·계급 등에 의해 억압되고 고난을 받는 상태로 가게 되었다. 루소는 이 상태에서 국가가 해방자가 될 수 있다고 주장했다. 국가가 억압과 고난상태를 극복하고 원래의 자연상태를 회복하게 되리라는 사상이다. 그러나 오늘날 세계 어느 곳에서도 국가에 의해 유토피아가 회복된 예는 찾아볼 수 없다.

거룩한 습관

우리 마음의 자발적인 생각들을 분석해 보면 우리 자신이 어떠한 사람인가를 알 수 있다고 한다. "대저 그 마음의 생각이 어떠하면 그 위인도 그러하다"(잠 23:7)라고 한다. 그런데 마음의 생각을 그대로 방치하면 필경 육신의 성품을 지향하게 되고, 결국 죄 가운데 빠지게 된다. 남자가 아침에 집을 나서면 하루에 일곱 명의 크고 작은 적을 만난다고 한다. 우리는 일이 순조롭게 진행되지 않을 때 자주 낙심하게 되고 그 원인을 제공한 사람들을 경계하는 경향이 있다. 경계심은 곧 미움으로 바뀌고 분노하게 된다.

맥밀런은 "내가 어떤 사람을 미워하기 시작하는 그 순간부터 나는 그의 노예가 된다. 나는 더 이상 나의 일을 즐길 수가 없게 된다. 심지어 그가 나의 생각까지도 제어하기 때문이다"라고 말했다. 우리가 다른 사람의 조종 아래 있게 되면 일상적인 일뿐 아니라 영적인 삶에서도 고통을 겪는다. 분노는 파괴적이고 평화의 상실과

좌절감을 가져다준다. 그래서 "해가 지도록 분을 품지 말라"(엡 4:26)
고 권고한다. 스스로 분을 멀리해야 할 뿐 아니라 분을 품은 자와
는 가까이하지도 말라고 하였다.

"노를 품는 자와 사귀지 말며 울분한 자와 동행하지 말지니"(잠
22:24).[18]

만일 그리스도인이 하루의 생활 가운데서 하나님을 향한 생각과
말씀에 대한 묵상과 기도하는 시간을 제하여 버린다면, 우리의 마
음은 자연스럽게 '육신의 정욕, 안목의 정욕, 이생의 자랑'으로 향하
게 된다. 그렇다면 인간의 생각을 하나님을 향하여 고정시켜 두는
가장 효과적인 방법은 무엇인가.

시편 1장에서 정의한 복 있는 자는 "악인들의 꾀를 따르지 아니하
며 죄인들의 길에 서지 아니하며 오만한 자들의 자리에 앉지 아니하고
오직 여호와의 율법을 즐거워하여 그의 율법을 주야로 묵상하는 자"이
다. 우리의 마음을 하나님의 말씀으로 채우지 아니하면 악인의 도
모하는 바를 지향하게 되거나 온갖 형태의 죄에 얽매이게 되고 교
만의 수렁에 빠지게 된다. 갈급한 심령으로 말씀을 듣고, 읽고, 공
부하고, 암송하고, 이를 주야로 묵상한다면 우리의 마음은 온전히
진리로 향하게 되고 주님이 주시는 평안함과 빛으로 채우게 된다.

말씀을 묵상한 뒤 기도로써 자신의 생각을 훈련하게 되면 신령
한 것에 생각을 집중하기가 쉬워진다. 일을 하거나 여행할 때나 내
적으로 하나님의 말씀을 묵상하고 기도로 하나님과 대화한다면 거
룩한 생각이라는 습관을 형성하게 된다.

하나님께서 이스라엘 족속에게 땅을 유업으로 분배하실 때 레위 지파에게는 아무 땅도 주지 않았다. 다만 이렇게 말씀하셨다.

"여호와께서 또 아론에게 이르시되 너는 이스라엘 자손의 땅에 기업도 없겠고 그들 중에 아무 분깃도 없을 것이나 나는 이스라엘 자손 중에 네 분깃이요 네 기업이니라"(민 18:20).

레위 족속은 비록 다른 형제들이 받은 물질적인 유업은 없을지라도 하나님 자신을 기업과 분깃으로 주시겠다는 신실한 약속의 말씀을 받았다.

구원의 선물

모든 상품에는 정가표가 달려 있지만 하나님이 주시는 구원에는 정가표가 없고 무료다. 오늘날 많은 사람들이 자기 분야에서 전문가가 되려고 노력하고 있다. 각종 자격증과 스펙 쌓기에는 많은 노력과 돈과 시간을 쏟고 있지만, 무엇보다도 값진 영원한 천국 시민권에 대해서는 무관심하다. 미국에 거주하는 교민들의 절실한 소원은 미국 영주권과 시민권을 얻는 것이다. 미국 영주권을 얻기 위해서는 수년을 기다려야 하고, 미국 시민권을 획득하려면 수십 년을 기다리게 된다. 그러나 정작 미국 시민권보다 몇천 배 이상 가치 있는 천국 시민권에 대해서는 관심을 가지지 않는다.

성경에는 "우리의 시민권은 하늘에 있는지라 거기로부터 구원하는 자

곧 주 예수 그리스도를 기다리노니"(빌 3:20)라고 말씀하고 있다.

60년대 초 보릿고개를 지날 때 봄에는 먹을 것이 없어서 쌀을 빌리지만 추수기에는 배로 갚아야 한다. 그러나 천국 시민권은 이미 예수님께서 2000년 전 우리의 죄를 지시고 갈보리 십자가에서 피 흘리심으로 그 대가를 이미 지불하셨다.

"너희는 그 은혜에 의하여 믿음으로 말미암아 구원을 받았으니 이것은 너희에게서 난 것이 아니요 하나님의 선물이라"(엡 2:8).

이 엄청난 구원의 선물을 거저 받았으니 우리도 이웃에게 거저 주어야 한다.

어느 연주회에서 연주가 끝났을 때 모든 관중이 기립박수를 보냈지만 오직 한 사람, 연주자의 스승은 박수를 치지 않았다. 그래서 연주자는 침통해 있었다. 연주자는 모든 청중이 찬사를 보내도 그의 스승이 찬사를 보내지 않으면 그 연주는 성공적인 연주가 아니라는 사실을 알고 있기 때문이다. 세상으로부터 찬사와 칭찬을 받는 삶을 살아 왔더라도 창조주 하나님 한 분으로부터 잘했다 칭찬 받지 못하다면 그 인생은 실패한 인생일 것이다.

"모든 사람이 너희를 칭찬하면 화가 있도다"(눅 6:26).

따라서 세상에서 높임 받고, 칭찬받는 것에 주의해야 한다. 은밀한 가운데 보시는 하나님께로부터 받는 칭찬이 진정한 축복이 된다. 그래서 "부를 잃으면 조금 잃는 것이요, 명예를 잃으면 많이 잃는 것이요, 건강을 잃으면 아주 많이 잃는 것이요, 하나님을 잃으면 다 잃는 것이다"라고 하였다.

테니스 슈퍼스타였던 아더 애쉬는 심장수술 중 수혈과정에서 에이즈에 감염되어 사망했다. 그는 윔블던 우승뿐만 아니라 코트 밖에서도 모범적인 행동으로 많은 사람을 격려해 왔다. 에이즈에 직면하여 자기 연민에 빠질 수도 있었지만 애쉬는 감사하는 태도를 유지했다. "만약 내가 나의 병에 대해 '왜 하필이면 나야?'라고 질문한다면, 마찬가지로 내가 누린 축복에 대해서도 '왜 하필이면 나야?'라고 물어야 되지 않겠는가? 또 '왜 내가 윔블던에서 우승할 수 있었나?'라고 질문하거나 '왜 아름답고 재능 많은 여자와 결혼하여 훌륭한 자식을 가질 수 있었나?'라고도 물어야 되지 않겠는가"라고 반문했다.

우리의 고통이 극심하더라도 하나님이 우리 삶에 베풀어 주신 축복을 잊어서는 안 된다. 권력과 명예와 부를 잡으려고 한평생 노력하지만 마지막에 우리에게 남는 것은 허무함과 노쇠함과 질병과 죽음밖에 없는 것이 우리의 인생이다. 그래서 욥은 "사람은 고생을 위하여 났으니 불꽃이 위로 날아가는 것 같으니라"(욥 5:7)고 고백한다.

우리 인생을 하나님께 내어 맡길 때 하나님께서는 우리의 발걸음을 지켜주신다. 불안과 두려움이 올때 극복할 수 있는 힘을 주시고 이생에서 필요한 것으로 채워주신다. 내세에서는 영원한 생명나라를 유업으로 주시겠다고 약속하신다. 그래서 "나의 하나님이 그리스도 예수 안에서 영광 가운데 그 풍성한 대로 너희 모든 쓸 것을 채우시리라"(빌 4:19)고 약속하신다. 시편 42편과 43편에서는 세 번이나 반복하여 "내 영혼아 네가 어찌하여 낙심하며 어찌하여 내 속에서 불안해 하는가 너는 하나님께 소망을 두라 그가 나타나 도우심으로 말미암아 내가 여전히 찬송하리로다"라고 고백한다.

구름 한 점 없는 새파란 하늘에 손바닥만한 구름 한 점이 솟아난다. 이것이 차츰차츰 커져 결국 하늘을 덮고 큰비가 내리게 된다. 거대한 댐에 바늘구멍만 한 틈이 생겨서 그 틈으로 한 방울 물이 새게 되면 그것이 점점 커져 결국 거대한 댐이 무너지게 된다.

우리 마음속에 자리 잡은 불신과 어둠의 작은 그림자를 방치하면 그것이 자라나 영혼과 육체의 피폐를 가져온다. 하나님에 대한 믿음이 적을지라도 말씀 가운데 한마디라도 감동을 받는다면 그 겨자씨만 한 믿음이 점점 자라서 크고 견고한 믿음으로 성장하게 된다.

유월절 어린양을 죽여서 그 피를 문 인방에 발라야 그 집의 장자는 산다. 그런데 양을 잡으려고 하는데 양이 잽싸게 도망가면 양은 살고 그 집 장자는 죽는다. 마찬가지로 예수님이 사셨으면 우리가 죽게 된다. 예수님이 십자가에서 죽으셨기 때문에 우리가 살 수 있는 길이 열렸다. 우리를 죄에서 구원하여 천국에서 영원히 살게 하기 위한 것이 예수님이 이 땅에 오신 목적이다. 예수님은 인류를 구원하기 위해 스스로 대속물이 되기로 작정하셨다.

"인자가 온 것은 섬김을 받으려 함이 아니라 도리어 섬기려 하고 자기 목숨을 많은 사람의 대속물로 주려 함이니라"(마 20:28; 막 10:45).

어떤 나라의 임금님이 고명딸 공주의 신랑감을 찾고 있었다.
전국에 학문이 출중하고 무예가 뛰어난 자를 사위로 삼겠다는 포고령을 내렸다. 예선을 거치고 최종적으로 10명이 남았다. 최종 관문은 담력 테스트였다. 악어가 우글거리는 연못을 가로질러가는 것이었다. 모두들 악어들이 입을 쩍 벌리고 있는 모습을 보고 간담이 서늘해서 아무도 연못에 뛰어들지 못했다. 그때 한 청년이 첨벙 연못에 뛰어들었다. 그리고는 죽을힘을 다해 헤엄쳐갔다. 몇 군데 상처가 났지만 무사히 연못을 가로질러 건넜다. 많은 사람들이 환호성을 지르면서 박수를 보냈다. 그리고 청년의 소감을 들으려고 몰려갔다. 청년은 뒤돌아보면서 인상을 쓰며 말했다.

"어떤 놈이 뒤에서 나를 밀었어?"

때로는 이 청년과 같이 본의 아니게 영웅이 될 수도 있고 순교자가 될 수도 있다. 그러나 예수님은 로마 정권의 박해를 피해 다니다가 할 수 없이 십자가를 지신 것이 아니라 스스로 인류의 죄를 도말하기 위해 십자가를 지셨다.

죄악 중에 출생하였음이여

우리는 종종 사과의 겉은 멀쩡한데 속이 썩은 사과를 보게 된다. 기생충이 밖에서 안으로 들어간 흔적은 전혀 찾아볼 수 없는데 속이 썩어 있는 것이다. 과학자들의 연구 결과에 의하면 부패한 사과의 원인은 벌레가 사과 밖에서 안으로 들어간 것이 아니라 사과가 생기기도 전에 이미 부패의 씨앗이 사과 속에 내포되어 있다는 사실이다. 기생충이 사과 꽃에 알을 낳아 두면 그 알이 애벌레가 되어 사과의 심장부에서 자라나게 되어 아무리 싱

싱한 사과도 내부에서 썩게 된다.

우리의 죄의 문제도 마찬가지다. 모든 인간은 아담의 죄악의 품성을 이어받기 때문에 세상에 태어나기도 전에 이미 죄인의 신분으로 태어난다. 그래서 시편 51장 5절에 "내가 죄악 중에서 출생하였음이여 어머니가 죄 중에서 나를 잉태하였나이다"라고 다윗은 고백하고 있다. 또 로마서 5장 12절에서는 "한 사람으로 말미암아 죄가 세상에 들어오고 죄로 말미암아 사망이 들어왔나니 이와 같이 모든 사람이 죄를 지었으므로 사망이 모든 사람에게 이르렀다"라고 하신다. 그래서 이 세상에 "의인은 없나니 하나도 없다"(롬 3:10)고 말씀하신다.

그러나 기쁜 소식이 있다. 로마서 5장 19절에 "한 사람이 순종하지 아니함으로 많은 사람이 죄인 된 것같이 한 사람이 순종하심으로 많은 사람이 의인이 되리라"고 하신다. 앞의 한사람은 아담이고 뒤의 한 사람은 인간의 모습으로 오신 예수 그리스도시다.

어거스틴은 죄에 대해서 독특한 표현을 했다.

"오 행복한 죄여!"

이것이 무슨 말인가? '죄가 어떻게 행복할까' 하고 의아해할 수 있다. 인간은 하나님에 의해 창조되고 구속되었으며, 하나님의 사랑을 받고 복을 받는다. 죄는 이러한 인간 됨의 근본조건을 부인하거나 회피하는 것이다. 하나님과의 관계를 회복하기 위해서 우리가 할 일은 먼저 죄를 인지하고 죄와 마주해야 한다. 이에 어거스틴이 죄를 행복한 것이라고 고백할 수 있었던 것이다.

"만일 우리가 우리 죄를 자백하면 그는 미쁘시고 의로우사 우리 죄를 사하시며 우리를 모든 불의에서 깨끗하게 하실 것이요"(요일 1:9).

죄는 인간의 삶을 위축시키고 양심의 가책을 가져오지만 그럼에도 불구하고 죄를 짓게 되는 이유는 무엇인가? 그것은 죄는 하나의 법이므로 인간의 힘으로는 이길 수 없기 때문이다. 바울은 "내 지체 속에서 한 다른 법이 내 마음의 법과 싸워 내 지체 속에 있는 죄의 법으로 나를 사로잡는 것을 보는도다 오호라 나는 곤고한 사람이로다 이 사망의 몸에서 누가 나를 건져내랴 우리 주 예수 그리스도로 말미암아 하나님께 감사하리로다 그런즉 내 자신이 마음으로는 하나님의 법을, 육신으로는 죄의 법을 섬기노라"(롬 7:23-25)라고 하였다.

법으로 자리 잡고 있는 죄를 이길 수 있는 방법은 우리가 생명의 성령의 법을 의존하고 몸의 행실을 죽이는 것이다.

구원의 은총

한강대교를 가다 보면 중간 지점에 노들섬이 있고 섬 가운데 세워져 있는 한 군인의 동상을 볼 수 있다. 31세의 이원등 상사 동상이다. 그는 1966년 2월 4일 공수특전단 낙하 조장으로 동료 7명과 함께 1,500미터 한강 상공에서 고공강하 훈련을 하고 있었다. 비행기가 한강 상공에 이르자 7명의 공수대원이 연이어 낙하하기 시작했다.

그런데 한 동료의 낙하산이 펼쳐지지 않았다. 이 상사는 동료의 낙하산이 기능 고장을 일으키면서 나선형을 이루며 곤두박질하는 것을 보고, 전우를 구출하고자 위험을 무릅쓰고 용감히 비행기에서 뛰어 내렸다. 전우의 낙하산을 펴서 위기를 모면해주고 이탈하려는 순간 자기 자신은 강렬하게 펼쳐지는 동료의 주낙하산 줄에 걸려 오른편 팔이 부러졌다. 결국 마의 시간대를 벗어나지 못하고 한강 얼음판에 떨어져 장렬히 산화하였다. 동료를 구하기 위하여 자신의 목숨을 버린 이 상사의 모습에서 허물과 죄로 인해 영원히 멸망 받아야 할 우리를 구원해 주신 예수 그리스도의 모습을 본다.

하나님의 창조로 시작된 인간의 삶은 아담의 불순종으로 낙원에서 쫓겨나게 되었고, 인류는 그 죄로 인하여 영원한 형벌을 받게 되었다. 현재 지구상에 살고 있는 75억 인구뿐만 아니라 과거와 미래의 어느 한 사람도 예외 없이 펼쳐지지 않는 낙하산과 함께 떨어지고 있는 군인의 신세가 되었다.

성경은 예수님에 대해 이렇게 말씀하신다.

"나는 알파와 오메가라 이제도 있고 전에도 있었고 장차 올 자요 전능한 자라"(계 1:8).

인간 스스로는 자신을 구원할 수 없다. 긍휼과 자비가 풍성하신 하나님이 이를 보시고 불쌍히 여기사 그 외아들 예수 그리스도를 보내 주셔서 죽음 직전에서 우리를 구해 주셨다.

나폴레옹이 적군과 전쟁을 수행하던 중 큰 잘못을 지은 병사가 잡혀왔다. 나폴레옹은 그에게 사형을 선고했다. 사형이 집행되기 전날 그 모친이 나폴레옹을 찾아와서 아들에게 은혜를 베풀어 줄 것을 간청했다. 나폴레옹은 "당신의 아들은 은혜를 받을 자격이 없다"라고 말했다. 그러자 그 어머니는 이렇게 답변했다.

"알고 있어요. 제 아들이 군율을 어겼고 도저히 용서받을 수 없다는 사실을 압니다. 은혜 외에는 살길이 없다는 것을 알기 때문에 은혜를 베풀어 달라고 간청하는 것입니다."

마찬가지로 우리도 하나님으로부터 구원 받을 자격이 없는 자들이다. 그런데 하나님이 은혜를 베풀어 우리를 구원하셨다. 우리를 사망의 권세에서 건져내고 살리기 위해 예수 그리스도를 십자가에 버리신 것이다. 예수님께서 우리를 대신하여 십자가에서 죽으심으로 우리에게 영원한 생명을 주신 것이다.

> "너의 하나님 여호와가 너의 가운데에 계시니 그는 구원을 베푸실 전능자이시라 그가 너로 말미암아 기쁨을 이기지 못하시며 너를 잠잠히 사랑하시며 너로 말미암아 즐거이 부르며 기뻐하시리라"(습 3:17).

하나님은 실로 우리를 영원한 형벌에서 구원하기를 원하시며, 이를 인하여 기뻐하시며 우리를 잠잠히 사랑하신다는 이 말씀은 우리에게 얼마나 위로가 되는 말씀인가. 또한 성경은 "다른 이로써는 구원을 받을 수 없나니 천하 사람 중에 구원을 받을 만한 다른 이름을 우리에게 주신 일이 없다"(행 4:12)고 말씀하신다.

그래서 예수 그리스도를 믿는 믿음은 새로운 발명이 아니라 2000년 전에 하나님이 다 이루어 놓으신 것을 발견하는 일이다. 예수 그리스도는 어제나 오늘이나 영원토록 동일하시기 때문이다.

진돗개의 충성과 매의 시력

천연기념물 53호는 진돗개다. 진돗개는 주인에 대한 충성심과 용맹으로 보면 최고수준의 개다. 그러나 군대와 경찰에서는 군견이나 경찰견으로 진돗개를 사용하는 것이 아니라 셰퍼드개를 사용한다. 그 이유는 셰퍼드는 주인이 바뀌어도 3일만에 새 주인과 친해지고 새 주인을 섬기지만, 진돗개는 처음 주인을 절대로 바꾸지 않기 때문이다. 군대나 경찰에서는 수시로 담당자가 바뀌게 된다. 진돗개는 주인에 대한 충성심 때문에 비록 군견이나 경찰견으로는 사용될 수 없지만 천연기념물로 높임을 받는다. 진돗개의 주인에 대한 충성과 같이 우리가 영원한 주인이신 하나님과의 관계를 정립한다면 하나님께서는 우리에게 3박자 축복을 약속하신다. 요한삼서 1장 2절의 "사랑하는 자여 네 영혼이 잘됨같이 네가 범사에 잘되고 강건한" 축복을 약속한다.

아프리카 선교에 몸 바쳤던 리빙스턴은 30여 차례 질병에 걸리고 왼팔은 사자에게 물려 절단되었다. 그가 겪은 수많은 시련과 고난 가운데 그에게 위안을 준 성경 말씀은 "내가 세상 끝날까지 너희와 함께 있으리라"는 말씀이다. 리빙스턴은 이 말씀에 모든 것을 걸었으며 이 말씀은 결코 그의 기대와 확신을 버리지 않았다고 한다.

세상에서 가장 시력이 좋은 동물은 매로서 시력이 3.0-5.0에 이른다. 인간의 시세포 수가 1제곱 밀리당 20만 개인 데 비해 매는 100만 개이다. 그리고 머리에서 차지하는 눈의 면적이 가장 크다. 또한 눈 밑에 검은 무늬의 반점이 있어서 눈부심 방지 효과를 가지고 있다. 마치 야구선수가 눈 밑에 검은 색을 칠함으로써 눈부심을 방지하여 공을 정확히 볼 수 있도록 하는 원리와 같다.

인간은 5미터 앞의 물체를 자세히 볼 수 있지만 매는 20미터 밖의 사물을 정확히 관찰할 수 있다. 높은 하늘을 떠다니다가 땅에 있는 토끼나 다람쥐를 정확히 포착한 후 목표를 향하여 총알같이 직선으로 날아가 먹이를 낚아채 간다.

세상의 많은 종족 가운데 가장 시력이 좋은 민족은 몽골사람이라고 한다. 몽골사람들의 평균 시력은 2.9인데, 항상 먼 지평선을 바라보며 평생을 지내기 때문에 시력이 월등하게 좋다고 한다.

몽골사람들은 대개 거리상으로 1킬로미터 이상 멀리 떨어져 있는 지평선 상에 사람이 나타난 것을 알아본다고 한다. 그런데 그 사람이 누구인지를 정확히 알아볼 만큼 시력이 좋은 이들도 있다고 한다. 가까운 것만 보고 먼 곳을 보지 않으면 시력은 나빠진다. 그래서 한참 책을 읽은 후에는 반드시 먼 산이나 장소를 바라보는 것이 필요하다.

악한 세대를 살아가고 있는 크리스천은 매의 시력으로 진리의 허리띠를 띠는 것이 필요하다.

지혜자의 마음을 가지고, 때와 판단을 분변하며(전 8:5), 어리석은 변론과 족보 이야기와 분쟁과 율법에 대한 다툼을 피하기 위해서는 매의 시력을 가져야 한다(딛 3:9).

하나님의 선물

리더스 다이제스트에서 미국에 살고 있는 100세 이상 장수하고 있는 남녀 9,000명에게 장수의 가장 큰 비결은 무엇인가를 질문했다. 그 대답은 예수님을 믿게 된 일이라고 답변했다. 예수님은 어떤 분일까. 예수님은 "내가 곧 길이요 진리요 생명이니 나로 말미암지 않고는 아버지께로 올 자가 없다"(요 14:6)라고 말씀하신다.

예수님이 다른 종교창시자나 현자와 다른 점은 무엇일까. 예수님은 단 한 번도 자신의 행동이나 말을 수정하거나 사과하신 일이 없다. 왜냐하면 예수님은 완전하신 하나님이시기 때문이다. "하나님은 사람이 아니시니 거짓말을 하지 않으시고 인생이 아니시니 후회가 없으시도다"(민 23:19)라고 말씀하고 있다. 또한 예수님은 그 누구에게도 조언을 구하지 않으셨다.

위대한 지도자였던 모세도 70인의 조언자를 두었고, 지혜의 대왕 솔로몬도 다른 이들의 조언을 구했지만 전지전능하신 예수님은 모든 것을 아시고 계셨기 때문에 다른 사람의 조언이 필요하지 않으신 분이다. 그리고 예수님은 어떤 인간의 약점도 가지지 않으셨다. 사람은 어느 한 가지 면에서 남보다 뛰어날 수 있다. 모세는 온유함이 이 세상 어떤 자보다 뛰어난 사람이며, 욥은 가장 인내하는 자이지만 예수님은 모든 면에서 완벽하신 하나님이다. 예수님은 다른 어떤 종교 창시자도 하지 못한 우리 인류의 죄를 속하여 주시기 위해 인간의 모습으로 이 땅에 오셨다.

어느 나라의 왕이 신하들에게 명을 내렸다. 이 세상의 모든 학문과 책의 내용을 한 문장으로 요약해서 표현하라고 지시했다. 모든 신하들은 몇 달에 걸쳐서 모든 책과 학문의 내용을 읽고 연구한 후 왕에게 보고했다. 그것은 "이 세상에 어떠한 것도 공짜로 주어지는 것은 없다"라는 것이었다.

이 세상의 어떤 일이나 업적도 우리의 노력과 수고와 대가 없이 거저 주어지는 것은 없다. 그러나 여기에 한 가지 예외가 있다. 내가 져야 할 죄악을 예수님이 대신 십자가에서 담당하셔서, 나를 위해 죽으시고 부활하셨다는 사실을 믿으면 구원을 주시겠다는 하나님의 약속이다. 이는 어떤 대가도 우리에게 요구하지 않고 거저 주시는 선물이다. 즉 구원은 대가를 요구하지 않고 하나님의 은혜로 우리에게 거저 주어진다.

"너희는 그 은혜에 의하여 믿음으로 말미암아 구원을 받았으니 이것은 너희에게서 난 것이 아니요 하나님의 선물이라"(엡 2:8).

어떤 구둣가게에 방이 붙어 있었다. "내일 아침 제일 일찍 오는 자에게 구두를 한 켤레 줍니다"라는 내용이었다.

그 다음날 아침 어떤 사람이 새벽같이 와서 문을 두드렸다. 주인은 그 문구를 손으로 가리키며 읽어보라고 했다. 거기에는 내일 아침에 준다고 되어 있었다. 결국 구두를 주지 않는다는 말과 다름없었다. 내일 주겠다는 것은 안 주겠다는 것이고, 내일 예수님을 믿겠다는 것은 안 믿겠다는 것이다. 그래서 성경은 "보라 지금은 은혜 받을 만한 때요 보라 지금은 구원의 날이로다"(고후 6:2)라고 말씀하신다. 지금 이 시간 예수 그리스도를 믿겠다고 결단하는 것이 중요하다.

어떤 사람이 일생을 하나님을 믿지 않고 지내다가 임종을 맞게 되었다. 가족들은 안타까운 마음으로 임종을 지켜보고 있었다. 목사님이 그 할아버지에게 복음을 전했고 "이 복음을 인정하시면 눈을 떠주세요"라고 요청했으나 반응이 없었다. "그러면 손가락을 움직이시거나 입을 열어 주세요"라고 했지만 역시 무반응이었다. 마지막으로 "복음을 인정하시면 온몸의 어느 부분이라도 움직여 주세요"라고 했을 때 오른쪽 엄지발가락이 두 번 움직인 후 운명하였다.

하나님의 섭리

어떤 사람이 성경의 첫 장에서부터 마지막 장까지 읽어가면서, 인간의 이성과 지식으로 판단할 수 없는 기적적인 일이 나타나면 찢어 버리고 그 성경을 읽어 내려갔을 때 성경은 한 장도 남지 않았다. 성경은 하나님의 기적으로 이루어진 책이다. 그러면 성경을 떠나서 우리가 살고 있는 자연과 환경에서는 이러한 기적이 없을까.

열대 우림의 깊은 산중 계곡에서 맑은 물이 흘러내리고 있다. 이 물을 독사가 먹으면 치명적인 독으로 변하게 되고, 젖소가 먹으면 우리 몸에 이로운 우유로 변하게 된다.

또 푸른 초장에 한 무리의 양 떼가 한가로이 풀을 뜯고 있다. 풀을 먹은 양들에게 어떤 변화가 일어나는가. 바로 몇 시간 뒤 그 풀은 양털로 변해 있는 것을 알 수 있다.

이러한 현상들은 기적이 아닐 수 없다.

하늘에서 내리는 눈송이를 하나하나 관찰해 본 결과 하나도 같은 것이 없다고 한다. 마찬가지로 수십 억에 이르는 세계 인구 가운데 똑같은 사람은 한 사람도 없다. 뿐만 아니라 자연의 모든 모습에서 오묘하신 하나님의 창조 섭리를 생각할 때 전지전능하신 하나님의 능력 앞에 우리는 경외감을 느끼게 된다.

고래 가운데 가장 큰 고래인 흑동고래는 길이가 15미터이고, 무게는 수 톤에 달한다고 한다. 너무나 덩치가 크기 때문에 몸이 둔해서 작은 먹이는 잡아먹을 수가 없다고 한다. 바다에서 고기를 잡아먹지 못한다면 얼마 안가 흑동고래는 굶어 죽고 말 것이다. 그런데 흑동고래는 바다 수면에서 10미터 이상을 점프한 후 수면에 떨어지는 일을 반복한다. 5톤이 넘는 육중한 몸이 10미터까지 치솟았다가 떨어지면, 마치 폭탄이 터지듯 그 충격으로 주변의 수많은 물고기가 정신을 잃는다고 한다. 그러면 흑동고래는 유유자적 하면서 정신을 잃은 물고기를 잡아먹는다고 한다.

하나님은 자연의 모든 동·식물을 기르실 때 이처럼 신묘막측한 섭리를 통하여 먹이시고 기르신다. 참새 한 마리도 하나님께서 허락지 아니하시면 땅에 떨어지는 법이 없다.

"공중의 새를 보라 심지도 않고 거두지도 않고 창고에 모아들이지도 아니하되 너희 하늘 아버지께서 기르시나니 너희는 이것들보다 귀하지 아니하냐…들의 백합화가 어떻게 자라는가 생각하여 보라 수고도 아니하고 길쌈도 아니하느니라 그러나 내가 너희에게 말하노니 솔로몬의 모든 영광으로도 입은 것이 이 꽃 하나만 같지 못하였느니라"^(마 6:26-29).

성경은 "창세로부터 그의 보이지 않는 것들 곧 그의 영원하신 능력과 신성이 그가 만드신 만물에 분명히 보여 알려졌나니 그러므로 그들이 핑계하지 못할지니라"(롬 1:20)고 말씀한다. 영원하신 능력과 신성을 가지신 하나님이 창세전부터 하나님의 손으로 만드신 만물 가운데서 우리로 하여금 분명히 깨닫도록 섭리해 놓으셨다. 그래서 우리는 하나님이 눈에 안 보인다고 해서 안 계신다고 핑계를 댈 수가 없다.

인생의 나침반이 되시는 하나님

세계 최고봉인 에베레스트 산의 눈 덮인 정상에는 얼어 붙은 철새의 시체가 무수히 널려 있다. 캐나다 툰드라 숲에 겨울이 닥치면 철새들은 따뜻한 지역을 찾아 남하하기 시작한다. 목적지는 인도의 남쪽 아드리아 해안인데, 그곳에 도달하기 위해서는 아시아 대륙의 중심부인 히말라야 산정을 통과해야 한다.

그런데 예기치 못한 히말라야 상공의 돌개바람과 눈보라가 기력이 쇠잔해진 캐나다 철새들의 남행을 저지한다. 눈보라를 동반한 돌개바람은 철새들의 비행진로를 잃게 만들어, 철새들은 화살이 꽂히듯 만년설 속으로 낙하하여 흰 눈 속에서 죽음을 맞이한다. 에베레스트 등반가들은 수많은 철새의 죽음을 목도하면서 자연에 대한 경외심과 두려움을 느끼면서 정상을 향하여 발걸음을 옮긴다. 히말라야는 철새뿐만 아니라 인간의 도전에도 순순히 자신을 내주지 않는다.

2005년 1월 16일, 히말라야 최고봉 남서쪽 촐라체봉을 정복하고 하산하던 박정현 씨와 최강식 씨는 빙하가 무게를 이기지 못하고 쪼개져 생긴 얼음 골짜기인 크레바스가 눈에 가려져 있는 것을 모르고 지나다 최강식 씨가 크레바스 속으로 빨려 들어갔다. 자일로 연결된 채 최강식 씨의 무게에 끌려가던 박정현 씨는 경사면에 충돌하여 갈비뼈가 부러지면서도 자일을 놓을 수 없었다. 박정현 씨는 자일의 옥죄임에 고통이 극심했지만 끝까지 포기하지 않고 동료를 끌어올렸다. 그러나 동상후유증으로 손가락 8개를 잘라야만 했다.

한 산악인의 희생정신으로 동료가 살아났지만 자신은 산악인으로서의 생명을 잃게 되었다. 친구를 살리기 위해 자신의 손가락 8개를 잘라내는 고통을 감수한 한 산악인의 숭고한 사랑을 보면서 우리는 큰 감동을 받았다.

그런데 이러한 사랑과 희생정신에 비교할 수 없는 더 큰 사랑과 희생이 있다. 내 죄를 대신 짊어지고 십자가에서 죽으신 예수님의 사랑이 바로 그것이다. 한 친구의 목숨을 살려낸 이야기도 이렇게 큰 감동과 감화를 주는데, 하물며 영원한 형벌을 받아야 할 인류의 죄를 대신 속량해 주신 예수님의 사랑을 어찌 말로 다 형언할 수 있겠는가. 그 사랑의 깊이는 무엇으로도 측량할 수 없으며, 만입을 가지고도 다 감사드릴 수 없다.

고난 가운데 소망

 성경은 인생을 잠깐 보이다가 사라지는 안개와 같이 신속하게 사라진다고 묘사하고 있다.

"우리의 연수가 칠십이요 강건하면 팔십이라도 그 연수의 자랑은 수고와 슬픔뿐이요 신속히 가니 우리가 날아가나이다"(시 90:10).

그러나 어떤 인간의 고난도 예수님이 당하신 고난보다 클 수는 없다. 예수님이 당하신 고난 22가지를 분석하면 다음과 같다. 불편, 가난, 굶주림, 목마름, 고통, 유혹, 두려움, 실패, 고독, 배신, 사랑에 대한 무반응, 지극히 공허한 감정, 멸시, 천대, 조롱, 채찍질, 발길질, 침뱉음, 뺨맞음, 가시면류관, 절망, 십자가의 죽음을 들 수 있다.

인류 역사에서 3대 배신자를 찾으면 예수님의 제자이면서 스승을 판 가룟 유다, 시저를 배반한 브루터스, 그리고 다윗의 신하였다가 압살롬의 고문이 된 아히도벨을 꼽을 수 있다.

완전한 인간의 모습으로 이 땅에 오신 예수님은 제자에게 배신을 당했을 때 지극히 공허한 감정을 가졌을 것이다.

성경에는 예수님이 웃으셨다는 기록보다는 주로 고난에 대한 기록이 연속적으로 나타나 있다.

마틴 루터는 "안락하고 평안할 때는 사람을 제대로 평가할 수 없다. 오직 시험받고 역경에 처했을 때 그 사람의 진정한 모습을 볼 수 있다"라고 말했다. 우리가 위험에 빠질 때는 평안할 때와 자신감이 충만할 때이다. 안락한 환경과 모든 일이 순조롭게 잘 될 때 그것은 가장 큰 시험인 것을 깨달아야 한다.

심지어 톨스토이는 "세계는 고난당하는 자들에 의해 개선되어 왔다"라고 말했다. 어스킨은 "나는 잠자는 마귀보다 으르렁거리는 마귀가 더 낫다"라고 말했다. 시험받지 않는 것만큼 위험한 시험은 없다. 인간은 허무한 인생을 살아가면서도 설상가상으로 그 삶은 수고와 슬픔뿐이요, 염려하고 두려워하며 살아가고 있는 것이 우리의 모습이다.

비오는 날 비행기가 활주로를 이륙하여 고도를 높이면 구름 위의 풍경은 구름 한 점 없는 청청한 하늘이 펼쳐진다. 우리의 인생도 마찬가지이다. 고난과 어려움이 쉴 새 없이 우리에게 닥쳐올 때 그것만 바라보면 늘 우울하고 침체되고 소망이 없다. 그러나 하나님은 이렇게 권고하신다.

"너희를 향한 나의 생각을 내가 아나니 평안이요 재앙이 아니니라 너희에게 미래와 희망을 주는 것이니라"(렘 29:11).

재앙의 먹구름이 짙게 드리울지라도, 하나님은 구름 위에 맑은 하늘을 예비해 놓으시고 평안과 소망을 주시며, 능히 역경을 이길 수 있도록 힘을 주시는 분이다. 날마다 우리의 짐을 지시기를 원하며, 수고하고 무거운 모든 짐을 내게 맡기라고 권고하신다. 남의 칭찬을 백 번 듣는다고 해도 자신의 내면의 성장에 도움이 되지 않을 수 있다. 인간은 역경에서 지혜와 겸손을 배울 수 있지만 순경에서는 오만함에 빠질 위험이 크다. 시련과 고난은 하나님의 예정된 시나리오다.

어린이가 성장통(growing pain)을 겪은 후 성숙된 육체로 자라나듯 고난과 시험은 인간이 반드시 지나가야 하는 과정이다.

그래서 시편 기자는 118편에서 고난당하기 전에는 그릇 행하였지만 고난을 겪은 후 주의 율례를 알게 되었다고 고백한다. 고난이 오히려 유익이라고 말하고 있다. 참된 가치를 가진 자는 고통과 비애를 참는다. 상처를 겪은 적이 없거나 역경에 처해 본 경험이 없는 자, 번민과 괴로움 혹은 영적인 압박을 느껴보지 못한 사람은 여러 가지 면에서 무지하고 우둔한 자다.

머리숱이 없다고 고민하지 말고 오히려 감사해야 한다. 성경에서 다윗의 원수였던 압살롬은 머리숱이 너무 많아 말을 타고 숲속을 지나가다 상수리나무에 머리털이 걸려 다윗군에 의해 죽임을 당했다. 압살롬이 대머리였다면 숲속을 빠르게 통과하여 살았을 것이다.

상어는 바닷속에서 무적의 포식자로 알려져 있다. 강력한 힘과 집요함을 가지고 일단 먹이를 물면 절대 놓치는 법이 없기 때문에 모든 물고기들이 두려워하는 상대다.

그런데 상어는 물속에서 몸을 부양시키는 부레가 없는 유일한 물고기다. 물고기 몸에 부레가 없으면 바다 밑바닥에 가라앉기 때문에 치명적인 핸디캡이 된다. 그래서 상어는 바다 밑바닥으로 가라앉는 몸을 유지하기 위하여 쉴 새 없이 꼬리를 저어댄다. 상어의 뛰어난 파워와 집요함은 불리한 신체조건을 극복하고자 부단히 노력한 결과이다. 아무리 어려운 여건 속에서도 좌절하지 않고 부단히 노력하면 탁월한 능력을 발휘할 수 있다는 것을 상어의 교훈에서 알 수 있다.

태풍과 해일이라는 고난의 순간이 없으면 바다의 정화작용은 멈추게 된다. 배가 파선하거나 좌초하면 바다가 기름유출로 오염되고 만다. 또한 물속의 플랑크톤이 크게 번식하여 바다나 강의 색깔이 붉게 변하는 적조현상도 발생한다. 이런 경우 온갖 기름 방제작업이나 플랑크톤 제거작업을 하더라도 오염된 바다나 강이 본래상태로 돌아오는 것이 불가능하다. 이때 태풍과 해일이 와서 바다나 강의 깊은 곳까지 뒤집어놓을 때 어떤 적조현상이나 오염도 한순간에 정화된다.

흰머리 독수리와 까마귀는 부도덕의 상징이다. 흰머리 독수리는 강가의 마른 가지 위에 앉아 있다가 매가 물고기를 사냥하면 매의 둥지까지 따라가 물고기를 가로채간다.

호주의 산골 목장에서는 새끼 양들이 출산하는 시기가 다가오면 큰 까마귀들이 목장 안으로 날아 들어와서 출산하는 어미양의 등 뒤에 자리 잡고 앉는다. 새끼양이 어미 뱃속에서 나오면 이 까마귀들은 훌쩍 뛰어들어 그 연약하고 가련한 새끼양의 눈과 혀를 쪼아 먹기 시작한다. 이 까마귀들의 잔인성은 도저히 상상하기조차 어려울 만큼 혹독하다. 아무 도움을 받지 못하고 이 세상에 태어나자마자 죽임을 당하는 어린 양의 모습은 그리스도 안에서 영적으로 갓 태어난 신자들에 대한 사탄의 공격과 흡사하다.

사탄은 까마귀처럼 잔인하고 무자비하게 영적으로 취약한 신자를 공격한다. 이에 베드로는 "근신하라 깨어라 너희 대적 마귀가

181

우는 사자같이 두루 다니며 삼킬 자를 찾나니"(벧전 5:8)라고 경고한
다. 사탄의 목적은 단지 인간을 동요시키거나 놀라게만 하는 것이
아니라 속이고 죽이고 멸망시키려는 것이다.[19]

줄탁동시

괴테는 "탈피하지 못하는 뱀은 죽는다"라고 말했다. 뱀
뿐만 아니라 병아리도 부화하고 껍질을 깨고 나오지 못하
면 죽고 만다. 허물을 벗고 껍질을 깨는 아픔이 없이는 성장할 수
없다는 진리를 말해준다. 병아리가 알에서 부화될 때가 가까워지
면 어미닭은 알속에서 들려오는 소리에 귀를 기울인다. 알속에 있
는 병아리가 부리로 알껍질을 탁탁 치면 동시에 어미닭은 알껍질을
쪼아 깨뜨리고 병아리가 부화하게 된다. 병아리가 안에서 신호를
보냈는데, 어미가 듣지 못하거나 병아리의 신호가 없는데, 미리 어
미가 알을 깨뜨려도 안 된다. 안팎의 타이밍이 맞지 않으면 튼튼한
병아리가 태어나지 못한다.

적절한 때 적절한 행동이 수반되어야 한다.
'줄탁동시'(啐啄同時)는 병아리가 알을 깨고 나오기 위해 알 속에서
부리로 쪼는 것을 '줄'(啐)이라 하고, 어미 닭이 이를 돕기 위해 밖에
서 쪼아 주는 것을 '탁'(啄)이라 하는데, 이것이 동시에 같이 이루어
져야 부화가 가능하다는 의미의 사자성어이다. 새는 알을 깨고 나
오는데 알은 곧 세계다. "다시 태어나려는 자는 자신의 평안한 세계

를 파괴하지 않으면 안 된다"라고 데미안은 말했다. 일상의 삶에서도 이와 같이 깨닫고 행동으로 옮기는 타이밍이 갖추어져야 한다.

"범사에 기한이 있고 천하만사가 다 때가 있나니 날 때가 있고 죽을 때가 있으며 심을 때가 있고 심은 것을 뽑을 때가 있으며 죽일 때가 있고 치료할 때가 있으며 헐 때가 있고 세울 때가 있으며 울 때가 있고 웃을 때가 있으며 슬퍼할 때가 있고 춤출 때가 있으며… 찾을 때가 있고 잃을 때가 있으며 지킬 때가 있고 버릴 때가 있다"

천하만사가 때가 있음을 깨닫고 인내하며 타이밍을 기다리는 지혜가 필요하다. 젊은 승려가 치는 종소리가 맑지 않은 이유는 미숙해서라기보다는 앞선 종소리가 돌아올 때까지 다음 종소리를 충분히 기다려주지 않은 탓이라고 한다.

루터는 "하나님의 은혜는 소낙비와 같다. 서둘지 않으면 은혜에 들지 못한다"라고 했다. 성경에 "보라 지금은 은혜 받을 만한 때요 지금은 구원의 날"이라고 했다.

"그러므로 우리는 긍휼하심을 받고 때를 따라 돕는 은혜를 얻기 위하여 은혜의 보좌 앞에 담대히 나아갈 것이니라"(히 4:16).

여름철 소나기는 오래 오지 않는다. 우리는 지금 하나님의 은혜의 시대를 살아가고 있다. 하나님을 만나고 찾을 때가 바로 지금이라는 말씀이다. 병아리가 부화할 때만 아니라 자연과 환경에서도 범사가 때가 있음을 알 수 있다. 농부가 파종할 때를 넘기게 되면 그해 농사를 그르치게 되고, 철새가 이동할 때를 놓치면 얼어 죽게 된다.

　"하나님이 인생들에게 노고를 주사 애쓰게 하신 것을 내가 보았노라 하나님이 모든 것을 지으시되 때를 따라 아름답게 하셨고 또 사람들에게는 영원을 사모하는 마음을 주셨느니라"(전 3:10-11).

　우리 인생은 불과 100년도 살지 못하지만, 인간의 마음속에는 육체의 제한된 삶을 넘어서 영원을 사모하며 그리워하는 마음을 가지고 있다. 그 영원한 생명과 소망을 만족시켜 주시는 분이 하나님이시다.

　"내일 일을 너희가 알지 못하는도다 너희 생명이 무엇이냐 너희는 잠깐 보이다가 없어지는 안개니라"(약 4:14).

　안개는 해가 뜨기 전 짙게 드리우다가 해가 나면 흔적도 없이 사라지게 된다. 우리 인생도 안개와 같아서 잠시 있는 것 같다가도 순식간에 덧없이 사라지게 된다.

　하나님은 이 세상에 있는 동안 예수 그리스도를 구주로 믿는 자에게는 영원한 생명을 주시겠다고 약속하셨다. 어미닭은 품고 있던 알에 귀를 기울이고 있다가 병아리가 신호를 보내면 즉시 알을 깨뜨리고 부화를 돕는다. 마찬가지로 우리가 부르짖을 때 하나님은 우리의 간구를 듣고 계시다가 바로 응답해 주신다.

　"너는 내게 부르짖으라 내가 네게 응답하겠고 네가 알지 못하는 크고 비밀한 일을 네게 보이리라"(렘 33:3).

죄사함

독수리는 날개를 전혀 퍼덕이지 않고 시속 130킬로미터로 날 수 있는 새로서 모든 새의 왕으로 추앙받고 있다. 그런데 남미의 험준한 산 정상에서 어떤 사냥꾼이 양 날개가 213cm나 되는 독수리를 사냥했다. 이 독수리는 한쪽 발에 길이 152cm의 쇠사슬이 달린 쇠덫에 걸려 있었다. 쇠덫과 쇠사슬 사이에는 독수리의 거대한 부리로 쪼아댄 자국이 수없이 남아 있었다. 그 덫과 쇠사슬이 독수리의 나는 동작을 방해했고, 피곤하고 지치게 된 이 거대한 독수리는 결국 사냥꾼의 노획물이 되었다.

우리 인간은 전지전능하시고 무소부재하시며 사랑과 자비가 한이 없으시고 공의로우신 하나님의 형상을 따라 지음 받았다.

"하나님이 자기 형상 곧 하나님의 형상대로 사람을 창조하시되 남자와 여자를 창조하시고"(창 1:27).

그런데 아담의 범죄 함으로 인하여 모든 인간은 하나님과 분리되고 독수리의 발에 채워져 있는 쇠덫과 같이 영혼의 저주와 육체의 죽음과 환경의 저주를 받게 되는 약하고 불행한 존재로 전락하게 되었다. 환경의 저주로 인하여 "땅은 너로 말미암아 저주를 받고 너는 네 평생에 수고하여야 그 소산을 먹으리라 땅이 네게 가시덤불과 엉겅퀴를 낼 것이며, 너는 흙이니 흙으로 돌아갈 것이니라"(창 3:17-19)고 하셨다. 그런데 복된 소식이 들려온다. 예수님이 우리의 모든 죄를 십자가에서 도말하시고, 이를 믿는 자에게 구원과 영생을 허락하셨다는 기쁜 소식이다.

"그가 네 모든 죄악을 사하시며 네 모든 병을 고치시며 네 생명을 파멸에서 속량하시고 인자와 긍휼로 관을 씌우시며 좋은 것으로 네 소원을 만족하게 하사 네 청춘을 독수리같이 새롭게 하시는도다"(시 103:3-5).

독수리 발에 채워져 있던 착고가 풀어지듯, 하나님은 우리에게 죄 사함과 구원과 영생을 허락하셨다.

찬송가 '복의 근원 강림하사'의 작사자 로빈슨은 이 찬송가를 작사한 후 믿음생활에서 떠나 방황하는 삶을 살게 되었다. 먼 곳을 여행하다가 마차를 타게 되었는데, 옆자리에 앉은 여인이 찬송가를 펴고 "복의 근원 강림하사" 찬송을 부르고 있었다. 그 여인은 로빈슨에게 자신이 크게 감동받고 믿음생활을 하게 된 찬송가가 바로 이 찬송이라고 했다. 로빈슨은 마차바닥에 꿇어앉아 그 찬송을 작사한 자가 바로 자신이라고 고백하고 눈물을 흘렸다. 로빈슨은 크게 회심한 후 고국으로 돌아와 신실한 주의 종이 되었다.

복된 소식

태평양 괌 섬의 밀림 속에서 요코이라는 일본군이 깊은 동굴 속에서 혼자 살고 있었다. 2차 대전이 끝날 무렵인 1944년 그는 이 동굴로 혼자 피신해 들어왔다. 1945년 일본은 패망했고 전쟁은 종료되었다. 이 소식은 비행기로부터 전단이 뿌려지고 확성기로 온 정글에 알려졌다. 그러나 전단을 보게 된 요코이는 전쟁이 끝난 사실을 부인하고 혼자 동굴 속 생활을 28년이

나 계속하게 되었다. 낮에는 동굴 속에서 잠을 자고, 밤에는 동굴에서 나와 개구리나 쥐, 달팽이, 새우, 밤 등을 먹고 살아왔다.

옷은 나무껍질로 삼베처럼 천을 만들어 바지와 재킷을 해입었다. 그러던 중 우연히 사냥꾼 두 명이 깊은 밀림 속에서 그를 발견하게 되었고, 사냥꾼들은 요코이에게 더 이상 숨어 있을 필요가 없으며 전쟁은 오래전에 이미 끝나고 모든 것은 자유라고 말해 주었다. 이렇게 해서 요코이는 동굴생활을 청산하고 새 옷을 입고 음식을 먹으면서 비행기를 타고 고향으로 돌아오게 되었다. 이는 실제로 있었던 일이었다. 전쟁이 이미 오래전에 끝났으나 요코이 중위는 그 사실을 믿지 않고 28년 동안 정글 속에서 비참한 생활을 해왔다.

이와 마찬가지로 인류의 모든 죄를 2,000여 년 전 갈보리 십자가에서 하나님의 아들 예수님께서 이미 다 청산하셨다는 복음의 기쁜 소식을 알지 못하거나, 요코이처럼 부인하는 자들은 얼마나 불쌍한 사람들인가. 복음을 듣고 마음으로 주님을 영접할 때 우리는 진정한 자유를 누리게 된다. 성경은 "진리를 알지니 진리가 너희를 자유롭게 하리라"(요 8:32)고 말씀하고 계신다. 또 시편 49편 20절은 "존귀하나 깨닫지 못하는 사람은 멸망하는 짐승 같도다"라고 말씀하고 있다.

영국의 세균학자인 플레밍은 1928년 실험실에서 우연히 푸른곰팡이가 포도상구균을 용해하는 사실을 발견하고 푸른곰팡이로부터 유효성분을 추출하여 페니실린을 발명하였다.

당시는 2차 대전이 한창이던 시기였는데, 전쟁터에서 부상당한 군인들이 부지기수로 죽어 나갔다. 그런데 이 페니실린의 발명으로 100만 명 이상의 부상병들의 상처를 치료하고 죽어가는 생명을 건졌다. 그리고 폐렴으로 죽어가던 영국수상 처칠의 생명까지 구하게 되었다.

노벨상을 수상한 플레밍에게 기자들이 "당신의 생애 중 가장 위대한 발견은 무엇이냐"라고 물었다. 많은 사람들은 플레밍의 입에서 페니실린에 관한 이야기가 나올 것으로 예상했다. 그러나 그는 이렇게 대답했다.

"내 생애의 가장 위대한 발견은 예수 그리스도를 나의 구주로 모셔 들인 사실이다."

성경은 우리에게 권고하고 있다.

> "너희는 여호와를 만날 만한 때에 찾으라 가까이 계실 때에 그를 부르라… 그리하면 그가 긍휼히 여기시리라 우리 하나님께로 돌아오라 그가 너그럽게 용서하시리라"(사 55:6-7).

하나님의 사랑

몇 년 전 대형 산불로 인해 동해안의 천년사찰 낙산사가 눈 깜짝할 사이에 소실되었다. 산불로 인해 우리나라뿐만 아니라 미국, 유럽, 인도네시아 등의 원시림까지도 위협받고 있다. 산불을 진화하기 위해 1회에 50드럼의 물을 탑재하여 살포할 수 있는 초대형 헬기가 동원되고, 인공강우를 만들어 살포하거나

민·관·군 합동으로 산불진화훈련이 전개되고 있다. 또한 전 세계적으로 산불진화 대책이 계속 나오고 있다.

미국 서부에서는 염소들을 이용해서 산불을 예방하고 있다. 쉽게 불이 붙는 마른 관목과 이파리들을 염소들이 모두 먹어치워 산불을 예방한다는 사실이 알려지면서, 주민들은 저마다 키우던 염소들을 마을 근처 산으로 몰아가고 있다. 일일이 손으로 마른 초목을 걷어내는 것보다 염소가 먹어치우는 게 더 쉽고 빠르기 때문이다. 산불은 바람을 타고 최고 시속 100km의 속도로 이동하며 타들어가기 때문에 산불이 났을 때 도망가는 것은 이미 늦었다고 전문가들은 말한다.

산불이 났을 때 살 수 있는 길은 즉시 넓은 공간으로 달려 나와, 주위의 태울 수 있는 지역을 다 불태운 후 그 가운데 자리로 들어가 있어야 한다고 충고한다. 불은 그 속성상 한번 불탄 곳, 즉 태울 것이 없는 장소는 비껴가기 때문에 불탄 자리에 들어가 있으면 살수 있다.

하나님과 독립해서 살기 위해 스스로 하나님과 분리되고 하나님과 원수가 된 우리 인간은 하나님의 진노의 불을 피할 길이 없는 신세가 되었다. 죄의 삯은 사망인데 사망에서 벗어날 수 있는 길은 누군가 그 죄의 대가를 치러야 한다.

하나님은 우리를 너무나 사랑하시기 때문에 하나님의 심판의 불을 우리에게 내리는 대신 자신의 아들 예수 그리스도에게 내리셨다. 하나님의 진노의 불이 십자가에서 맹렬하게 예수님께 부어졌다. 심판의 불이 맹렬하게 지나간 십자가 밑으로 나아가 예수 그리스도의 손을 붙잡을 때 우리에게는 더 이상 진노의 불이 임할 수가 없다. 이것이 복음이요 구원의 기쁜 소식이다.

주님과 동행

인도의 어느 마을에서 사냥개가 호랑이를 잡은 일화가 있다. 이 사냥개는 뒤에서 주인이 총을 가지고 따라오기 때문에 담대하게 호랑이를 쫓아가서 잡게 되었다. 그렇다. 예수님을 나의 구주로 마음으로 믿고 입으로 시인하는 자마다 하나님의 자녀가 되는 권세를 가지게 되고, 이 세상의 어려움과 고난을 이길 수 있는 힘을 주신다. 복음성가의 가사처럼 "나의 등 뒤에서 나를 도우시는 주님"과 동행할 수 있다.

우리는 이미 2,000년 전 갈보리 십자가상에서 죽으시고 부활하신 예수님을 믿는 믿음으로 나아갈 때 승리의 삶을 살 수 있다. 우리 인생은 비록 아침이슬과 안개와 같고 깨어지기 쉬운 질그릇과 같지만 주님이 우리 속에 오셔서 우리와 함께하시면 매일매일 승리의 삶을 살 수 있다. "우리가 이 보배를 질그릇에 가졌으니 이는 심히 큰 능력은 하나님께 있고 우리에게 있지 아니함을 알게 하려 함이라"(고후 4:7)고 말씀하신다. 어려움과 역경에 처한 어떤 사람이 위안을 받은 성경 말씀은 시편 66편 10-12절의 말씀이다.

"하나님이여 주께서 우리를 시험하시되 우리를 단련하시기를 은을 단련함같이 하셨으며 우리를 끌어 그물에 걸리게 하시며 어려운 짐을 우리 허리에 매어 두셨으며 사람들이 우리 머리를 타고 가게 하셨나이다 우리가 불과 물을 통행하였더니 주께서 우리를 끌어내사 풍부한 곳에 들이셨나이다."(시 66:10-12)

2001년 9월 11일 미국의 세계무역센터에 두 대의 여객기가 충돌하였고 그 사건으로 온 세계가 테러공포에 휩싸이게 되었다. 세계무역센터에서 그날 아침 출근한 수만 명의 사람들은 바로 30분 앞에 일어날 무시무시한 일을 알지 못하고 죽음을 향하여 건물 안으로 들어서고 있었다. 우리는 30분 뒤에 일어날 일들을 전혀 알지 못한다. 그러나 우리가 인생의 앞길을 하나님께 맡긴다면, 우리 인생의 생사화복을 주관하시며 어제나 오늘이나 영원토록 동일하신 하나님께서 우리의 앞길을 인도해 주신다. 또한 환난과 역경이 닥쳤을 때 피할 길과 감당할 힘을 주시며 모든 일을 합력하여 선으로 바꾸어 주신다.

우리가 잘 아는 길옥윤이라는 유명한 대중가요의 작곡가가 암으로 사망했다. 그는 말기암으로 죽기 전에 예수님을 영접하고 구원을 받았다. 죽기 며칠 전에 휠체어에 앉아서 지난날들을 되돌아보며 후회했다.

"내가 젊었을 때 부와 명성을 날리며 아쉬움 없이 지낼 때 어느 누구도 나에게 예수를 믿으라는 말을 하지 않았다. 이렇게 인생을 마감하면서 예수를 믿게 되어 부끄럽다"라고 고백했다. 우리의 인생은 눈 깜짝할 사이에 지나가고 우리의 앞길은 어떤 일이 일어나는지 모른다.

세인트헬레나 산 폭발

하늘에서 천사들이 롯의 집으로 찾아와서 소돔성의 심판에 대한 경고를 했다. 롯은 즉시 사위들에게 서둘러 자기와 함께 떠나자고 설득했다. 그러나 그들은 그 말을 신뢰하지 않고 농담으로 받아들였다. 결국 소돔성을 탈출한 이들은 롯과 아내, 그리고 두 딸들에 불과했고 나머지는 소돔성과 함께 멸망하게 되었다. 이처럼 경고를 무시하고 멸망에 이른 예가 있다.

미국의 워싱턴 주 남서부에 있는 세인트헬레나 산은 웅장하고 아름다운 산으로 유명하다. 1980년 이전까지 휴화산이었던 이 산은 과거에 격렬한 화산활동이 있었던 산이다.

1980년 1월, 이 산의 정상 부근의 분화구에서 증기와 가스가 터져 나오기 시작했다. 지질학자들의 지진계에 화산분출의 징후가 감지되기 시작했다.

100여 년간 잠자고 있던 화산이 잠에서 깨어나 강력한 힘을 분출하기 시작했다. 2월에는 산의 북동사면이 솟아오르기 시작하여 매일 3미터씩 커져나가 5월초에는 120미터까지 확대되었다. 주지사는 대재난을 예고하고 세인트헬레나 산의 반경 32킬로미터 내에 거주하는 모든 주민에게 대피령을 내렸다.

그 명령에 따라 대부분 주민들이 대피했지만 산 정상에 있는 스피리트 호수의 산장관리인과 몇몇 사람은 대피를 거부했다. 산장관리인은 TV에 나와 인터뷰까지 하면서 자기가 35년간 살아온 이 산을 떠나지 않을 것이며, 이 산은 절대로 화산폭발이 없을 것이라

고 말했다. 산에서 대피한 주민들이 주지사에게 가재도구를 더 가져와야 하기 때문에 산에 들어가는 것을 허락해 달라고 요청했다.

주지사는 주말에 산에 들어가 가재도구를 챙겨 나올 수 있도록 24시간만 입산을 허용했다. 수백 명의 주민들은 산에 들어가 밤을 보낸 후 다음날 오후 철수했다. 그러나 그중 84명의 주민들은 아름다운 환경과 날씨를 믿고, 이 멋진 주말을 아름다운 산속에서 지내기로 하고 주지사와의 약속을 어겼다.

그런데 그 이튿날 아침 드디어 화산이 폭발하게 되었다. 산 정상에서 하늘 높이 증기와 유황이 분출하여 주변을 순식간에 재로 덮어버렸다. 그 웅장한 산의 3분의 1이 흔적도 없이 사라져 버렸다. 호수는 물론 산장에는 100미터가 넘는 바위와 화산재로 덮였다. 화산재는 그 산자락의 수백 킬로미터까지 흘러나가 집과 승용차를 덮어버렸다. 경고를 무시한 84명의 주민 역시 흔적도 없이 사라져 버렸다.

안요한 목사 간증

'저 높은 곳을 향하여'라는 영화의 주인공이었던 안요한 목사는 어렸을 때 부친이 목회자로 시무하는 교회의 벽에 "하나님은 안 계시느니라"(안요한복음 1장), 하나님을 믿지 말고 네 에미나 믿어라"(안요한복음 2장)고 하며, 하나님의 성령을 훼방하는 낙서를 써놓고 교인들의 옷에 물총을 쏘며 장난을 했다.

그 후 세월이 흘러 대학을 졸업하고 결혼을 한 후 교사로 발령을 받고 학생들을 가르치게 되었다. 그런데 어느 날 아침 눈을 떠보니 앞이 보이지 않았다. 백방으로 치료하려고 노력했지만 허사였고 결국 그는 완전 장님이 되었다. 그의 아내는 아이들을 데리고 그를 떠나갔다. 절망 가운데 있다가 자살을 하려고 결심하고 더듬더듬 노끈을 목에 걸고 의자에 올라가 못에 노끈 끝을 걸고 의자에서 뛰어 내렸지만 노끈이 끊어져 실패했다.

그때 벽력 같은 음성이 가슴속에 들려왔다. "성경 구약 320페이지를 읽으라"는 음성이었다. 더듬더듬 성경을 들고 대문 밖에 나와서 지나가는 사람들에게 320페이지의 성경구절을 읽어 달라고 애걸했지만 다들 이상히 여기고 피했다.

한참 후에야 한 고등학생이 읽어주는 그 성경 말씀은 "내가 너를 떠나지 아니하며 버리지 아니하리니 강하고 담대하라… 두려워하지 말며 놀라지 말라 네가 어디로 가든지 네 하나님 여호와가 너와 함께하느니라"(수 1:5-6, 9)는 말씀이었다.

그는 그 말씀에 크게 감동을 받고 용기를 잃지 않았다. 그 후 신학을 하여 목사가 되어 지금은 맹인선교에 크게 활약하고 있다.

4
리더와 리더십

고난이 내게 유익이라

"이 말씀은 나의 고난 중의 위로라 주의 말씀이 나를 살리셨기 때문이니이다. 고난당하기 전에는 내가 그릇 행하였더니 이제는 주의 말씀을 지키나이다. 고난당하는 것이 내게 유익이라 이로 말미암아 내가 주의 율례를 배우게 되었나이다"(시 119:50, 67, 71).

우리는 어머니 뱃속에서 세상으로 나올 때 하나같이 울지만 주변사람들은 모두 웃고 기뻐한다. 울며 태어나는 이유는 앞으로 우리에게 닥칠 고난과 역경을 어떻게 헤쳐 나갈까에 대한 염려 때문이 아닐까.

하지만 우리가 죽을 때는 반대로 주변사람들은 울지만 우리는 웃어야 한다. 왜냐하면 천국으로 들어가 영원한 안식을 누리기 때문이다. 인간의 삶뿐만 아니라 자연환경 속에서도 역경과 환난은 유익을 가져다준다.

바다에 떠있는 큰 유조선이 좌초되어 기름이 유출되는 사고를 종종 목도한다. 기름이 온 바다를 오염시킬 때 인간은 온갖 힘과 기술로 기름의 확산과 오염을 막으려고 방제작업을 한다. 하지만 큰 효과가 없다.

그때 태풍과 해일이 몰아쳐 와서 바다 깊은 속까지 뒤집어 놓으면 오염된 바다가 말끔히 정화되는 것을 본다. 잔잔한 바다도 때로는 태풍과 해일이라는 환난과 역경이 있을 때 적조현상이나 기름 유출로 오염된 바다를 깨끗하게 해준다. 죄로 얼룩진 우리 인생과 저주와 심판과 정죄로 죽을 수밖에 없는 우리들을 위해 예수님은 십자가에서 죽으셨다.

그로 인해 우리는 사망에서 생명으로, 흑암에서 빛으로 옮겨지게 되었다. 2차 대전 기간 중 전쟁으로 사망한 미국인은 약 30만 명인 데 비해 그 기간 중 심장질환으로 사망한 자는 200만 명에 달했다. 그 200만 명 중 100만 명은 근심, 걱정, 두려움으로 사망한 사람이라는 통계가 나와 있다.

나폴레옹 힐은 우리가 두려워하는 것을 헤아려 보면 280가지에 이른다고 한다. 그것을 크게 분류하면 6가지로 나눌 수 있다. 가난에 대한 두려움, 비난받을 것에 대한 두려움, 사랑하는 사람을 상실한 데 따르는 두려움, 질병에 대한 두려움, 늙고 노쇠하게 되는

데 대한 두려움, 그리고 죽음에 대한 두려움이다.

미국의 역대 대통령 중 가장 훌륭한 대통령은 링컨이다.

그런데 링컨은 대통령이 되기 전 하는 일마다 다 실패했고 하나도 되는 일이 없었다. 정식 교육을 1년밖에 받지 못한 가난한 집안 출신의 링컨은 11세에 생모를 잃어, 세 명의 이복동생을 데리고 재혼해온 계모의 보살핌으로 자랐다. 누이가 죽고, 아내 사망, 신경쇠약, 아들 사망, 주의회 의원선거 낙선, 경영하던 잡화점 파산, 동업자 파산으로 큰 부채를 떠맡게 되고, 연방의회의원 선거 두 번 낙선, 국유지관리국장 지명 실패, 상원의원 선거 낙선, 부통령 낙선, 상원의원 선거 낙선 등 무려 13번의 인생의 큰 실패를 경험했다. 하지만 그럴 때마다 결코 남을 비난하거나 원망하지 않았다.

링컨은 실패하고 넘어질 때마다 시편 34장 4절의 말씀으로 다시 일어나 결국 미국의 가장 위대한 대통령이 되었다.

"내가 여호와께 구하매 내게 응답하시고 내 모든 두려움에서 나를 건지셨도다."

패배와 역경을 이겨낸 힘은 하나님을 믿는 신앙에서 나온다.

이 세상에서 위대한 일을 한 사람들은 모두 이러한 역경을 거쳤다. 그들은 무명시절을 거쳤고, 고난과 역경을 경험했으며, 실망과 좌절 가운데 울부짖었고, 고독을 체험했다. 먼저 고생과 역경에 부딪쳐 이겨내야 낙이 올 날이 확실히 보장된다. 즐거움을 유보하는 것은 고난과 낙의 순서를 매기는 것에 지나지 않는다. 그래서 성경은 "사람은 젊었을 때에 멍에를 메는 것이 좋으니"(애 3:27)라고 권고

한다.

우리 속담에도 젊을 때 고생은 사서도 하라고 한다.

호주 사업가 필 다니엘스는 멋진 실패에 상을 내리고 평범한 성공에 벌을 내리라고 조언한다. 실패하고 나면 온몸이 힘들고 멍이 들지만 좌절하지 않고 또 달려든다. 이번에도 실패하고 커다란 상처를 입는다. 그러나 이런 실패가 결국 성공의 소중한 밑거름이 된다. 잭 웰치의 철학은 평범한 성공이 오히려 큰 문제라고 했다. 실패만한 성공은 없다. '엄청난 실패에 죽도록 입을 맞추라'고 권고한다.

뉴턴은 많은 연금술실험을 하다가 수은에 중독되어 정신병에 걸리게 되고 옥스퍼드 대학 교수직을 사임하게 된다. 뉴턴은 자신은 그저 바닷가 해변가에서 반짝이는 조약돌 하나, 예쁜 조개 한 개를 발견하고 기뻐하는 소년에 불과하다고 고백했다.

하나님이 천국문을 진주로 만들고, 성곽 길은 정금으로 만든 이유가 무엇인가.

"그 열두 문은 열두 진주니 각 문마다 한 개의 진주로 되어 있고 성의 길은 맑은 유리 같은 정금이더라"(계 21:21).

진주는 고통 가운데 만들어지고 정금은 용광로에서 연단으로 만들어지는 보석이다. 바울은 진주와 같은 고난 속에서 견디며 정금 같은 연단을 받았다. 욥도 고난의 풀무를 거친 후 모년에 갑절의 축복을 받았다.

"내가 가는 길을 오직 그가 아시나니 그가 나를 단련하신 후에는 내가 순금같이 되어 나오리라"(욥 23:10).

성경에서 커다란 믿음의 족적을 남긴 이들은 하나같이 하나님의 손에 붙들려 일하기 전 엄청난 인내와 대가를 지불했다는 사실을 알 수 있다. 아브라함은 25년, 야곱은 20년, 요셉은 13년, 모세는 40년을 인내하며 연단 받는 세월이 필요했다. 성공한 자들은 고난과 약점이 있었기 때문에 성공했다.

밀턴은 장님이었기 때문에 아름답고 감동적인 시를 썼다.

베토벤은 귀머거리였기 때문에 아름다운 음악을 들을 수 있었다.

차이코프스키는 불행한 결혼으로 인해 실의에 빠지고 자살 직전에 있었기 때문에 불후의 명작 '비창' 교향곡을 작곡했다.

도스토예프스키와 톨스토이는 고달픈 인생행로를 겪었기 때문에 길이 남을 명작을 만들었다. 운명은 이들에게 '레몬'을 주었지만, 이들은 이를 '레몬주스'로 만들었다.

인간이 하나님의 형상으로 창조되었다는 것은 인간이 무한의 가능성을 지녔다는 말이다. 코끼리는 코로 1톤의 짐을 들 수 있다고 한다. 그러나 어린 코끼리를 쇠사슬로 묶어서 쇠말뚝에 묶어두면 코끼리는 아무리 힘을 써도 사슬을 끊을 수 없다는 사실을 알고 체념한다. 어른 코끼리가 되어도 말뚝이 박혀 있는 것을 보는 순간 달아날 수 없다고 체념하고 서커스장에서 얌전히 행동한다. 어쩌면 인간도 서커스장의 코끼리처럼 스스로 정해놓은 경계선을 결코 넘어가지 못한다는 체념주의자로 살아가고 있지는 않은가.

"내가 진실로 진실로 너희에게 이르노니 나를 믿는 자는 내가 하는 일을 그도 할 것이요 또한 그보다 큰 일도 하리니"(요 14:12).

우리는 분명 예수님이 하신 일보다 큰일도 할 수 있게 창조되었다.

독일 의학자 에코소모는 "인간 뇌는 약 1,500그램인데, 그 안의 세포 수는 136억 5천 3백만 개이다. 한 개 세포는 소형 트랜지스터 한 대의 성능을 가진다. 그러므로 인간의 뇌기능은 엠파이어 스테이트 빌딩 크기의 컴퓨터와 같다. 그런데 보통사람은 평균 2~5퍼센트의 뇌세포만 사용한다. 그에 비해 아인슈타인은 15퍼센트를 사용했다고 추정한다"라고 했다.

생명의 길과 사망의 길

카알라일은 "선택은 순간에 이루어지지만 그 결과는 영원하다"라고 말했다. 스위스의 알프스 산 정상에 떨어지는 빗방울 하나가 북쪽 골짜기로 흘러내리면 그 빗방울은 라인 강을 타고 흘러 북해의 바닷물이 되고, 그 물방울이 동쪽 골짜기를 타고 흐르면 다뉴브 강을 통해 흑해의 바닷물이 된다. 그리고 그 물방울이 남쪽 골짜기를 타고 흐르면 로네 강으로 들어가 지중해로 흘러들어간다. 이처럼 알프스 산 정상에 떨어지는 물방울은 어떤 방향으로 떨어지느냐에 따라 그 물방울의 운명이 크게 달라진다. 며칠이 지나면 서로 수천 킬로미터 떨어진 북해와 흑해와 지중해의 바닷물이 된다.

마찬가지로 백두산 정상에 떨어지는 빗방울이 조금만 동쪽으로 떨어지면 두만강물이 되어서 동쪽으로 흘러가 동해 바닷물이 된다. 그러나 서쪽으로 떨어진 빗물은 압록강물이 되어 서해로 흘러가게 된다. 정상에 떨어진 빗물이 한 시간만 지나면 서로 아득히 멀어지고 하루가 지나면 수백 리 떨어지게 되고, 며칠이 지나면 수천 리 멀어지게 된다. 하늘에서 떨어지는 빗물의 운명도 이처럼 어디로 떨어지느냐에 따라 운명이 크게 달라진다. 하찮은 물방울 하나도 현재의 작은 차이와 결단이 나중에는 돌이킬 수 없는 큰 차이와 결과를 가져오는 것을 볼 수 있다.

예레미야 21장 8절에서 하나님께서는 "내가 너희 앞에 생명의 길과 사망의 길을 두었노라"라고 말씀하고 계신다. 또한 우리 인생의 앞길에 생명의 길과 사망의 길이라는 상반된 두 길을 예비해 두시고, 우리에게 생명의 길을 선택하고, 예수 그리스도를 구주로 믿는 결정을 함으로써 구원과 영생의 축복을 누리라고 권고하고 계신다.

병원에 입원한 자는 퇴원을 소망하고 군대에 입대한 자는 제대를 손꼽아 기다리지만, 사망의 길은 소망이 없는 곳이다. 순간의 만남, 순간의 결단을 통해 우리의 인생은 새롭게 창조된다. 인생의 갈림길이나 교차로에서 우리는 참된 선택을 할 수도 있고 잘못된 선택을 할 수도 있다. 설령 지금까지 우리가 인생의 길에서 잘못된 선택을 하며 지내왔다고 하더라도 사랑과 긍휼하심이 풍성하신 하나님께 나아온다면 모든 것이 역전될 수 있다.

폼페이는 이탈리아 남부에 위치한 도시로서 농업·상업의 중심지로 경제적으로 매우 부유한 도시였다. 잘 살다 보니까 사람들이 쾌락에 눈을 돌려서 성적인 방탕함이 극에 달했다. 집집마다 큰 술독이 20개씩 놓여 있었고, 거리 곳곳에 남녀 혼탕의 공중목욕탕이 있어서 50명의 남녀가 그곳에서 온갖 난잡한 행위를 벌였다.

시내 중심가에는 유흥가와 사창가가 밀집되어 있어서 밤낮으로 마차들이 사람들을 실어 날랐다. 성적인 타락과 방종으로 가득한 폼페이는 AD 79년 8월 24일, 베수비오 화산이 크게 폭발하여 강진과 더불어 분출한 화산재가 도시 전체를 1m 깊이로 덮어버려, 폼페이는 한순간에 역사에서 사라지게 되었다.

그로부터 1,700년 후, 밭을 갈던 한 농부의 쟁기에 돌이 걸리면서 폼페이 발굴이 시작되어 폼페이 최후의 모습이 드러나게 된다.

벨릭스 총독은 노예의 신분에서 해방되어 이스라엘 총독의 지위까지 오르게 되었지만, 부정과 부패로 백성의 원성을 사게 되어 탄핵을 받았다. 그러나 뇌물을 주고 풀려나게 되었고, 이후 휴양도시 폼페이로 가서 정부와 같이 살다가 그 이듬해 베수비오 화산의 폭발로 그 도시와 함께 흔적도 없이 사라지게 되었다.

두려움

오늘날 우리는 파블로의 개가 벨소리가 나면 즉각적으로 반응하듯이 이메일과 스마트폰 소리에 촉각을 곤두세운다. 훈련받은 개가 벨소리에 바로 달려가 꼬리를 흔들듯이 우리는 이메일과 폰에 마음을 연다.

노모포비아(nomophobia)란 단어가 말하듯이 현대인은 스마트폰에서 떨어져 있을 때 곧 두려움을 느낀다. '노모포비아'라는 단어는 'nomobile phobia, 즉 모바일이 없는 경우 인간관계, 직장, 학교생활에 불편함을 느낀다'는 의미를 가진다.

영국 우편국에서 휴대전화 사용자들이 겪는 다양한 문제를 조사한 결과 영국 국민의 3분의 2가 모바일 중독증을 경험한 것으로 나타났다. 이 현상은 비행기가 착륙하자마자 많은 사람들이 제일 먼저 휴대전화를 꺼내들고 확인하는 것을 보면 알 수 있다.

우리도 예외는 아닐 것이다. 스마트폰을 잊고 집을 나섰을 때 곧 노모포비아를 경험하는 사람들을 얼마든지 주변에서 볼 수 있다.

구글에서 검색란에 포비아리스트(phobialist)를 치면 수백 개의 두려움 목록이 나타난다. 고소공포증이 있는 사람은 높은 곳에 올라가면 극도의 불안감과 공포를 느낀다. 광장공포증은 광장과 같은 넓은 장소나 급히 빠져나갈 수 없는 장소와 같이 유사시 도움을 받기 어려운 곳에 있게 되는 것을 두려워하는 증상이다.

대인공포증은 낯선 사람과 이야기하거나, 마주치는 걸 무서워하는 공포증이다. 주사공포증은 주삿바늘을 무서워한다. 우리는 실로 두려움에 둘러싸여 살고 있다.

그런데 성경은 두려움에 속지 말라고 권고한다.

"너는 갑작스러운 두려움도 악인에게 닥치는 멸망도 두려워하지 말라"(잠 3:25).

인간의 적은 가난도 전쟁도 질병도 아니다. 그것은 두려움이다. 우리에게 무시로 다가오는 염려와 근심은 그 실체를 어디에서도 찾아볼 수 없다. 다만 우리의 생각 속에서만 존재한다. 염려와 근심은 안식과 평안을 내쫓고 불안과 두려움을 가져다준다.

프랭클린 루스벨트 전 미국 대통령은 "우리가 가장 두려워해야 할 것은 바로 두려움 그 자체다"라고 말했다. 하나님 외에는 이것을 쫓을 수 있는 무기는 없다. 근심과 걱정은 영혼을 괴롭히며 우리를 무기력하게 만든다. 안식과 평안을 얻기 위해서는 평화의 왕으로 오신 그리스도를 믿고 그분의 임재 속에 들어가 그분과 소통하고 체험해야 한다. 동유럽에서 흑사병, 페스트라고도 하는 전염병이 창궐했다.

어떤 순례자가 페스트를 만나서 어디를 가느냐고 물었다. 페스트는 대답하기를 바그다드로 5천 명을 죽이러 간다고 대답했다. 며칠 후 순례자는 바그다드에서 돌아오는 페스트균에게 항의했다. 5천 명을 죽이러 간다더니 왜 5만 명을 죽였느냐고 항의했다.

페스트균은 대답하기를 나는 약속대로 5천 명만 죽였다. 나머지 4만 5천 명은 페스트가 전염되고 있다는 두려움 때문에 죽었다고 대답했다. 두려움과 걱정은 인간의 적혈구를 파괴하고 질병을 일으켜 죽음에 이르게 한다. 그래서 성경은 365번이나 우리에게 두려워하지 말라고 권고한다. 매일의 삶 속에서 두려움을 물리쳐야 한다.

두려움을 이기는 방법이 있다.

첫째, 두려움을 덮어버릴 반대의 새로운 것, 즉 감사하는 마음으로 우리 속을 채우는 것이다. 감사할 것 다섯 가지를 떠올려 보자. 그 순간 두려움은 날아가 버린다.

"감사로 제사를 드리는 자가 나를 영화롭게 하나니 그의 행위를 옳게 하는 자에게 내가 하나님의 구원을 보이리라"(시 50:23).

둘째, 두려움을 무너뜨릴 또 하나의 방법은 목표에 집중하는 것이다. 목표 가운데서도 크고, 가슴 설레고, 대담한 목표(BHAGs: Big Hairy Audacious Goals)를 세우고 이 목표를 달성했을 때 삶을 어떻게 즐길 것인지를 시각화하기 바란다. 이제 두려움이 올 때 "아! 목표를 다시 생각할 시간이 되었구나"라고 스스로 암시하자.[20]

하나님의 은혜

'마지막 황제 브이'라는 영화를 보면 어린아이가 황제로 등극하게 된다. 황제는 1,000명의 환관을 부리게 된다. 황제의 동생이 황제에게 "만일 황제가 잘못을 저지르면 어떻게 됩니까"라고 질문을 한다. 황제는 답하기를 "내가 잘못하면 환관이 나를 대신하여 벌을 받는다"라고 답했다. 그리고 그것을 증명해 보이기 위해 옆에 있는 항아리 하나를 깨뜨렸다. 곧바로 옆에 있던 환관 하나가 불려나와 대신 매를 맞았다. 죄는 황제가 짓고 그 대가는 잘못도 없는 환관이 치르는 것이다.

그런데 하나님은 아담이 지은 죄를 죄가 없으신 자기 아들 예수 그리스도로 하여금 십자가에서 대가를 치르게 하셨다. 그래서 성경은 "우리가 아직 죄인 되었을 때에 그리스도께서 우리를 위하여 죽으심으로 하나님께서 우리에 대한 자기의 사랑을 확증하셨느니라"(롬 5:8)라고 말씀하신다.

환관은 억울하게 황제를 위해 대신 매를 맞게 되지만, 흠 없고 죄 없으신 예수님은 스스로 우리의 죄를 지고 죗값을 대신 치렀다. 하나님은 우리를 지극히 사랑하사 예수 그리스도의 십자가의 보배로운 피로 우리를 죄에서 해방하시고, 그 예수님을 믿는 자마다 멸망치 않고 영생을 얻게 하셨다. 이것이 하나님의 은혜요 복음의 진리이다.

우리의 생각과 하나님의 생각

자수판에 입힌 광목천에는 휘영청 밝은 달빛 아래 노루가 뛰놀고, 아름다운 꽃들이 만발해 있다. 그러나 그 자수판의 뒷면은 혼란과 무질서와 지저분한 실들로 가득 차 있다. 온갖 고난과 역경과 장애가 놓여 있는 우리 인생의 모습은 자수판의 뒷면과 유사하다. 그것만을 바라보면 좌절과 실망에 빠질 수밖에 없다. 앞길이 캄캄할지라도 인생의 주관자인 하나님은 자수판의 앞면이 보여주는 것과 같이 우리에게 대한 아름다운 계획을 설계하고 계신다.

하나님은 잠시라도 우리에게서 눈을 떼지 않고 지키신다는 말씀은 우리에게 큰 위로가 된다.

"주께서 내게서 눈을 돌이키지 아니하시며 나의 침을 삼킬 동안도 나를 놓지 아니하시기를 어느 때까지 하시리이까"(욥 7:19).

모세가 호렙 산에서 떨기나무 가운데 임재하신 하나님을 만났을 때 질문했다.

"당신의 이름이 무엇입니까?"

하나님은 "나는 스스로 있는 자다"라고 답했다. 오늘날 이 이름은 야훼(YHWH)로 지칭한다. 모세에게 주어진 야훼라는 이름은 세 가지로 해석된다.

첫째, 창조주로서 하나님의 속성을 나타낸다.

둘째, 인간이 도저히 이해할 수 없는 무한한 주체이다.

셋째, 자기 백성에게 항상 임재하실 것이라는 하나님의 약속을

의미한다.[21]

우리를 향하신 하나님의 생각과 길은 측량할 수 없다

하나님은 "내 생각은 너희 생각과 다르며 내 길은 너희 길과 달라서 하늘이 땅에서 높음같이 내 생각은 너희 생각보다 높으며 내 길은 너희 길보다 높다"라고 말씀하신다. 하나님은 '성경과 자연'이라는 두 권의 책을 쓴 저자이다.

인간은 이 두 책을 연구하기 위해 성경계시와 자연 질서에 대한 연구를 하기 시작했고, 각각 '신학과 과학'이라는 학문을 발전시켰다.

창조주 하나님은 모든 피조물의 주인이시며, 우주의 법칙과 질서를 만드시고 주관하고 계신다. 기계론적 세계관을 가진 자들은 세계와 자연의 모든 과정이 필연적이고도 자연적인 인과법칙의 지배를 받으며, 하나님의 도움 없이 인간의 이성으로 기계적 인과관계를 파악하고 설명할 수 있다고 주장했다.

그러나 뉴턴은 자신을 해변에서 놀고 있는 소년에 비유했다. 조개껍질 하나를 발견하고 기뻐하지만 진리의 무궁무진한 바다는 아직 발견되지 않은 채 펼쳐져 있다고 말했다. 하나님이 만드신 우주의 법칙을 이해하기 위해서는 인간은 아무리 노력해도 부족할 따름이다.

나를 단련한 후 정금같이 쓰시리라

부모가 신앙생활을 잘하는 다복한 가정에서 10대 소년이 자라고 있었다. 그런데 갑자기 아버지가 돌아가시고 가세가 기울어졌다. 엎친 데 덮친 격으로 소년은 중학교 1학년 때 축구를 하다가 공에 맞아 망막을 다쳐 시력을 잃을 위기에 처했다.

어머니와 함께 모든 병원을 다녀보았지만 시력을 점점 잃게 되었다. 신앙에 매달려 기도를 열심히 했지만 의사의 최후판정은 이제 곧 장님이 될 것이라는 것이었다. 아들이 장님이 된다는 청천벽력과 같은 소리에 어머니는 충격을 받고 세상을 떠나게 되었다. 이 소년은 졸지에 아버지와 어머니를 잃고 자신은 완전히 장님이 되었다. 위로 누나가 있고 아래로 두 동생이 있었다.

17세 누나는 세 동생을 키우기 위해 학교를 그만두고 공장에 들어가 일을 하기 시작했다. 이 어린 소녀가 받은 충격은 너무나 견디기 힘든 것이었다. 부모가 돌아가시고 학교를 그만두고 세 동생을 돌보는 소녀가장이 된 이 소녀에게는 하루하루가 너무나 힘든 나날이었다. 그래서 그만 과로로 쓰러져 누나마저 죽게 된다.

두 동생과 함께 남겨진 이 소년은 어찌 할 수 없어 어린 동생은 고아원에 보내고 다른 동생은 철공소에 점원으로 보내게 된다. 홀로 남게 된 이 소년에게 과연 무슨 희망이 있을까. 가족이 완전 분해되고, 시력을 잃고 하나님에 대한 믿음도 식어가게 되었다.

하나님이 계신다면 이럴 수가 있는가 하며 탄식하다가도 그는 하나님에 대한 신앙을 저버리지 않았다. 하나님은 더디다고 느껴질 때에 우리에게 다가오신다. 하나님은 우리가 시련과 극심한 환난 가운데 있을 때 나아갈 길을 예비하시고 도움의 손길을 베풀어 주신다.

이 소년은 절망 가운데 하나님의 도우심으로 천사와 같은 부인을 만나게 되고 계속 공부할 수 있었다. 연세대를 나오고 미국으로 유학 가서 피츠버그 대학교에서 박사학위를 받고 마침내 미국 백악관 국가장애위원회 정책차관보에 오른다. 이는 4성 장군에 해당하는 직급이며 한국인으로서 가장 고위직에 오르게 되는데, 이 사람이 강영우 박사이다.

어느 누구라도 강영우 박사의 삶을 보면서 하나님의 살아 계심을 부인하는 이는 없을 것이다. 모든 것이 끝났다고 하는 그 순간에 하나님의 도우심의 손길은 우리에게 다가온다.

성경의 욥기를 보면 욥은 동방의 의인으로서 물질적으로 가정적으로 큰 복을 받은 자였다. 지금으로 보면 빌 게이츠의 재산보다 더 많았다고 할 정도로 큰 거부였고 하나님에 대한 믿음도 신실했다.

그런데 어느 날 갑자기 재앙이 몰아쳐서 자녀 10명과 모든 가축이 몰살당하고, 집이 무너지고, 그 자신은 머리로부터 발바닥까지 종기가 나서 기와조각으로 몸을 긁는 신세가 되었다. 욥은 하나님께 매달리고 해결의 길을 찾으려고 발버둥을 쳤다. 우리는 자신에게 당한 고난이 가장 크다고 느끼지만 어느 누구라도 욥에게 닥친 고난보다 더 큰 시련을 겪는 사람은 아마 없을 것이다.

욥의 부인은 "하나님을 욕하고 죽으라"(욥 2:9)고 저주를 퍼부었다. 그러나 그는 욥기 23장 10절에서 "내가 가는 길을 그가 아시나니 그가 나를 단련하신 후에는 내가 순금같이 되어 나오리라"고 고백하며 끝까지 하나님을 신뢰했다.

욥은 하나님께 부르짖고 있지만 하나님은 여전히 침묵하신다. 욥의 형편은 점점 더 나빠졌다. "나의 기운이 쇠하였으며 나의 날이 다하였고 무덤이 나를 위하여 예비되었구나"(욥 17:1)라고 탄식한다. 무덤이 예비되었다는 것은 죽을 날이 다가왔다는 말이다.

그 후 몇 해가 지났지만, 하나님은 뒷짐 지고 계시는 분처럼 느껴진다. 이때 욥은 하나님 앞에 회개한다. "내가 스스로 거두어들이고 티끌과 재 가운데에서 회개하나이다"(욥 42:6) 하고 하나님 앞에 매달렸다. 드디어 하나님은 욥에게 오셔서 욥을 축복해 주신다. 하나님은 욥의 곤경을 돌이키시고 욥의 말년에 복을 주셔서 그 전 소유보다 갑절의 축복을 더하셨다. 욥은 이렇게 고백한다.

"내가 앞으로 가도 그가 아니 계시고 뒤로 가도 보이지 아니하며 그가 왼쪽에서 일하시나 내가 만날 수 없고 그가 오른쪽으로 돌이키시나 뵈올 수 없구나 그러나 내가 가는 길을 그가 아시나니 그가 나를 단련하신 후에 내가 순금같이 되어 나오리라"(욥 23:8-10).

스콧 펙은 ≪아직도 가야 할 길≫에서 "즐거움의 열매를 나중으로 미루는 것은 단지 즐거움과 고난의 순서를 배열하는 것에 지나

지 않는다"라고 했다. 먼저 고난을 겪으면 즐거움은 반드시 오고 만다는 것이다.[22]

이것은 히브리서 12장 11절에 보장되어 있다.

"무릇 징계가 당시에는 즐거워 보이지 않고 슬퍼 보이나 후에 그로 말미암아 연단 받은 자들은 의의 평강의 열매를 맺나니."

성경은 무수히 많은 환난과 징계와 채찍질을 당한 이들의 이야기로 가득 차 있다. 그러나 하나님은 고난 가운데 처한 성경 속의 사람들을 다루시고 연단하시고 훈련하셔서 종국적으로는 별과 같이 빛나는 위대한 인물로 만드셨다. 숲에서 가장 강한 나무는 떡갈나무다. 폭풍과 여러 자연재해에도 투쟁하며 살아남는 나무이기 때문이다.

하나님은 "사랑하시는 자를 징계하시고 기뻐 받으시는 아들들마다 채찍질하시나니 그러므로 너희에게 징계가 없으면 사생자요 참 아들이 아니라"고 말씀하신다.

우리의 인생이 끝이라고 말하는 순간 하나님은 우리를 향한 크고 비밀한 자신의 계획을 이루시기 위하여 우리의 인생에 개입하시고 역사하신다.

문제 해결사

 포드자동차 회사의 초기에 있었던 이야기이다. 발전기가 고장이 났다. 공장을 운영할 수가 없었다. 포드 사장은 발전기 분야의 가장 유명한 기술자를 불러서 수리를 부탁했다. 그 기술자는 와서 망치 하나 가지고 이곳저곳을 약 15분 동안 두드리면서 나사못을 조이자 드디어 발전기가 윙하면서 가동하기 시작했다.

며칠 후 청구서가 날아왔다. 수리비가 무려 7천 불이었다. 15분간 수리한 것이 7천 불이었다. 엄청난 액수였다. 포드는 기가 막혀서 청구서를 반송하면서 7천 불에 대한 내역을 요청했다. 그 내역은 단 두 가지였다. 하나는 망치를 가지고 발전기를 두드린 공임 10불과 다른 하나는 어디를 두드려야 할지를 알아낸 기술료 6,990불이었다.

여기에 중요한 교훈이 있다. 고장 난 발전기를 고치게 되는 것은 얼마나 많이 두드리고 얼마나 세게 두드렸느냐의 문제가 아니다. 중요한 것은 두드려야 할 곳을 제대로 두드렸느냐 하는 것이다. 기술자와 비기술자의 차이는 두드려야 할 곳을 두드릴 수 있느냐에 달려 있다.

인생살이도 마찬가지다. 우리는 일생을 살아가면서 이런 저런 어려움을 쉴 새 없이 겪게 된다. 건강의 어려움을 겪고 가정적으로 경제적으로 많은 어려움에 직면하게 된다. 문제를 해결하기 위해 동분서주하면서 이곳을 두드려 보기도 하고 저곳에 매달리기도 한다. 어떤 사람은 돈으로 해결해 보기도 하고 권력과 인력을 동원해 보기도 한다. 어떤 이는 점집이나 무당을 찾기도 한다. 그러나 이런 방법은 일시적인 방편과 위안이 될지는 모르나 인생의 근본적인 문제를 해결해 주지 않는다.

인간의 근본적인 문제는 우리가 해결하는 것이 아니라 전능하신 하나님이 해결해 주시기 때문이다. 발전기가 고장 났을 때 발전기를 만드는 기술자가 쉽게 고장 난 부분을 찾아내고 고치듯이, 인생의 막히고 고장 난 부분은 인간을 만드신 하나님께 아뢸 때 우리의 인생문제를 고쳐주시고 해결해 주신다.

하나님은 자연법칙을 만드시고 '그건 안 돼'와 '그건 돼'로 구분해 두었다. 인간은 자연에서 태어나 자연 속에서 살다가 자연으로 돌아간다. 인간은 자연의 운영방식을 끊임없이 탐구하다가 수시로 '그건 안 돼'와 맞닥뜨린다. 인류의 긴 역사 가운데 맞닥뜨렸던 두 가지 '그건 안 돼'는 연금술과 연단술이다.

중세과학의 발달에는 연금술이 중요한 한 부분을 차지하고 있다. 쉽게 구할 수 있는 금속을 변화시켜 금을 얻으려는 노력이 그것이었다. 이와는 달리 중국에서는 연금술보다는 불로장생의 약, 즉 단을 구하려는 노력으로 연단술이 크게 발달하였다.

그러나 현대적 지식으로 이 두 가지 목적은 모두 실현 불가능한 '그건 안 돼'였다. 6천 년 전 시나이 사막에 거주했던 카인 족은 야금술을 발명했다. 광석에서 구리를 추출해 내는 방법을 알아낸 것이다. 이것은 인간이 이루어 낸 '그건 돼'에 대한 성과였다.

글로벌 시대의 리더십의 정의

현대를 살아가는 개개인은 부부, 가족, 친구, 평신도로서의 위치에 있으면서 동시에 기업경영자, 종업원, 목회자 등 특정한 직위를 가지게 된다. 이 경우 각자가 다른 사람에게 영향을 미치고 있다면 그는 리더가 된다. 리더는 누구나 가정이나 직장이나 교회에서 신뢰받고 존경받기를 원한다.

리더십을 이야기할 때 늘 집착하는 잘못된 것은 리더십을 직위와 연결시키는 일이다. 높은 직위나 많은 부하를 거느리고 있는 사람에게 국한된 것이 리더십이라고 생각하기 쉽기 때문이다. 그러나 리더십은 직위나 권위의 문제가 아니라, 주변 사람들에게 미치는 영향력의 문제이다. 대부분의 사람들은 두세 개 이상의 리더 역할을 하게 된다. 직장에서 직위에 상관없이 남에게 영향을 미치게 되며, 동시에 가정에서는 가장으로서, 그리고 교회에서의 직분을 통해서 리더의 역할을 하게 된다.

전 세계에는 리더십 역할이 필요한 수백만 개의 자리가 있으며, 그 자리는 모두 채워지고 대부분 순조롭게 굴러가고 있다. 한 사람이 어떤 조직에서는 리더의 역할을 하고 동시에 다른 조직에서는 평범한 추종자 역할을 한다. 평범한 회사의 직원이 교회에서는 강력한 리더의 역할을 훌륭히 수행한다.

한 택시기사는 아마추어 연극모임의 감독이며, 회사 사장은 주차장 질서를 관리하는 일을 잘 수행하고 있다. 그러나 모두가 다 리더의 역할을 잘하는 것은 아니다. 물론 선동렬과 같이 투수와 감독으로 모두 명성을 날리는 경우도 있지만, 야구선수로 명성을 날렸다고 해서 감독으로서 자질을 인정받는 것은 아니다. 그래서 바람직한 리더십은 타인의 삶에 영향을 미치는 일을 하면서 거기에 따르는 막대한 책임을 기꺼이 받아들이고, 자신의 삶에도 엄청난 영향을 미치는 것이다.

사랑이나 예술을 아무리 잘 정의하더라도 한 가지 문제가 되는 것은 아무도 설명할 수 없는 부분이 존재한다는 것이다. 리더십의 정의도 이와 마찬가지이다. 리더십은 모순적인 측면을 가진다. 즉, 복잡하면서도 단순하며, 기술이면서도 과학이며, 개인적 특성에 근거하면서도 다중적인 인간관계가 요구된다. 따라서 리더십 연구는 많은 사람들이 좌절하고 통일된 이론을 정립하지 못하고 있는 실정이다. 이를 선사시대 동물들의 유해가 수없이 쌓여 있는 끈적끈적한 라 브레아 타르 구덩이[23]에 비유한다. 한번 발을 들여놓으면 빠져나올 수 없는 지경에 이른다는 것이다.

리더십 대가인 워렌 베니스에 의하면 리더십의 정의는 850여 가지에 이른다. 지구상에는 리더의 수만큼 다양한 리더십 스타일이 있다. 그 예로 미국 대통령을 지낸 42명의 리더십을 살펴보면, 42가지의 독특한 리더십을 발견하게 된다. 리더십은 가장 많이 읽혀지고 연구되어 온 주제이지만, 리더십 빈곤의 문제는 세계 도처에서 발생한다.

로마를 변화시킨 것은 7퍼센트밖에 안 되는 기독교인들이었다. 오늘날 한국의 크리스천 인구는 25퍼센트에 이르지만 사회와 국가에 미치는 영향력은 미미하다. 이것은 크리스천 리더들이 그 역할을 하지 못한 결과라고 볼 수 있다. 또한 선교기관이나 교회에서 발생하는 심각한 문제의 3분의 2는 리더십의 문제에서 기인한다고 한다.

리더십이 사람과의 관계를 다루는 문제라고 한다면, 교회는 물론이고 기업과 가정에서도 가장 중요한 문제가 될 것이다. 사람들은 적어도 지난 2천여 년 동안 리더와 리더십에 대해 주장하고 집필해 왔다.

성경에도 리더십에 관련된 내용이 있다.

마태복음 15장 14절에 보면 "맹인이 맹인을 인도하면 둘이 다 구덩이에 빠지리라"고 말씀한다. 리더로서의 역할을 제대로 하지 못하는 자는 추종자들을 잘못된 길로 인도할 뿐만 아니라 큰 해를 입게 된다는 의미이다. 모든 진리는 하나님의 것이지만 인간이 만든 이론이 다 하나님의 것일 수는 없다. 왜냐하면 진리의 수준에 이르지 못하는 이론이 존재하기 때문이다.

성경에는 수백 가지의 경영학 이론이 제시되어 있으며, 그중에는 리더십도 포함된다. 오늘날 세속화로 말미암아 기독교적 원리는 기업의 문화와 서로 상반된 존재가 되었다. 어떤 기업에서든지 그리스도인 기업가라면 항상 세속화에 대한 긴장과 갈등에 싸여 있게 된다.

성경적 원리에는 세상에서 보편적으로 받아들일 수 없는 상반된 논리가 존재한다. 그중에서 "주는 것이 받는 것보다 낫고"(행 20:35), "첫째가 되고자 하면 뭇사람의 끝이 되며… 섬기는 자가 되어야"(막 9:35) 한다는 역설적인 논리가 있다. 이는 기업의 존재 목적이 이윤극대화에 있고, 치열한 경쟁에서 살아남기 위해서는 남과 차별화되어야 한다는 기업문화와 어긋난다. 따라서 크리스천 기업인이 직장에서 성공적인 리더십을 수행하면서도 크리스천 리더십을 적용하는 데는 갈등과 긴장을 겪게 된다.

경영학적 리더십은 크리스천 리더가 되기 위한 필요조건이지 충분조건은 아니다. 크리스천 리더가 되기 위해서는 경영학적 리더십만으로 부족하고 경영학적 리더십에서 충족되지 않는 크리스천 리더십을 실천해야 한다.

리더의 조건

비행기를 타면 으레 승무원으로부터 듣는 안내방송이 있다. 안전벨트 매는 방법, 비상구의 위치 등을 설명하지만 시범을 보이는 승무원에게 귀를 기울이는 사람은 거의 없다. 여기서 승무원의 안내방송 중 비행기의 객실 압력이 낮아지는 특별한 상황이 있다. 객실 압력이 낮아지면 머리 위에 있는 선반에서 산소마스크가 자동적으로 떨어진다는 설명을 한다. 그럴 경우 승무원이 말하는 승객의 행동요령은 다음과 같다. 어린아이나 노약자와 동행하더라도 다른 사람을 도와주기 전에 자신이 먼저 산소마스크를 착용하라는 것이다.

노약자를 돌봐주기 전 자신을 먼저 챙기는 것은 얼핏 예의에 어긋나고 자기중심적인 행동으로 비쳐진다. 특히 레이디 퍼스트와 남을 배려하는 정신으로 가득 찬 미국에서는 더욱 그러하다. 그러나 이 경우는 예외이다. 객실 압력이 낮아지면 산소가 부족해지고, 저산소증 하에서는 방향감각을 잃고 판단력을 잃게 되어 비행기의 정상적인 순항고도 약 10,000m에서는 5초 안에 의식을 잃어버리게 된다.

이런 경우 자신의 안전을 생각하지 않고 옆 사람을 도운다고 가정해 보자. 극심한 공포와 저산소증으로 인해 옆 사람도 고분고분하지 않고 마구 발버둥을 치는 상황을 생각할 수 있다.

당신이 옆 사람을 돌보느라 시간과 에너지를 소모하는 동안 정작 자신의 의식유지에 반드시 필요한 산소가 고갈될 것이며, 그 결과 당신 역시 급속하게 힘을 잃게 될 것이다. 결국 두 사람 다 심각한 위험에 빠진다.

일상생활에서도 이 원리는 적용된다.

리더는 이웃 사람을 섬기고 도와주는 역할을 함으로써 다른 사람들에게 영향을 끼치는 자이다. 다른 사람에게 실질적인 도움을 주기 위해서는 먼저 자신이 필요한 육체적, 정신적, 경제적 에너지를 늘 여유 있게 갖추고 있어야 한다. 이 필수요건 가운데 한 가지라도 부족하면 다른 사람을 효과적으로 도울 수 없게 된다. 즉 리더가 되기 전 효율적인 자기관리가 우선과제이다.

기업의 최고경영자의 자질을 분석한 결과에 의하면 최고경영자는 평균적으로 일반인보다 두배 높은 자신감을 가지고 있다. 그리고 일반인보다 자기관리능력은 일곱배, 목표성취성향은 두배, 그리고 공감대형성능력과 팀워크기술은 세배 뛰어나다고 한다.

예수의 리더십

예수는 공생애의 사역을 하기 전 가장 먼저 자신에 대한 리더십을 함양하는 일을 함으로써, 하나님의 사역을 하기 위한 기초를 다졌다. 예수는 요한에게 세례를 받은 후 바로 제자들을 모으고 가르친 것이 아니라 광야로 나가 40일간 금식한 후 마귀로부터 시험을 이겨내는 일련의 리더십 확립과정을 겪었다. 그리고 하나님의 아들로서 이 땅에서 구원의 사역을 이루고자 하는 분명한 정체성을 확인하게 되었다. 이러한 예수의 자신에 대한 리더십 확립은 모세나 바울의 변화과정에서도 볼 수 있다.

모세의 광야에서의 훈련과정이나 바울의 다메섹 체험과 아라비아에서의 변화과정은 모두 자신에 대한 리더십의 확립과정으로 볼 수 있다. 위대한 리더는 먼저 자신과의 싸움에서 승리해야 한다. 자신의 탐색과 훈련이야말로 남에게 영향을 끼치는 리더가 되는 과정에서 가장 우선시해야 될 내용이다. 911테러는 사람들로 하여금 지금까지 잘못된 가치의 우선순위를 바꾸게 만들었다.

당시 전 세계 기업의 최고경영자들은 입을 모아 "가족을 먼저 생각하라"고 조언을 했다. 그 결과 사람들은 일보다 먼저 가족과 개인의 삶에 초점을 맞추게 되었다. 물질적 욕구를 채우기 위해서 매진했던 현대인들은 자기 인식, 자기 관리, 사회의식들에 큰 관심을 보이게 되었고, 개인의 리더십을 가장 우선적으로 생각하게 되었다.

예수는 자신의 리더십을 확립한 후 제자들을 불러 모으고, 그들과의 신뢰관계를 바탕으로 한 리더십을 쌓아 나갔다. 그리고 군중과 교회에서 가르치는 사역을 시작했다. 예수의 리더십모형은 제자들에게 그대로 적용되었다. 예수는 리더가 될 자격이나 요건을 전혀 갖추지 못한 열두 제자를 선택한 후 개인에 대한 리더십에서 시작하여 상대방과의 일대일 리더십, 팀 리더십으로 훈련시켰다. 예수님은 열두 제자를 가르칠 때 바로 성에 나가 사람들을 만나서 복음을 전하는 일과 병자를 고치고 가르치는 일을 하라고 하지 않았다. 먼저 자신의 리더로서의 자질을 함양한 후 나가도록 배려하였다.

"볼지어다 내가 내 아버지께서 약속하신 것을 너희에게 보내리니 너희는 위로부터 능력으로 입혀질 때까지 이 성에 머물라 하시니라"(눅 24:49).

예수는 제자들에게 복음을 전하는 사역을 감당하기 위해서는 무엇보다도 우선되어야 할 과제가 자신의 리더십을 확립하는 일이라는 점을 강조하였다. 이러한 예수의 리더십 확립과정은 기업 리더들에게도 적용된다. 기업 리더는 먼저 자신의 강점, 약점, 기술, 그리고 현재의 마음상태 등을 파악한 후 다른 사람과의 관계를 점검하고, 팀과 조직의 관계를 정립해 나가야 한다.

황금률

인생의 가장 고귀한 가치를 일목요연하게 가르쳐 주는 성경 구절은 워싱턴 국회의사당 중앙 돔에 새겨져 있는 미가서 6장 8절이다.

"사람아 주께서 선한 것이 무엇임을 네게 보이셨나니 여호와께서 네게 구하시는 것은 오직 공의를 행하며 인자를 사랑하며 겸손하게 네 하나님과 함께 행하는 것이 아니냐."

이 구절에서는 인생의 가장 고귀한 가치로서 하나님과 사람들 앞에서 공의(justice)와 인자(mercy)를 실천하고, 모든 일에 겸손(humility)하게 행할 것을 가르치고 있다. 이러한 가치들은 개인의 삶뿐만 아니라 기업에 있어서도 최우선순위가 되어야 한다.

크리스천 기업의 존재이유는 하나님과 이웃을 사랑하기 위해서이다. 즉 하나님께 영광을 돌리고 이웃을 섬기기 위해 기업을 경영한다. 하나님께 영광을 돌린다는 것은 기업경영에 빛을 비춤으로 하나님이 기업가들에게 맡겨진 귀한 사명, 즉 그의 백성들의 삶을 돌보고 섬기는 것이다. 이것이 크리스천 기업가의 비전이다. 성경의 규범원리를 회사의 핵심이념에 반영하여 세계 최고의 기업에 오른 기업이 있다.

휴렛 팩커드(HP)는 기업의 핵심가치와 목적을 성경의 황금률[24]로 정하고, 조직의 구성원들에게 고객을 대하는 원리를 제시하여 사무기기 분야의 최고수준에 이르렀다.[25]

휴렛 팩커드는 회사의 설립이념을 영원히 변하지 않는 핵심가치

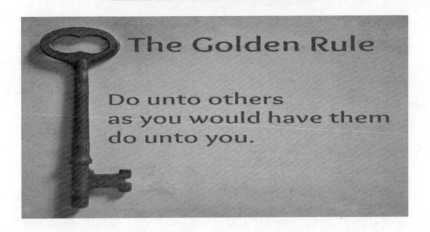

(core values)와 때에 따라서 변할 수 있는 방침(practices)으로 구분하고, 이익보다 더 소중한 가치가 있기 때문에 회사가 존재한다는 점을 핵심가치에 분명히 밝히고 있다. 휴렛 팩커드의 CEO 존 영은 HP가 추구해야 할 방향을 제시했다.

"HP는 한 사람 한 사람을 존중하고 그들에게 관심을 가진다. 남들이 네게 해주었으면 하고 바라는 만큼 너도 남들에게 베풀라고 하는 성경의 황금률(Golden rule)이 HP가 추구하는 전부다"라고 말했다. 휴렛 팩커드가 성공한 이유는 황금률을 기업의 핵심가치로 삼고 황금률을 실천하는 것이 이해관계자 집단에 대한 책임을 다하는 일이 되기 때문이다.

휴렛 팩커드의 창업자인 윌리엄 휴렛은 "내 인생을 되돌아보았을 때 가장 자랑스러운 일은 우리 회사의 가치관, 활동, 성공이 전 세계의 기업경영 방법에 엄청난 영향을 끼쳤다는 사실이다"라고 회고하고 있다.

예수는 유대교 경전에 쓰여 있는 수백 개의 율법과 규례를 단 하나의 황금률로 바꾸었다.

"무엇이든지 남에게 대접을 받고자 하는 대로 너희도 남을 대접하라"(마 7:12; 눅 6:3)고 함으로써 수많은 율법을 단순화시켰다. 성경의 황금률은 인간관계에 대한 개인적인 지침으로서 솔직함과 공감을 높여주는 강력한 원동력이 된다.

성경의 황금률의 시행은 자본주의 경제에서의 개선을 가져올 수 있다. 주주들이 정당한 이익을 돌려받기 원하는 주장들과 제품에 대한 불만을 토로하고, 항의하는 고객이나 환경개선을 요구하는 구성원을 대할 때 경영자가 황금률을 따른다면 도덕적 해이(moral hazard)의 문제나 구성원 간의 갈등은 줄어들 것이다.

황금률을 실천하다 보면 당장은 손실을 가져올 것 같지만, 갈등의 치유와 마음을 열어놓는 관계개선을 통하여 윈윈(win/win)의 결과를 가져올 것이다. 성경은 부의 축적보다는 나눔에 보다 높은 가치를 두고, 이득을 얻고자 하는 것보다는 희생하는 것에 보다 높은 가치를 두기 때문에, 이와 같은 우선순위가 기업의 사명에 반영되어야 한다.

HP의 창업자 중 한 명인 데이브 팩커드는 "많은 사람들은 기업이 돈을 벌기 위해 존재한다는 잘못된 생각을 가지고 있다. 수익은 경영의 적절한 목적이 아니고 다른 모든 목적들을 가능하게 하기 위함이다"라고 말했다. 그리스도인에게 있어서 소유권은 절대적이지 않고, 청지기로서 관리하도록 하나님으로부터 위임된 것이다.

마태복음 25장 14-30절에 나오는 청지기의 비유에서 성경적 관점의 기업관을 볼 수 있다. 주인이 종 세 명에게 각자 능력에 따라 소유를 맡긴 후 나중에 결산하는 예화가 나온다. 주인은 맡긴 돈으로 각각 100퍼센트의 수익을 가져온 두 명을 칭찬하고, 그냥 묻어 둔 자를 책망한다. 그리고 묻어둔 자의 것을 뺏어서 남긴 자 중에서 가장 많이 남긴 자에게 준다. 이 예화는 기업의 목적을 이윤 극대화에 두는 것이 성경적 원리에 어긋나지 않는다는 것을 보여 준다. 또한 열심히 성실하게 일한 대가를 받는 자본주의의 원리와 빈익빈 부익부의 원리[26], 그리고 소유와 경영의 분리 원칙을 보여 준다.

크리스천 기업 리더는 소명을 받은 청지기로서 이 땅에 사는 동안 하나님이 맡겨 주신 소유를 가지고, 우리의 재능과 능력을 발휘하여 충분한 수확을 거두고, 이웃에게 나눔을 실천해야 할 것이다. 바울은 모든 그리스도인이 일터에 나가서 일을 할 때는 모든 일을 주께 하듯 하라고 권면하고 있다(엡 6:7). 리더는 하나님이 맡겨 주신 모든 것을 관리하는 사람이며, 하나님은 그 자신이 투자한 것에 대해 최대한의 수확 얻기를 기대하신다.

명상

 로댕의 '생각하는 사람'은 명상을 강조하는 조각물이다. 건강 다음으로 인간에게 중요한 것은 명상 또는 사색이다. 명상은 내면을 성찰하고 무언가를 음미하기 위해 스스로 선택한 홀로 있는 상태를 의미하며, 내적 성숙의 시간을 갖는 것을 말한다. 예수님은 "너는 기도할 때에 네 골방에 들어가 문을 닫고 은밀한 중에 계신 네 아버지께 기도하라"(마 6:6)고 말씀하신다. 또 시편 기자는 "지존자의 은밀한 곳에 거주하며 전능자의 그늘 아래에 사는 자여… 그가 나를 푸른 풀밭에 누이시며 쉴 만한 물가로 인도하시는도다"(시 91:1, 23:2)라고 읊고 있다.

하나님은 아브라함을 여러 차례 산정상의 고독한 환경에서 부르셨다. 모세는 십계명을 받는 데 사십일 밤낮을 기다렸다. 예수님조차 언제나 고독 가운데 기도에 정진하셨다. 바울은 아라비아 사막에서 3년을 고독과 명상 가운데 보냈다. 명상이 깊어질수록 계시는 더 위대해진다. 고독은 성장의 시작이다. 위대한 생각은 마음의 고독에서부터 잉태된다.

"너희는 가만히 있어 내가 하나님 됨을 알지어다"(시 46:10).

마음의 고독은 하나님에 대한 깨달음을 가져온다.

로크는 "독서는 다만 지식의 재료를 줄 뿐 그것을 자신의 것으로 만드는 것은 사색이다"라고 말했다. 그런데 오늘날 현대인에게서 사색의 시간을 앗아가는 삼종세트가 있는데, 그것은 스마트폰과 TV, 그리고 인터넷이다. 이것들이 현대인들로 하여금 마음의 골방을 찾아가는 것을 방해하고 생각하는 힘, 즉 사색하는 시간을 앗아간다. 일찍부터 사색에 길들여져 있고, 사색을 즐기며 살아가는 자는 금광을 얻은 자와 같다. 고아들이 세계 역사에서 두각을 나타낸다는 확실한 통계가 있다.

스위스 정신의학자에 의하면 부모 잃은 고아가 세계에서 큰 역할을 담당하고 있다고 한다. 고통에 대한 경험은 생을 살아가는 데 놀라운 창조력을 발휘하고 뛰어난 역량을 나타낸다. 고아나 사생아 출신으로 알렉산더 대왕, 시저, 루이 14세, 히틀러, 레닌, 스탈린, 모세, 마호메트, 사르트르, 공자, 루소, 데카르트, 파스칼, 다빈치, 바흐, 루소, 까뮈, 단테, 톨스토이, 볼테르, 도스토예프스키, 오프라 윈프리 등을 들 수 있다.

사색의 긍정적인 에너지(solitude power)를 활성화하는 자는 내면으로부터 샘솟는 광채와 창의적인 에너지를 갖게 된다. 금세기 최고의 미인은 이러한 사색에너지를 가진 자다. 사색효과(solitude effect)는 스스로 선택한 고독 속에 빠져들 때 용기와 결단이 생기고, 균형감각과 생각하는 힘을 소유하며, 스트레스 없는 인간관계를 유지하게 된다.

21세기형 아름다운 인간은 사색형 인간이다.

괴테는 "인간은 사회에서 여러 가지를 배울 수 있다. 그러나 영감을 얻는 것은 오직 고독에 의해서만 가능하다"라고 했다.

피카소는 "사색(solitude) 없이는 중요한 작품이 나오지 않는다. 혼자라는 것은 절망의 시간이 아니라 창조를 위한 시간을 가지는 것"이라고 했다.

또한 릴케는 "당신은 당신의 사색을 사랑해야 한다. 가장 중요한 교육은 사색을 통해 스스로 배워야 한다. 다양한 능력이 요구되는 현실에서 가장 중요한 것은 생각하는 힘을 갖는 것이다"라고 했다. 과학자의 90퍼센트는 한가로이 혼자 쉬고 있을 때 영감을 얻었다. 가장 자유로운 마음상태에서 영감과 지혜가 떠오른다. 사람이 가장 자유로운 상태는 자신과 대화를 할 때이다.[27]

창의적인 사고

오즈의 마법사에서 등장인물들이 지능, 마음, 용기를 갖추기 위해 마법사에게 도움을 구했는데, 나중에 알고 보니 이것들은 원래부터 그들이 가지고 있었던 것으로서 다른 누구에게서 구할 필요가 없었다. 이처럼 우리 모두에게는 이미 하나님으로부터 주어진 지혜가 있으므로 그것을 찾고 구해야 한다. 이에 잠언에서는 반복해서 지혜를 구하라고 가르친다.

지혜는 그것을 "얻는 자에게 생명이 되며 그의 온 육체의 건강"(잠 4:22)이 된다고 한다. 지혜는 지식을 아름답게 사용할 수 있는 능력이다. 그렇기 때문에 대단히 지혜로운 자가 되려면 좋은 지식을 많이 가져야 한다. 지혜를 얻기 위해서는 지식을 풍성히 가져야 하기 때문에 성경은 지혜 못지않게 지식과 명철을 구하라고 한다.

잠언 2장 3절에서는 "지식을 불러 구하며 명철을 얻으려고 소리를 높이라"고 한다. 또 욥기 38장 36절에서는 "가슴속의 지혜는 누가 준 것이냐"라고 묻는다.

인간의 잠재력은 사랑의 대상이 사람이든 하나님이든 일이든 간에 사랑을 통하여 가장 잘 표출된다. 이것이 잠재력을 실현하는 곳이 기업이나 학교보다는 비영리단체가 되는 이유다.

미래사회는 지식사회이며, 지식근로자가 노동력 가운데 지배적 집단이 될 것이다. 지식사회의 특징은 국경이 없고, 이동이 쉬우며, 성공뿐만 아니라 실패 가능성도 높아진다. 이 세 가지 특성이 상승 작용을 하여, 지식사회를 고도의 경쟁사회로 만들어 갈 것이다. 이러한 미래사회의 근간이 되는 지식의 특성은 급격히 진부화된다.

대부분의 지식은 3년 또는 그 이하의 수명을 갖고 있으며, 배워야 할 지식은 매 18개월마다 계속해서 2배로 증가한다. 그러므로 끊임없이 새 지식을 얻기 위해서는 창조적 전략을 세워 투자해야 한다. 여기에는 리더의 모험적 사고, 약진하는 상상력, 그리고 새로운 지식을 만들어 내려는 창의적 통찰력이 필요하다.

인간의 모든 지식을 한꺼번에 한 장소에 집결시키려는 인류 최초의 시도가 알렉산드리아 도서관을 만들어냈다. 최근 이러한 시도를 구글이 하고 있다. 구글 로봇은 지금 이 시간에도 쉬지 않고 전 세계의 웹페이지를 돌아다니며 새로운 웹페이지를 찾아 업데이트한다. 구글 로봇이 자신의 웹페이지를 방문했는지를 보려면 웹로그의 기록을 보면 알 수 있다. 거기에는 구글로봇이 부지런히 자신의 웹페이지를 왔다간 흔적을 볼 수 있다.

1887년 3월 6일 저녁 경복궁 내 건청궁에서 우리나라 최초의 백열등 점열식이 거행되었다. 이날은, 해 뜨면 일하고 해지면 휴식을 취하는 수천 년 동안 내려온 이때까지의 생활습관이 무너지고, 일할 수 있는 하루 12시간이 24시간으로 연장되는 역사적인 순간이었다.

경영학에서는 벤치마킹(benchmarking)에 열광한다.

어느 특정 분야에서 우수한 상대를 표적으로 삼아 자기 기업과의 성과 차이를 비교하고, 이를 극복하기 위해 그들의 뛰어난 운영 프로세스를 배우면서 부단히 자기혁신을 추구하는 경영기법이다. 즉 뛰어난 상대에게서 배울 것을 찾아 배우는 것이다. 이런 의미에서 벤치마킹은 "적을 알고 나를 알면 백전백승"이라는 손자병법의 말에 비유되기도 한다.[28]

현시대의 위인이나 역사적 인물들은 남의 아이디어를 가져다가 자신의 독창적인 생각을 가미하여 위대한 성과를 거두는 것을 볼 수 있다. 루터 킹 목사는 인권운동 아이디어를 간디의 사상에서 빌렸고, 간디는 미국의 여성투표권 쟁취운동가였던 앨리스 폴을 따라 비폭력운동을 펼쳐나갔다. 역사에 남는 획기적인 아이디어에는 새로운 사실이 없다. 다만 새로운 조합이 있을 뿐이다.

독창성

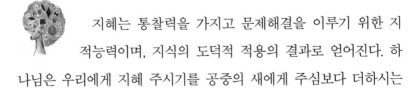

지혜는 통찰력을 가지고 문제해결을 이루기 위한 지적능력이며, 지식의 도덕적 적용의 결과로 얻어진다. 하나님은 우리에게 지혜 주시기를 공중의 새에게 주심보다 더하시는

분이다(욥 35:11).

스티븐 스필버그는 창의적인 생각을 현실화하여 '조스', '인디아나 존스', '라이언 일병 구하기', '쉰들러 리스트' 등 선구자적 블록버스터들을 쏟아냈다. 지식이 지혜로 바뀔 때 아이디어가 된다. 하나님은 공중의 새나 바다의 물고기에게도 지혜를 주어서 자신들의 문제를 해결하게 만드시고, 인간에게는 그보다 더 큰 지혜를 주신다. 공중의 새와 바다의 물고기에게 하나님이 어떻게 지혜를 주시는지를 살펴보기로 한다.

터키의 타우르스 산맥에 서식하는 두루미는 날아가는 동안 무척 시끄러운 소리를 낸다. 이 소리를 멀리서 독수리가 알아듣고 날아와 두루미를 잡아먹는다. 그중 현명한 두루미는 무리를 지어 날지 않고 혼자 날아가는데 날기 전에 입안 가득히 자갈을 채운다. 입안에 자갈이 가득하게 되면 입에서 소리가 나지 않으므로 독수리의 안테나에 잡히지 않게 되고 목적지까지 안전하게 날아간다.

성경 잠언에 보면 "미련한 자의 입술은 다툼을 일으키고 그의 입은 매를 자청하느니라"(잠 18:6)고 하였다. 하나님은 하찮은 두루미 한 마리에도 지혜를 주셔서 어려움을 헤쳐 나갈 수 있는 길을 예비해 주신다. 참새 한 마리도 하나님께서 허락지 않으시면 땅에 떨어지는 법이 없다. 하물며 하나님의 형상대로 지음 받은 우리 인간에게 대한 하나님의 사랑과 자비는 무한하다.

북태평양에 서식하는 흑고래의 사냥방식은 두 가지인데 그 하나는 '팀워크 사냥'이다. 10마리 정도가 바다 한가운데에서 원을 만들어 거품을 내면 많은 고기 떼와 멸치 떼가 원안으로 몰려든다. 흑고래들은 한 마리씩 돌아가면서 천천히 입을 벌려 식사를 한다. 고래는 버블경영을 통하여 먹이를 해결한다.

고래 입에서 나오는 거품이 바로 흑고래의 물고기 유인전략인 것이다. 고래가 입으로 산소가 있는 거품을 만들면, 기포가 있는 곳으로 물고기들이 몰린다.

고래는 거품이 일면 먹이가 몰려온다는 사실을 알고 먹이 사냥에 나선다. 이것이 하나님이 고래에게 준 지혜이다. 천재는 1퍼센트의 영감과 99퍼센트의 땀으로 이루어진다고 한다. 이 말의 의미는 인내와 노력이 중요하다는 의미로 자주 거론되고 있지만, 실상은 99퍼센트의 노력이 있더라도 1퍼센트의 영감이 없으면 아무 소용이 없다는 뜻이다. 1퍼센트의 창의적인 생각과 영감을 가진 소수의 사람들에 의해 인류의 획기적인 발명과 업적이 이루어져 왔다.

중국 송나라의 문인 구양수는 착상이 떠오르는 세 곳으로 말위와 침실과 화장실을 꼽았다. 오늘날 아이디어가 떠오르는 세 곳은 샤워실과 산책길과 침실이라고 한다. 그러나 어느 곳에 있든지 천천히 생각하고 마음의 평정을 유지하는 곳에서 창의적인 아이디어를 얻을 수 있다. 피카소는 가장 독창적인 아티스트로 인정받는다. 피카소는 "내가 쉬는 시간은 작품을 만드는 데 몰두할 때다. 나를 피곤하게 만드는 때는 아무것도 안 하거나 방문객을 맞이할 때다"라고 말했다. 진정 피카소와 같이 자신의 직업(vocation)을 여가(vacation)로 만드는 사람은 창의적인 성공자다.

피카소는 다작으로 유명하다. 평생 8만 점 이상의 작품을 남겼다. 이 숫자는 매일 쉬지 않고 평생 그려야 하는 분량이다. "다른 화가가 한 장의 작품에 100일 걸리는 것을 나는 며칠 사이에 100장의 습작을 그린다"라고 고백했다. 양이 질을 초월한다는 말이 있다. 적은 양으로 손쉽게 성과를 내는 것보다 많은 양으로 승부를 결정하는 것이 나을 수 있다. 입시 경쟁률이 높아질수록 합격생의 성적이 높아지는 경향이 있다.

모차르트는 작곡을 할 때 서너 개의 착상을 한꺼번에 진행했던 유일한 천재 작곡가이다. 바흐, 헨델, 베르디 등도 많은 불후의 작품을 남겼지만 한 번에 한 곡 이상은 작곡하지 않았다.

프랑스 철학자 베르그송은 "노력과 창조는 상관성이 있다"라고 했다. 창조 행위는 천부적인 재능으로 만들어지는 것이 아니라 우리가 근육을 쓰는 것과 같이 노력을 필요로 한다. 심리학자 알프레드 아들러는 성공을 위한 밑거름으로 콤플렉스를 들고 있다. 성공을 위해서는 콤플렉스가 있는 것이 좋고 실패와 좌절의 경험도 유익하다고 했다. 창조력과 판단력은 지킬 박사와 하이드 씨와 같이 이중 인격자의 성격을 지닌다. 한 사람의 인격 속에 비판정신으로 가득하면 창조력이 위축되고, 판단을 줄이면 창조정신이 살아난다.

성경은 비판정신을 경계하라고 권고한다.
"비판을 받지 아니하려거든 비판하지 말라"(마 7:1).
인간은 생각하는 태도에 따라 하루가 24시간보다 길어질 수도 있고 짧게 느껴질 수도 있다. 의미 없이 하루를 보낼 때 하루는 20

시간밖에 안 되는 것처럼 느껴지고, 알차게 보내면 30 내지 40시간이 되는 것처럼 여겨진다. 상상력은 지식보다 소중하다.

일본 여성육상선수로서 시합에서 우승한 쥰코는 시합 전 자신이 시상대에서 1위로 서 있는 모습을 상상했다. 우뇌에서 상상으로 이미지를 확실히 볼 수 있다면 모든 일이 이미지대로 실제로 나타난다. 셰익스피어의 ≪로미오와 줄리엣≫은 페르시아의 민담 〈레일라와 메즈눈〉을 그대로 가져온 것이다. 그러나 셰익스피어는 레일라와 메즈눈에다 창의적인 생명력을 불어넣어 후세에 길이 남아 감동을 주는 로미오와 줄리엣을 창작했다.

오늘날 〈레일라와 메즈눈〉을 기억하는 사람은 없어도 셰익스피어가 쓴 ≪로미오와 줄리엣≫은 모르는 사람은 없을 정도로 놀라운 생명력을 가지고 우리에게 감명을 준다.

창의적인 사고 사례

 창의적인 사고를 통해 획기적인 성과를 가져온 예를 들어보자.

① 창의적인 사고의 결과 독창적인 우리말 한글을 창안한 세종대왕과 인터넷의 발명으로 컴퓨터 대중화에 기여한 빌 게이츠를 비교해 보자.

세종대왕은 1443년 한글 창제 후 지금까지 600년 동안 한 번도 새로운 버전을 내놓지 않을 만큼 훌륭한 문자를 창안했다. 저작권도 주장하지 않고 누구나 마음 놓고 무료로 쓰게 한다.

그러나 빌 게이츠는 불완전한 버전을 출시해 놓고 소비자가 손에 익힐 만하면 늘 새로운 버전을 내놓는다. 구 버전을 쓰던 사람이 새 버전으로 옮겨 가려면 저작권을 주장하여 다시 큰돈을 요구한다. 빌 게이츠가 세계 제일의 갑부가 되었다고 하나 세종대왕에 비하면 격이 떨어지는 면이 있다.

빌 게이츠는 인터넷 혁명을 통해 누구나 컴퓨터를 접할 수 있도록 획기적인 성과를 가져왔지만 그의 마이크로소프트사가 가진 초창기 유일한 공장 자산으로는 직원들의 상상력뿐 이었다.

② 영화감독으로 '쥬라기 공원', 'ET' 등 성공적인 영화만을 제작해 온 스티븐 스필버그가 영화회사 드림웍스 SKG를 설립하고 기업을 공개하자 단번에 20억 불 자본을 조달하였다. 투자자들은 영화회사의 자본력이나 회사의 규모를 보고 투자하지 않고, 스티븐 스필버거의 재능과 실력을 보고 투자한다.

③ 〈아라비안나이트〉는 창조적 사고를 가진 여인이 생명을 구한다는 이야기이다. 여성 불신에 빠진 샤리언 왕은 매일 밤 결혼식을 올리고 다음날 아침 신부를 참수하여 죽인다. 세라지드 처녀가 왕에게 시집을 가게 되었다. 그녀는 사형을 연기시키기 위하여 1001일 밤 동안 매일같이 새로운 이야기를 왕에게 들려주었다. 이를 〈천일야화〉라고 한다.

어린 시절 여름밤에 마당의 들청 마루에서 할머니가 매일 들려주는 옛날이야기를 들은 기억이 있다. 그때 할머니는 이틀만 지나면 늘 똑같은 이야기를 들려주기 때문에 이야기가 시작되면 곧 잠이 든 기억이 있다. 독창적인 이야기를 매일 한다는 것은 매우 어렵다.

창의적인 두뇌 회전이 있어야 가능하다. 더구나 1001일 동안 왕이 흥미를 가질 수 있는 이야기를 매일 새롭게 들려준다는 일은 쉽지 않다. 결국 창의적인 사고를 가지고 매일 새로운 이야기를 창조해 낸 처녀가 살아남았다. 오늘날과 같이 경쟁이 심하고 불황이 심한 환경 가운데서는 창의적인 아이디어를 지닌 기업만이 살아남을 수 있다는 교훈을 우리에게 준다.

④ 아담은 에덴동산에서 50만 종이 넘는 들짐승, 길짐승, 새들이 자기 앞을 지나갈 때 그 짐승의 특징에 맞게 이름을 지어주었는데, 하나도 중복되지 않고 빠뜨리지 않고 지어 주었다.

"모든 가축과 공중의 새와 들의 모든 짐승에게 이름을 주니라"(창 2:20).

아담의 아이큐는 200보다 훨씬 높았을 것이다. 에덴동산에서 타락하기 전 그의 마음과 정신은 하나님의 지혜와 계시, 재능과 모략, 지식과 여호와를 아는 영으로 충만하였다. 가장 자유로웠고 창의적인 생각으로 가득했다. 하나님은 아담을 로봇같이 창조하지 않고 순종과 불순종을 선택할 수 있는 자유의지를 주셨다. 인간과 로봇의 차이는 무엇인가? 로봇은 프로그램대로 절대 순종하지만 하나님께서는 인간을 창조하실 때 그것을 원하지 않으셨고 자유의지에 따라 하나님의 뜻을 따르도록 만드셨다.

⑤ 로마 숫자(Ⅰ, Ⅱ, Ⅲ…), 중국 숫자(一, 十, 百…), 아라비아 숫자(1, 2,

3···) 중 전 세계적으로 통용되는 숫자는 아라비아 숫자이다. 그 이유는 아라비아 숫자 끝자리에 그저 0만 붙이면 큰 단위 숫자를 간단히 만들 수 있기 때문이다. 이처럼 인간은 같은 표기방법이라도 간단한 방법의 도구를 더 선호하면서 발전해왔다. 창의적인 아이디어는 항상 단순한 것에서 도출된다.

리더십의 특성

리더십은 한마디로 영향력이라고 말할 수 있다. 한 마리의 사슴이 이끄는 100마리의 호랑이 무리와 한 마리의 호랑이가 이끄는 100마리의 사슴무리가 전쟁을 한다면 누가 이길까? 당연히 사슴이 이끄는 호랑이 100마리가 이길 것이다. 그러나 리더십과 관련하여 생각하면 상황은 달라진다. 두 무리에 공통적으로 리더의 역할이 매우 중요하다고 가정하자.

한 마리의 사슴이 이끄는 호랑이들은 자기들의 리더인 사슴을 닮게 되어 야성을 잃고 온순하게 변하게 되고, 전쟁을 하는 방식도 사슴과 비슷하게 된다. 그러나 한 마리의 호랑이가 이끄는 100마리의 사슴들은 호랑이를 따라 전쟁을 하는 방식도 호랑이처럼 용맹하게 싸우는 맹수로 탈바꿈하게 된다.

리더십 이론에 의하면 결국 한 마리의 호랑이가 이끄는 100마리 사슴들이 승리하게 된다. 이처럼 리더의 역할을 매우 중요하며, 리더의 비전과 태도가 추종자들의 행동과 태도에 절대적으로 영향을 미친다.

리더십은 영향력이다

한 마리 사슴이 이끄는 사자군단

한 마리 사자가 이끄는 사슴군단

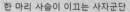

결론 : 두 집단의 싸움에서 승자는
한 마리 사자가 이끄는 사슴군단이다.

러시아가 미국에게 알래스카를 사라고 제의했다. 그 당시 알래스카는 러시아 땅이지만 지리적으로는 미국 대륙에 속해 있었다. 이에 미국의회는 "얼음덩어리를 사서 무엇하겠는가"라고 하며 강력히 반대했다. 그 당시 재무장관이었던 윌리엄 씨워드는 얼음을 보고 사자는 것이 아니라 그 속의 보화를 보고 사자고 주장했다. 우리 세대를 보고 사는 것이 아니라 다음세대를 생각하고 사자고 설득했다. 결국 미국은 알래스카를 720만 불에 매입하게 되었다.

그런데 그 얼음덩어리 속에는 석유 1천 배럴과 천연가스, 그리고 황금이라는 보물이 무진장으로 매장되어 있었다. 알래스카 주는 그것을 발굴하여 미국 전체에서 가장 부유한 주가 되었다. 미국의 다른 주에서는 주민이 세금을 내지만 알래스카 주는 정부에서 오히려 주민들에게 돈을 나누어주고 있다. 비전을 가진 한 지도자의 선택이 큰 유익을 가져왔다.

리더십의 특성을 살펴보자.

1. 도덕·정직(Moral / Honesty)

우리는 도덕적인 선택을 하는 도덕적인 존재이다. 그러므로 우리의 결정과 행동에 대해서는 도덕적인 책임을 져야 한다.

오래 전 미국의 전통적 가치관인 정직과 성실이 훼손된 사건으로 아더 앤더슨(Arther Anderson) 회계부정사건이 발생하였다. 아더 앤더슨회사는 100년 전통의 회계법인으로서 미국 자본주의의 자존심으로 여겨져 왔다. 이 회사의 사명은 청교도 정신에 기반을 두고, 고객을 잃을지라도 정직하게 기업을 감사하는 것이었다.

그런데 아더 앤더슨이 사업을 확장하여 기존 감사업무 외에 컨설팅 사업까지 담당하게 됨으로써 두 업무부서 사이에 가치관의 혼란을 가져왔다. 즉 정직하고 성실하게 감사한다는 청지기적 사명과 기존 고객을 유지하고 확대해 나가기 위해서는 분식회계나 주가조작 등도 눈감아 줄 수 있는 카우보이적 사명 사이에 충돌이 일어났다.

그러나 정직과 편법이 맞서면 편법이 우세하는 법이다. 아더 앤더슨은 미국의 초우량기업인 엔론(Enron)사를 감사하는 과정에서, 내부자거래를 통한 편법 자금조달과 순이익을 부풀리고 부채는 줄이는 방식의 분식회계를 알고도 이를 방조하였다. 이러한 사실이 드러남에 따라 아더 앤더슨은 도덕성을 잃고 몰락하게 되었고, 엔론사는 그럴듯한 비즈니스 모델을 이해관계자에게 제시하면서도 정작 주주들에게는 중요한 정보를 숨겼다가 결국 드러나 파산에 이르게 되었다.

기업경영자는 기업의 투명성을 추구하면서 동시에 기업 자료를 이해관계자에게 공개하여 신뢰를 얻어야 한다. 성경에는 정직이 125번이나 언급되어 있다. 크리스천 리더는 도덕적으로 정직과 성실을 잃지 않도록 노력해야 한다.

욥기 8장 6절에 "청결하고 정직하면 반드시 너를 돌보시고 네 의로운 처소를 평안하게 하실 것이라 네 시작은 미약하였으나 네 나중은 심히 창대하리라"고 하였다.

2. 섬김(Servantship)

섬김의 개념은 예수의 인격과 그의 명령에 잘 나타나 있다. 따라서 서번트 리더십(servant leadership)은 오늘날 크리스천 리더들이 배워야 할 핵심원리 중 하나가 되고 있다. 일반적으로 서번트와 리더십이라는 말은 정반대의 개념이다. 그러나 반대개념의 말이 창조적이고 의미 있는 방법으로 함께 사용되면 강력한 역설[29]이 생긴다.

서번트 리더는 하나님이 만든 양심에 따라 행동한다. 양심은 내면의 도덕률로서 하나님이 인간에게 들려주는 목소리이다. 서번트처럼 섬기는 자세를 지닌 조직만이 마지막까지 살아남을 것이다. 서번트 리더의 근거는 성경 빌립보서 2장 5-8절에 있다.

"너희 안에 이 마음을 품으라 곧 그리스도 예수의 마음이니 그는 근본 하나님의 본체시나 하나님과 동등됨을 취할 것으로 여기지 아니하시고 오히려 자기를 비워 종의 형체를 가지사 사람들과 같이 되셨

고 사람의 모양으로 나타나사 자기를 낮추시고 죽기까지 복종하셨
으니 곧 십자가에 죽으심이라."

예수는 위대한 리더였지만 서번트(종)의 모습으로 성육신했기 때
문에 서번트 리더십은 바로 예수 그리스도의 모습이라고 할 수
있다.

기업의 리더들은 이처럼 그 자신을 낮추신 예수 그리스도와 같
이 종의 자세로 다른 사람들, 즉 소비자, 종업원 및 다른 이해 관계
자를 섬겨야 한다. 리처드 츄닝은 섬김의 사명을 다음과 같이 주장
한다.

- 소비자: 그리스도인 경영자는 그리스도인의 가치관에 합당하게
  제품이나 서비스를 생산하도록 깨끗한 양심을 가져야 한다.
- 종업원: 성경은 우리에게 가족을 부양할 책임이 있다는 점을 강
  조하고 있으므로(딤전 5:8), 그리스도인 기업가는 종업원에게 적
  절한 임금을 지불하고, 작업장에서 심리적인 필요를 충족시킬
  수 있도록 노력해야 한다.
- 다른 이해관계자: 하나님은 그리스도인이 헌신, 책임감 및 청지
  기의 모범을 보임으로써 지역사회, 정부단체, 하청업자 등을 섬
  기기를 원하며, 폐기물질, 환경오염, 소음, 교통난, 위생문제 등
  까지도 해결하기를 원한다.

3. 권한위임(Empowerment)

또한 서번트 리더는 하나님이 주신 능력을 다른 사람이 책임 있

게 발휘하도록 권한을 위임한다.

하나님은 우리 한 사람 한 사람이 무한한 재능과 잠재력을 가지도록 창조하셨다. 리더십이 고착된 조직은 권한을 위임하지 못한다. 다른 리더들에게 권한을 위임할 때 그 사람을 돕는 것이고, 나아가서 그 조직에 관여하고 있는 모든 사람을 돕는 것이 된다. 권한위임이 이루어지고 개인의 사명과 목적이 조직의 사명과 일치하게 될 때 조직원의 내면에 열정이 불붙고, 잠재되어 있던 재능과 창의성은 시너지 효과를 가지게 될 것이다. 진정한 리더는 자신처럼 잠재력이 있는 부하들의 재능을 개발하고, 그들로 하여금 주목의 대상이 되도록 한다.

성경에서 바나바는 마가가 실패했을 때 바울이 반대했음에도 그를 믿고 권한을 주었으며, 사역이 마쳐질 때 바울은 다시 마가를 믿었다는 사실을 알 수 있다(딤후 4:11). 이처럼 권한을 위임해 주는 리더는 사람들을 더 높은 단계로 끌어올린다. 권한위임을 할 때는 책임과 권한을 함께 위임해야 한다. 권한위임에 대한 모범적인 예는 월마트의 샘월튼이다.

샘월튼은 월마트가 커짐에 따라 업무전반에 대한 의사결정의 책임과 권한을 직원들에게 위임했다. 직원들에게 책임과 권한을 동시에 준다는 것은 그만큼 직원을 신뢰하고 있다는 의미로 강력한 동기부여가 된다. 그 결과 매장관리자들과 부서관리자들은 자신들이 회사의 지분을 갖고 있는 기업가로 여기고 행동했다.

이처럼 권한위임은 직원들에게 자신의 가치를 확인시켜 주는 중요한 도구가 된다. 또한 리더는 후계자를 양성할 책임을 가지는데, 권한위임을 통해 자연스럽게 후계자를 양성하게 된다. 즉 조직 내에서 책임을 하부로 위임함으로써 하부계층이 좀 더 도전적인 직무를 할 수 있도록 해야 한다. 존슨앤존슨, 3M, 휴렛팩커드, GE 등 잘 알려진 기업들이 이런 방식으로 리더를 길러냈다. 결국 권한위임은 직원들의 사기 함양과 동기유발을 가져오고, 신뢰를 바탕으로 후계자를 양성하는 계기를 마련해 준다.

조선시대 태조 이성계의 아들인 이방원은 많은 정적들을 살해하고 조선 3대 왕 태종으로 등극했다. 선죽교에서 정몽주를 주살했고, 왕위를 계승하기 위해 1차 왕자의 난을 일으켜 이복동생 방석, 방번과 정적 정도전을 살해하고, 다시 2차 왕자의 난에서는 친형제 방간까지 죽였다. 많은 사람의 피를 흘린 태종의 장점은 무엇인가.

태종은 자신의 왕위를 장남에게 물려주지 않고 삼남인 충녕대군에게 물려주었다. 많은 아들 가운데 누가 임금으로서의 재목이 뛰어난가를 면밀히 살핀 후 충녕에게 왕위를 일찍 물려주었다. 태종 이방원은 권한위임(empowerment)의 최고의 성공 사례를 후세에 남겼다. 그 결과 만고의 현군 세종대왕을 탄생시켰다.

4. 변화관리 능력(Change Management)

우리는 모든 것이 변하고 있는 세상을 살고 있다. 단순한 변화 자체를 넘어 변화의 속도를 논하고 있다. 소리의 속도보다 훨씬 빠른 것은 빛의 속도이고 빛의 속도보다 빠른 것은 빌 게이츠가 말하는 생각의 속도이다. 빛의 속도로 달까지 간다면 16일이 걸리지만 생각으로는 이미 달에 가 있다. 변화의 시대에 우리는 어떻게 대처할 것인가. 무어의 법칙에 의하면 정보 칩의 저장능력은 매 18개월마다 2배씩 증가한다고 했다.

정보칩의 저장용량뿐만 아니라 우리에게 다가오는 정보의 양도 엄청난 속도로 늘어나고 있다. 전기가 처음 발명되었을 때 사람들은 두려움이 앞섰다. 전기는 밝은 빛을 인류에게 주지만, 한편으로 화재를 일으키고, 감전으로 사람을 죽게 만들기 때문이다. 그 뒤 과학자들이 전압, 전류, 그리고 저항이라는 전기의 세 변수를 밝혀내고, 전기를 안전하게 통제할 수 있는 방법을 제시하자 사람들은 안심하고 전기를 사용하게 되었다. 하룻밤을 자고 나면 기존의 유용했던 것들이 퇴물로 물러나는 변화의 소용돌이 속에서, 기업은 도산하고 사람들은 위축된다. 하지만 그 가운데서 변화의 물결을 잘 관리하고 통제하는 리더는 큰 성과를 가져올 수 있다.

컴퓨터의 등장으로 70년대 초까지 종로거리에 가장 많았던 타자학원이 자취를 감추었고, CD 출현으로 LP 레코드판은 전통 찻집의 소품이나 동호인의 취미대상으로 전락하였다. 그리고 컴퓨터 검색이 등장함으로써 청계천 책방의 단골 메뉴인 백과사전이 자취를 감추게 되었고, 디지털 카메라의 출현으로 독일 최대기업인 코닥필름이 부도를 맞게 되었다. 이처럼 변화의 물결은 세계 도처에서 급격하게 이루어지고 있다.

기업이 직면하는 변화의 바람을 조정경기와 래프팅경기로 비유할 수 있다. 바람이 전혀 없는 한강에서 벌이는 조정경기가 과거의 기업이 직면했던 상황이라고 본다면, 오늘날의 기업환경은 한탄강 계곡에서 중무장한 헤드기어를 쓴 래프팅 경기라고 할 수 있다. 불확실한 상황이 도처에 널려 있고, 무엇이 중요하고 어떤 방향을 선택해야 할지를 시시각각 개인이 판단하고 나아가야 하는 시대가 되었다. 새 시대에 적합한 인간상은 인격과 창의력을 바탕으로 스스로 알아서 하는 것이다.

제러미 리프킨은 새롭게 바뀌고 있는 자본주의의 프론티어를 지적하고 있다. 자본주의 경제는 재산을 시장에서 교환한다는 발상 위에서 성립한 것이지만, 오늘날 그 재산의 역할은 크게 달라지고 있다. 우리는 보이지 않는 손이라는 시장의 규칙에 따라 살아간다. 그러나 시장은 이제 네트워크에 자리를 내주며, 소유는 접속으로 바뀌는 추세로 가고 있다.

재산교환은 접속 관계로 이루어지는 공급자와 소비자의 단기 접속으로 바뀐다. 접속 경제에서 기업은 물적 재산이건 지적 재산이건 교환하기보다는 접속하는 쪽을 선택한다. 가급적 소유하지 말고 빌리자는 인식이 뿌리내린다.

반면 지적 자본은 새로운 시대를 이끌어 가는 원동력이 되며, 선망의 대상이다. 이미 기업은 소유보다 접속으로 궤도를 수정하고 부동산을 팔아치우고, 재고를 줄이고, 시설을 빌리고, 아웃소싱을 맹렬히 추진하고 있다. 기업들은 물적 소유를 무조건 털어내야만 살아남을 수 있다는 절박감으로 생사를 건 싸움을 벌이고 있다.

하룻밤만 자고 나면 확확 바뀌는 21세기 경제에서 물건을 대량으로 소유하는 것은 시대에 뒤진 생각이다.

접속 경제에서 시장을 통한 거래는 줄어들고 전략적 제휴, 외부 자원의 공유가 활성화된다. 그동안은 '가진다, 보유한다, 축적한다'는 생각이 금과옥조가 되어 물적 자본을 많이 가진 자가 승자였지만, 이제는 가치 있는 지적 자본을 많이 가진 자가 승자가 된다.

1957년 스탠다드 앤 푸어스 선정 500대 기업 명단에 올랐던 500개 회사들 가운데 40년 후인 1957년까지 그 명단에 남은 회사는 74개밖에 없었다. 기업의 성공은 변화에 신속하게 적응하면서도 핵심가치를 저버리지 않는 데 있다.

디즈니사는 건전한 오락이라는 핵심가치를 불변의 목표로 하면서 수많은 상황변화에 신축적으로 적응하여 오늘에 이르고 있다. 크리스천 기업가는 "나아갈새 갈 바를 알지 못하고 나아간 아브라함"(히 11:8)의 변화에 대한 실천력을 본받아야 하며, 또한 변화에 대해 마음을 새롭게 하는(롬 12:2) 자세가 필요하다. 이처럼 크리스천 기업가는 기업환경의 급격한 변화가 몰려올 때 변화의 중심에 서서 능동적으로 대처하며 기존 사고의 틀을 깨고 분별력을 가지고 유연하게 대처하는 것이 필요하다.

5. 기부(Charity)

크리스천 기업 리더가 어떤 자세로 기업을 운영하고 그 부를 어떻게 사용해야 하는지에 대한 모범적인 사례는 앤드루 카네기의 예에서 볼 수 있다. 카네기는 일모작 인생에서 부를 일군 후, 이모작 인생에서 자신이 축적한 재산을 아낌없이 나누어 주었는데, 그 규모는 전 재산의 90퍼센트에 이른다. 그는 "부자인 채로 죽는다는 것은 부끄러운 일이다"라는 말을 남겼다.

부자들은 자신이 축적한 부를 사회에 되돌려주어야 하는 도덕적 책무를 져야 하고, 이를 실천에 옮겨야 한다. 빌 게이츠와 워런 버핏은 세계적인 거부이지만 많은 사람들로부터 존경받고 있다. 그 이유는 그들이 사회에 기부하는 돈이 엄청나기 때문이다.

빌 게이츠는 주차비로 나가는 12불을 아끼지만 아프리카 빈민을 위해 10억 불의 기부금을 선뜻 내놓았다. 워런 버핏은 햄버거를 즐기며 전 재산의 99%를 기부하기로 약속했다. 기업이 사회적 책임을 다하기 위해서는 먼저 이익을 남겨서 종업원, 주주, 채권자 등에 대한 책임을 다해야 한다. 법을 준수하고 윤리적으로 투명한 경영을 하고 사회에 대해 선을 베푸는 자선적 책임을 다해야 한다.

하나님은 "정함이 없는 재물에 소망을 두지 말고 오직 우리에게 모든 것을 후히 주사 누리게 하는 하나님께 두며 선한 일을 행하고 선한 사업을 많이 하고 나누어주기를 좋아하라"(딤전 6:17-18)고 한다. 부는 쌓아 두고 즐기거나 소망을 두는 대상이 아니라 선한 사업에 풍성히 나눠주는 선행의 도구로 사용해야 할 하나님의 선물이다.

스토리텔링

나폴레옹은 1798년 이집트 원정길에서 피라미드 밑에서 적과 맞붙게 되었다. 전쟁의 공포에서 불안해하는 부하들에게 "4000년의 역사가 여러분의 용맹을 지켜보고 있다"라고 연설함으로써 놀라운 사기함양을 가져와 전쟁에서 승리하게 되었다. 시저는 반란군을 격퇴시키고 원로원에 보고한 편지에서 "왔노라, 보았노라, 승리했노라"의 세 마디로 승리의 소식을 극적으로 전했다. 사람들에게 미래의 대한 비전을 제시할 때, 사람들과 효과적으로 커뮤니케이션하고자 할 때, 사람들의 마음을 변화시키고자 할 때, 현명한 리더는 사람들의 마음을 움직이는 스토리텔링으로 원하는 바를 이루어낸다.

21세기 리더는 스토리텔러가 되어야 한다. 기업의 비전과 사명을 조직원에게 전달하기 위한 스토리텔링의 활용은 당면한 리더십 문제를 효과적으로 고양시키게 될 것이다.

커뮤니케이션의 조련사가 되기 위해서는 고전의 지식을 많이 가져야 한다. 고전의 저자야말로 뛰어나게 성공한 언어의 조련사들임이 증명되었기 때문이다.

마크 트웨인은 "옳은 말과 거의 옳은 말의 차이는 번개와 반대불의 차이와 같다"라고 했다. 말의 의미를 분명히 전달하는 것과 모호하게 전하는 것의 차이는 실로 엄청나다. 리더십 대가들은 리더들에게 그들의 이야기 전달방법을 갈고 닦으라고 권고한다.

예수님은 3년이라는 짧은 공생애 기간 동안 하늘나라의 비밀을 가장 효과적으로 알기 쉽게 가르쳐야 했다. 그러기 위해서 사용한 방법은 비유를 통한 말씀이다. 예수님은 비유가 아니면 가르치지 않았다고 할 만큼 신약성경에서 33번의 비유를 사용하였다.

"태초에 말씀이 계시니라"고 시작하는 성경의 이야기는 하나님이 보이지 않는 영의 세계를 우리에게 알기 쉽게 전달하기 위한 이야기하기(스토리텔링)인 것이다.

스토리텔링 원칙

원칙	내용
단순성(Simplicity)	강한 것은 단순하다.
의외성(Unexpectedness)	듣는 자의 추측 기저를 망가뜨려라.
구체성(Concreteness)	2500년 간 살아남아 교훈을 주는 이솝우화 처럼 메시지가 구체적이어야 한다.
신뢰성(Credibility)	전달자의 말을 믿게 만들어라.
감성(Emotion)	감성이 담긴 메시지는 행동하게 만든다.
스토리(Story)	머릿속에 생생히 그려지도록 말하라.

출처 : 스틱, 칩 히스 외, 안진환외 역, 웅진윙스, 2009, 5-8.

우리가 원하는 바를 전달하고자 할 때, 성경은 "너희 말을 항상 은혜 가운데서 소금으로 맛을 냄과 같이 하라 그리하면 각 사람에게 마땅히 대답할 것을 알리라"(골 4:6)고 한다. 효과적인 스토리텔링은 두루 좋은결과를 가져온다. 예수님의 스토리텔링은 수천 년 동안 사람들의 마음을 감동시키고 열정적으로 따르도록 했다. 마틴 루터 킹의 연설 중 한 문장인 "나에게는 꿈이 있습니다"는 모든 사람들의 마음을 열정적으로 사로잡는 비전을 제시하고 있다.

유머는 삶의 윤활제

유머의 원래 의미는 촉촉함으로 우리 삶을 윤기 있고 활력이 넘치도록 만드는 역할을 한다. 유머는 인생의 중요한 사건들을 명랑한 여유를 가지고 대하려는 자세이다. 그래서 유머는 우리 삶을 윤기 있고 활력 있게 만드는 마력을 지니고 있다.

"마음의 즐거움은 양약"(잠 17:22)이다.

유머는 마음의 즐거움과 웃음을 가져다주는 좋은 약이다. 자신을 둘러싼 모든 것과 인생에서 중요한 것들에 대해 마음의 여유를 가지려면 자기를 객관적으로 바라볼 수 있어야 한다. 따라서 유머는 지능과 큰 관련이 있다. 유머감각을 가지려면 자기세계를 성찰하고 감정적인 거리를 둘 줄 아는 능력이 필요하다. 이것은 단순한 사고활동 이상의 것을 요하며, 인식의 재능을 갖추고 있어야 한다. 그래서 배우자 선택이나 직원 채용 시에도 유머 감각을 반영하는 경우가 있다.

• 오래 전 평화 봉사단의 일원으로 한국에 온 미국인이 한글을 빨리 익히려고 한국인의 집을 방문할 때 문패를 보고 문을 크게 두드리며 이름을 불렀다. 그런데 어느 집에 갔을 때 큼지막하게 개

조심이라고 붙어 있었다. 집주인의 이름이 개조심이라고 믿고 그는 문을 두드리며 큰소리로 "개조심 씨" 하고 불러댔다. 아무 인기척이 없자 더 큰 소리로 "개조심 씨, 계세요"라고 외쳤다. 그러나 개조심 씨는 안 나오고 큰 개가 나오는 바람에 봉변을 당했다.

• 아담과 이브는 최초의 죄를 지은 인류의 시조다.

그들이 죄를 지었을 때 즉시 죄에 대한 저작권을 등록해서 아무도 저작권을 침해하지 못하도록 했다면 인류는 어느 누구도 죄를 범할 수 없었을 것이라고 마크 트웨인은 재치있게 말했다. 그렇다면 구속의 역사는 달라졌을 것이다. 저작권법에 의하면 최초 발명품이나 상표를 저작권으로 등록하면 어느 누구도 그 상표를 쓸 수 없고 그 발명품을 만들어 팔 수 없기 때문이다. 물론 이것은 마크 트웨인의 유머러스한 이야기다.

• 토마스 모어는 르네상스 시대 영국의 정치가이며, 이상적인 국가상을 그린 유토피아의 저자이다. 헨리 8세의 신임을 얻어 대법관에 임명되었으나, 영국은 모어의 온건한 개혁조차도 용납하지 않았다. 1534년 반역죄로 런던탑에 갇혔다가, 1535년에 단두대의 이슬로 사라졌다.

유토피아는 현대인들도 갈망하는 이상향이다. 모어는 유토피아가 꿈이나 환상이 아닌 현실에서 실현되어야 한다고 여겼기에 신념을 지키기 위해 죽음도 두려워하지 않았다. 단두대 앞에서 토마스 모어는 사형 집행인에게 유머러스한 말을 남겼다.

"기운 내게. 자네 직책을 과감하게 수행하게나. 단 내 목은 짧으니 조심해서 자르게."

그리고 그의 묘비에는 다음과 같이 적혀 있다.

"우물쭈물하다가 내 이럴 줄 알았다."

교황 요한 바오로 2세는 그를 "힘없는 이들이 겪는 해악을 막고 정의를 증진시키는 데 온 힘을 기울인 사람"이라고 평했다.

• 바빠서 친구 결혼식에 참석하지 못하게 된 한 여성이, 사랑을 강조하는 성경구절 요한일서 4장 18절을 결혼하는 친구에게 전보로 띄워 달라고 할아버지에게 부탁했다. 그런데 할아버지가 요한일서 4장 18절을 요한복음 4장 18절로 착각하여 잘못 적었다.

요한일서 4장 18절의 말씀은 "사랑 안에 두려움이 없고 온전한 사랑이 두려움을 내쫓나니 두려움에는 형벌이 있음이라"였는데, 요한복음 4장 18절은 "네가 남편 다섯이 있었고 지금 있는 자도 네 남편이 아니니 네 말이 참되도다"였다. 결혼식에서 사회자가 축전을 읽어 내려가자 곧 결혼식이 아수라장이 되었다.

• 믿음이 좋은 권사님의 며느리가 아기가 없어서 목사님을 초청하여 기도를 받게 되었다. 목사님이 "이 가정에 태의 문이 열릴지어다!"라고 선포했다. 믿음이 약한 며느리가 부끄러워 아멘을 못하자 시어머니가 크게 "아멘!" 하고 화답했다. 그런데 나중에 수태한 것은 며느리가 아니라 시어머니였다.

• 인기 코미디언이었던 서영춘 씨를 후배들이 문병 왔다.

"그래 요즘 어떻게 지내냐?"고 서영춘 씨가 물었다. 후배는 "죽지 못해 살고 있습니다"라고 대답했다. 서영춘 씨는 "너는 죽지 못해 사냐, 나는 살지 못해 죽는다"라고 대답했다. 마지막까지 유머를 남기는 삶이 아름답다. 칭찬은 고래 뿐만 아니라 개도 춤추게 한다.

•미국의 어느 집에서 아침에 현관문을 열자 개가 신문 하나를 물고 왔다. 그래서 주인이 고기 한 점을 주었다. 그 이튿날 문을 열어 보니 옆집 신문을 7개나 물어 왔다. 개도 칭찬에 고무된다.

마크 트웨인은 "인간은 칭찬으로 1개월을 산다"라고 했다. 서로의 장점을 보고 격려하는 삶은 아름다운 결과를 가져온다.

•초등학교 다니는 아들이 성적표를 가져왔다. 옛날 성적표는 수, 우, 미, 양, 가 다섯 등급으로 평가했다. 아버지가 펴보니 8과목 중 한과목만 '양'이고 나머지는 모두 '가'였다. 이 경우 대부분 아버지들은 공부를 왜 이렇게 안 했느냐고 종아리를 때렸을 것이다. 그러나 이 아버지는 "앞으로는 한 과목에만 집중하지 말고 두루 잘해라"고 격려했다.

•한 어린아이가 할아버지와 함께 교회에 가서 기도를 드렸다.
"하나님 아버지, 우리 할아버지를 구원해 주세요."
그것을 듣고 있던 할아버지가 짧막한 기도를 했다.
"나는 자네만 믿네."
할아버지는 족보를 따져보고 손자가 아버지라고 부른 하나님은 자기에게 아들 뻘이 된다고 생각했다.

•미국 옐로스톤 국립공원에 서식하고 있는 회색곰이 나타나면 늑대나 살쾡이 등 어떤 동물도 도망간다. 회색곰을 상대할 수 있는 동물은 야생 들소 정도이다. 그러나 예외가 있다. 작고 약한 짐승 하나가 꼬리를 높이 치켜세우고 나타나 여유 있게 쓰레기장을 헤집고 다닌다.

이를 본 회색곰은 뒤도 돌아보지 않고 부리나케 도망간다. 스컹크를 건드리면 사흘간 고생한다는 사실을 경험을 통해 익히 알고 있기 때문이다. 회색곰이 스컹크 외에는 어떤 동물도 무서워 하지 않는 것처럼, 사탄은 어떤 인간도 두려워 하지 않는다. 다만 사탄은 하나님의 말씀과 예수님의 보혈로 무장되어 있는 인간에 대해서는 한길로 왔다가 일곱 길로 줄행랑친다.

•돈에 관한 일화가 있다.

한 영국인은 땅에 선을 긋고 신도들의 헌금을 하늘에 던진 후 돈이 선의 오른쪽에 떨어지면 하나님께 바치고 왼쪽에 떨어지면 자기 몫으로 가져간다는 원칙을 세웠다.

한 미국인은 땅에 작은 원을 그은 후 헌금을 하늘에 던져서 돈이 원안에 들어가면 하나님께 바치고 원 바깥에 떨어지면 자기가 가져갔다.

한 유대인은 헌금을 하늘에 던진 후 모든 헌금을 하나님이 가져가시게 했다. 그러나 하나님이 원치 않으시는 돈은 땅에 떨어지므로 그것은 자기가 가져간다는 원칙을 세웠다. 유대인 신부는 가장 신실한 것처럼 보이지만 실상은 가장 재물에 집착하고 있었던 것이다.

5
하나님의
일하는 방식

기도는 크리스천의 직업

자연법칙을 신뢰하고 자연을 전능하신 하나님과 완전히 구별되는 일종의 새로운 신으로 간주하는 사람들이 있다. 그러나 자연은 창조주 하나님의 피조물에 불과하다. 자연법칙은 하나님이 세상을 창조할 때 만드신 하나의 법칙에 불과하다. 하나님은 자연법칙을 통해 물질세계를 통치하고 계신다. 하나님은 우리가 기도하지 않으면 일하지 않으신다. 하나님이 우리를 위해 일하시게 하는 방법은 우리가 기도하는 것이다.

"또 여호와께서 예루살렘을 세워 세상에서 찬송을 받게 하시기까지 그로 쉬지 못하시게 하라"(사 62:7).

우리의 기도로 이룰 수 있는 일이 노력으로 이룰 수 있는 일보다 훨씬 많다. 크리스천이 패배하고 좌절하고 낙심하는 것은 기도를 적게 하기 때문이다. 우리가 천국에서 삶을 회고해 본다면 가장 부끄러운 것은 기도를 적게 한 부분일 것이다. 크리스천의 믿음과 신령함과 열매는 항상 기도에 비례한다. 아침기도를 통해 하루 동안 하나님의 은혜와 축복을 구하고, 저녁기도로 지켜주심에 대한 사랑과 보호에 감사하게 된다.

"성령으로 기도하라"(유 20)는 것은 우리의 기도지침서가 하나님의 말씀이 되어야 한다는 것을 말해준다. 성령이 바로 성경의 저자이기 때문이다. 그러나 너무나 자주 육체의 원하는 바를 기도의 지침으로 삼고 있다. 우리는 "마음에 가득한 것을 입으로 말하게 된다"(마 12:34) 따라서 "하나님의 말씀이 우리 속에 풍성히"(골 3:16) 거하는 정도에 따라 우리의 기도가 성령의 생각과 일치하게 된다. 기도의 내용을 말씀에 근거하게 되면 성령은 그 기도에 더욱 주의하게 되고 응답으로 이어진다.

그리스도인의 삶이 실패하는 이유는 마음속에 말씀이 빈약하게 자리 잡고 있기 때문이다. "살리는 것은 영이니 육은 무익하니라 내가 너희에게 이른 말은 영이요 생명이라"(요 6:63)고 했기 때문에, 하나님의 말씀으로 영양분을 섭취하지 못하면 우리의 생명은 힘을 얻지 못한다.

인내와 근면에 관한 속담에 "근면에는 불가능이 없다"라는 말이 있다. 크리스천은 근면 대신 기도를 사용하여 "끊임없는 기도에는 불가능이 없다"라는 모토를 가질 필요가 있다. 하나님은 우리의 끈질긴 기도를 사랑하신다. 또한 이런 기도에 응답하신다. 그리스도인의 삶에서 믿음이 쇠퇴하는 이유는 형식적인 짧은 기도를 드리는데 있다.

느헤미야의 화살기도는 절박한 상황에서 집중적으로 드리는 기도로서 필요하지만 일반적으로 우리 기도는 끈질긴 기도가 되어야한다.

루터는 "기도를 잘하는 자는 학문도 잘한다"라고 말했다.

그렇다면 쉬지 말고 기도하라는 것은 어떻게 하는 것인가.

존 휘스터는 "끊임없는 기도는 나의 말없는 생각 속에서 계속 반복되는 문장"이라고 했다. 프레드 모리스 목사는 시편 23편을 암송함으로 브라질의 혹독한 고문실에서 죽음과 같은 시간을 견뎌낼 수 있었다고 고백한다. 위기상황에서 우리를 인도해 줄 하나님의 말씀을 성령의 검으로 즉시 사용하기 위해서는 암송이 필요하다. 중언부언하며 두서없는 기도로 어떻게 마귀와 시험을 이겨낼 수 있을 것인가.

노르망디 상륙작전과 인천상륙작전이 성공한 것은 보병이 투입되기 전 먼저 엄청난 함포사격으로 적을 혼비백산 만들었기 때문이다. 마찬가지로 전도나 봉사를 할 때 먼저 함포사격에 해당되는 기도로 사탄의 견고한 진을 무너뜨리는 것이 필요하다. 전도나 봉사에 임하기 전 우선적으로 해야 할 일은 많은 기도다.

예수 그리스도의 직업은 세상에서 목수직과 기도직이었다. 목수직은 유대인의 관습에 따라 세상에서 가진 직업이었고, 기도직은 하나님의 뜻을 이루기 위한 수단이었다. 오늘날 크리스천은 자신의 직업과 기도라는 두 가지 직업을 가지고 살아가야 한다.

"골방에서 밭을 갈지 않으면 강단에서 결코 수확을 거두지 못한다"라는 말은 목회자들에게 주는 진리다. 만일 목회자가 무릎으로 설교를 준비한다면, 성령의 크신 은혜의 강물이 강단에서 흘러가 모든 성도들의 마음과 생각을 적셔나갈 것이다.

하나님은 물질세계를 통치하기 위해 자연의 법칙을 세우셨고, 하나님의 뜻을 이 땅에서 이루시기 위해 기도의 법칙을 만드셨다. 우리가 드리는 기도가 하나님께 상달되면 하나님이 우리 일에 개입하시고 성취를 이루신다. 예수님이 심한 통곡과 간구로 하나님께 기도드렸다는 사실은 우리 기도생활이 얼마나 나태한가를 돌아보게 하며 큰 도전이 된다.

> "그는 육체에 계실 때에 자기를 죽음에서 능히 구원하실 이에게 심한 통곡과 눈물로 간구와 소원을 올렸고 그의 경건하심으로 말미암아 들으심을 얻었느니라"(히 5:7).

지렛대에 어느 일정한 힘이 가해지면 무거운 물체가 움직이다. 기도도 어느 정도의 양이 채워지면 하늘의 응답이 내려온다. 바다가 평온할 때는 등대가 정말 튼튼한지 알 수 없다. 사나운 파도가 몰아칠 때 비로소 등대는 그 역할을 하게 되고 과연 견고하고 믿을 수 있는지를 알게 된다. 아무런 역경을 겪어보지 않은 사람은 그가 하나님을 진정 신뢰하는 자인지를 알 수 없다.

인생의 풍파와 고난은 그 사람이 견고하게 서서 요동하지 않는지를 시험해 보는 시금석이다. 성경에 나오는 믿음의 선진들은 하나같이 고난과 역경을 헤쳐 나간 후 하나님께 쓰임을 받았다.

기도

세상에서 가장 강력한 자연법칙은 만유인력법칙이다. 그러나 이보다도 더 강력하고 실제적인 힘을 가지는 것은 하나님께 올려드리는 기도이다. 기도를 통해 죽은 자를 살리시고 없는 것을 있는 것처럼 부르시는 하나님의 전능하심을 경험하게 된다. 위대한 전도자 헨리 무어하우스는 자면서도 큰소리로 기도했다.

"내가 잘지라도 마음은 깨었는데"(아 5:2).

잠결에서조차 성령의 인도하심을 받아 기도의 향을 꺼지지 않게 했다. 패커에 의하면 마귀의 첫 번째 목표는 사람들이 성경을 읽지 못하도록 하는 것이다.

성경은 하나님의 말씀이며, 마귀는 성경 주위에 영적인 구덩이, 가시울타리, 그리고 함정을 파두어 사람들이 결코 성경에 접근하지 못하도록 방해하며, 접근하더라도 쉽게 질곡에 빠지도록 온갖 계략을 해 놓고 있다. 우리는 영적 분별력을 통하여 이러한 마귀의 저항을 물리치고 말씀섭취의 영적훈련에 매진해야 한다. 기도는 무거운 물체를 들어 올리는 지렛대와 같다.

우리가 말씀을 읽고 암송하고 묵상한 것을 기도할 때 사용한다면, 우리의 기도는 가장 효율적으로 하나님께 상달될 것이다.

"철이 철을 날카롭게 하는 것같이 사람이 그의 친구의 얼굴을 빛나게 하느니라"(잠 27:17).

시편의 대부분은 하나님과 함께했던 다윗의 개인적인 영적여행을 찬양과 감사와 간구라는 세 주제에 맞추어 글로 옮겨 놓은 것이다. 예루살렘 멸망에 즈음하여 예레미야가 자신의 느낌들을 적어놓은 것이 예레미야애가이다. 가장 강력한 기도를 드리고 싶으면 예레미야애가를 읽고 기도의 무기로 삼으라고 한다. 영적일기를 지속적으로 쓰는 것은 자신이 항상 깨어있도록 도와준다. 자신이 기록한 영적일기를 돌아보면, 자신의 영적인 상태가 어떤 영역에서 얼마나 진보했는지 아니면 퇴보했는지를 알 수 있다.

프란시스 베이컨은 "기록을 별로 하지 않는 사람이라면 대단한 기억력을 가지고 있어야 한다"라고 말한다. 주님의 역사하심을 기록해 두는 것은 우리로 하여금 믿음을 가지고 기도하도록 격려하게 된다.

"이 일이 장래 세대를 위하여 기록되리니 창조함을 받을 백성이 여호와를 찬양하리로다"(시 102:18).

낙타 행렬을 보면 우두머리 낙타의 목에 방울이 달려 있음을 볼 수 있다. 그런데 낙타행렬이 지나가는 길목에 이리가 숨어 있다가 공격하는 일이 있다. 하지만 낙타의 목에 방울을 달아놓으면 이리가 방울소리를 듣고 사람이 보호하고 있다는 사실을 알고 감히 습격을 못한다. 우리가 예수님의 이름으로 기도할 때 마귀는 예수님이 우리를 보호하고 있다는 사실에 놀라서 혼비백산하여 도망간다.

성령의 열매와 성령의 은사

크리스천이 성령을 좇아 행하고 있는지를 체크하는 방법은 무엇인가? 우리는 겉으로 드러나는 징표를 보고 성령 충만의 증거로 여기는 경우가 많다. 이와 같은 은사는 겉으로 드러나는 것으로 성령으로부터 부여받는 은사와 타고난 재능의 두 가지로 구분된다.

성령의 9가지 은사는 지혜의 말씀은사, 지식의 말씀은사, 능력행함은사, 믿음은사, 영분별은사, 신유은사, 예언은사, 방언은사, 방언통역은사 등이다. 교회에 출석한 크리스천 가운데 자신의 타고난 재능이 교회의 사역에 도움이 된다면 그 재능을 가지고 열심히 봉사와 헌신하는 경우를 본다.

그러나 성령의 은사나 개인적인 재능으로 헌신과 봉사를 하더라도 그들 삶속에서 성령의 열매를 맺지 못한다면 진정한 크리스천의 모습이 아니다. 바울은 성령의 열매를 아홉 가지로 분류한다. 사랑, 희락, 화평, 오래 참음, 자비, 양선, 충성, 온유, 절제가 그것이다. 이중 처음 세 가지 사랑, 희락, 화평은 하나님에 대한 태도를 규정하는 것이다. 그리스도인의 사랑의 시발점은 하나님에 대한 사랑에 있다.

> "너는 마음을 다하고 뜻을 다하고 힘을 다하여 네 하나님 여호와를 사랑하라"(신 6:5).

희락도 하나님 안에서의 희락이며, 화평도 하나님과의 화평이다. 다음은 오래 참음, 자비, 양선인데 이것은 하나님을 향한 것이라기보다는 이웃에 대한 것이다. 살아가면서 억울한 일을 당하거나 핍박과 고난을 당할 때 오래 참음은 덕이 된다. 자비는 우리의 이웃에게 베풀어야 할 덕목이며, 양선은 이웃에 대한 우리의 말과 행동을 말한다.

> "너희 말을 항상 은혜 가운데서 소금으로 맛을 냄과 같이 하라 그리하면 각 사람에게 마땅히 대답할 것을 알리라"(골 4:6).

마지막은 충성, 온유, 절제인데 이 세 가지는 우리 자신에 대한 것이다. 충성은 개인의 신실함을 말한다. 온유함은 그리스도께서 "나는 마음이 온유하고 겸손하니 나의 멍에를 메고 내게 배우라"(마 11:29)고 친히 말씀하신 것처럼 우리가 본받아야 할 성품이다. 또한 모세의 온유함도 우리가 따라야 할 덕목이다.

> "이 사람 모세는 온유함이 지면의 모든 사람보다 더하더라"(민 12:3).

절제는 모든 덕목에서 항상 맺어야 할 열매이다.

신유은사로 병을 고치고, 예언을 통해 장래 일을 말하며, 믿음은사로 주위에 알려지고, 방언을 청산유수와 같이 하며, 뛰어난 말솜씨로 사람을 감화시키며, 아름다운 목소리로 특송을 부르고, 탁월한 글솜씨로 감동을 주는 경우라도 그들의 삶속에서 성령의 열매가 있는가를 살펴보아야 한다. 절제할 줄 아는가? 친절한가? 사랑과 인내심이 있는가? 등을 발견할 수 없다면 이들은 성령의 지배 아래 있다고 할 수 없다.

목회자가 인내와 평안에 대해 멋진 설교를 하는 것이 자신이 인내하고 평안 가운데 거하는 것보다 훨씬 쉬울 수 있다.

"그날에 많은 사람이 나더러 이르되 주여 주여 우리가 주의 이름으로 선지자 노릇 하며 주의 이름으로 귀신을 쫓아내며 주의 이름으로 많은 권능을 행하지 아니하였나이까 하리니 그때에 내가 그들에게 밝히 말하되 내가 너희를 도무지 알지 못하니 불법을 행하는 자들아 내게서 떠나가라"(마 7:22-23)고 책망하셨다.

예수님이 성령의 은사를 가진 자들을 향하여 불법을 행하는 자들이라고 꾸짖고 쫓아낸 사실을 우리는 두려움으로 받아들여야 한다. 우리가 천국 갈 때 가져갈 수 있는 것은 성령의 열매이지 성령의 은사가 아니다.

시몬 베드로

 베드로후서 끝 절에는 베드로가 남긴 마지막 말이 기록되어 있다.

"오직 우리 주 곧 구주 예수 그리스도의 은혜와 그를 아는 지식에서 자라가라 영광이 이제와 영원한 날까지 저에게 있을지어다 아멘"(벧

후 3:18).

시몬은 육체의 옛사람에게서 나온 이름이요, 베드로는 성령이 주신 새로운 사람에게서 나온 이름이다. 시몬 베드로의 삶의 여정은 거듭나지 못한 시몬과, 성령으로 거듭난 베드로가 함께 만들어 간 것이다. 시몬은 고기를 잡으러 갔지만 아무것도 잡지 못했다. 그리고 주님과 논쟁하게 되었다. 이때까지 시몬은 옛사람의 영역에 머물러 있었으며, 예수님에 대한 호칭은 선생이었다.

"선생이여 우리들이 밤이 맞도록 수고를 하였으되 얻은 것이 없지만."

예수님을 선생으로 불렀다. 그러나 주의 말씀에 순종하여 그물을 배 오른쪽에 내렸을 때 그물이 찢어지도록 많은 고기를 잡게 되었다. 그 순간 강퍅하고 교만했던 자신을 돌아보고 회개하며 돌아섰다. 그 후 예수님에 대한 호칭은 주님으로 바뀐 것을 볼 수 있다.

"시몬 베드로가 이를 보고 예수의 무릎 아래에 엎드려 이르되 주여 나를 떠나소서 나는 죄인이로소이다"(눅 5:8).

시몬이 예수님을 주님으로 인정하고 그 앞에 나왔을 때 주님은 그에게 베드로라는 새 이름을 주셨다. 옛사람 시몬을 극복하고 베드로가 되었을 때 주님은 그를 통해 이루실 계획을 말씀하셨다.

"예수께서 시몬에게 이르시되 무서워하지 말라 이제 후로는 네가 사람을 취하리라"(눅 5:10).

주님의 관심은 고기 잡는 데 있지 않고 그를 통해 사람을 낚는 어부가 되도록 하는 일에 있었다. 이제 베드로는 주님을 따르고 섬기기 위해 나아갔다.

"그들이 배들을 육지에 대고 모든 것을 버려두고 예수를 따르니라"
(눅 5:11).

사람이 거듭나고 새로운 성품을 가졌다고 하더라도 옛 성품이
사라지는 것은 아니다. 옛 성품은 언제나 우리 안에 새 성품과 공
존한다. 이는 마치 낡고 허술한 울타리가 쳐있고, 그 안에 야생동
물들이 무리를 지어 호시탐탐 울타리를 벗어나려고 으르렁대는 것
과 같다. 우리의 옛 성품인 탐욕, 질투, 시기, 강퍅함 등은 언제라도
거듭난 우리의 새 성품을 밀어내고 왕 노릇하려고 기회를 엿보고
있다. 그래서 바울은 탄식한다.

"오호라 나는 곤고한 사람이로다 이 사망의 몸에서 누가 나를 건져
내랴"(롬 7:24).

베드로의 삶에서도 두 가지 성품이 갈등을 일으키고 있음을 본
다. 새 성품과 옛 성품의 고백을 보면 다음과 같다. 사람들이 인자
를 누구라 하느냐고 물었을 때 베드로의 대답은 "주는 그리스도시
요 살아 계신 하나님의 아들이시니이다"(마 16:16)였다. 이는 새 성품에
서 나온 고백이다. 그러나 나중에 예수님 자신이 많은 고난을 받고
죽임을 당할 것을 전하자 베드로는 "그리 마옵소서 이 일이 결코 주께
미치지 아니하리이다"(마 16:22)라고 하였다.

이 말은 마귀에 의해 선동된 육체의 음성이었다. 또한 예수님이
붙잡히시고 베드로가 대제사장의 집 뜰에서 여종으로부터 "너도
제자가 아니냐"라는 질문을 받았을 때, 베드로는 저주와 맹세까지
하며 "나는 그 사람을 알지 못하노라"(마 26:74)라고 말했다.

거듭난 베드로는 다시 옛 사람 시몬으로 돌아간 것을 볼 수 있다. 베드로는 자신이 주님을 공공연히 부인한 사실에 마음이 짓눌려 "밖에 나가서 심히 통곡"(눅 22:62)하였다. 공적인 자리에서 지은 죄는 공적인 꾸지람이 있어야 하고, 공적인 자백이 있어야 한다는 교훈을 준다.

예수님은 사역을 시작하기 전 광야에서 마귀로부터 연단을 받을 때 말씀으로 마귀를 물리쳤다. 그리스도인의 삶은 거듭난 후 천국에 들어갈 때까지 새 성품과 옛 성품의 끊임없는 싸움에 직면하게 된다. 이 싸움에서 이기기 위해서는 말씀으로 훈련과 연단을 받고, 베드로가 권고하는 바대로 우리는 예수님을 아는 지식에서 늘 자라가야 한다.

"오직 우리 주 곧 구주 예수 그리스도의 은혜와 그를 아는 지식에서 자라가라"(벧후 3:18).

그리할 때 우리는 요한복음 10장 10절에서처럼 "생명을 얻되 더 풍성히 얻게" 된다. '생명'을 얻는 것과 생명을 '더 풍성히' 얻는 것은 큰 차이가 있다. 단순히 예수 그리스도를 믿음으로써 영원한 생명을 하나님 은혜로 값없이 얻고 주님의 품에서 안식을 누릴 수 있다.

"수고하고 무거운 짐 진 자들아 다 내게로 오라 내가 너희를 쉬게 하리라"(마 11:28).

그러나 예수님은 여기서 나아가 "나의 멍에"를 메라고 권고하신다.

"나의 멍에를 메고 내게 배우라"(마 11:29).

이것은 희생을 치르고 값을 지불하는 것을 의미하며 우리의 몸을 산제사로 드리는 일이다. 그로 말미암아 풍요로운 생명을 더 풍성히 누리게 된다.

인내는 덕의 여왕

 존 크리소스톰은 인내를 "모든 덕의 여왕"이라고 불렀다.

인내는 가만히 앉아서 아무것도 하지 않고 그저 참는 것이 아니다. 이것은 시련과 역경 가운데서도 좌절하지 않고 견디는 것을 말한다. 인내는 사람과의 관계에서 필수적으로 필요한 것이다. 바울은 모든 경우에 인내했지만 실패한 적도 있다.

바울은 바나바와 의견충돌이 있었을 때 인내하지 못하고 "서로 심히 다투어 피차 갈라서게"(행 15:39) 되었다. 그리고 대제사장 아나니아를 알지 못하고 아나니아에게 "하나님이 너를 치시리로다"라고 말함으로써 인내에 실패했다. 위대한 그리스도인인 바울조차 인내에 실패한 적이 있는데 하물며 우리에게 인내는 얼마나 어려운 과제일까. 고린도전서 13장의 사랑의 정의에서 사랑의 가장 큰 덕목은 인내임을 보여준다.

"사랑은 오래 참고… 모든 것을 참으며, 모든 것을 믿으며… 모든 것을 견디느니라."

사랑의 정의 가운데 무려 네 번이나 인내하는 것이 중요함을 보여준다. 또한 믿음의 완성으로 나아가는 사닥다리에서 인내는 가장 중요한 요소이다.

> "너희가 더욱 힘써 너희 믿음에 덕을, 덕에 지식을, 지식에 절제를, 절제에 인내를, 인내에 경건을, 경건에 형제 우애를, 형제 우애에 사랑을 더하라"(벧후 1:5-7).

14세기 서남아시아 티무르 제국의 황제가 원정길에 강력한 적군에 의해 패주하다가 여물통에 숨어 있는 신세가 되었다. 티무르는 절망 가운데 누워 있는데 개미 한 마리가 곡식 한 알을 거의 직각에 가까운 벽 위로 올리려고 애쓰는 것을 관찰하게 되었다.

자기보다 큰 낟알을 벽 위에 올리려고 시도하다가 69번이나 뒤로 넘어졌다. 마침내 70번째 성공했다. 그는 무릎을 쳤다. 어떤 난관에도 아랑곳하지 않고 끊임없이 노력하는 자가 승리하게 된다는 것을 깨닫게 된 것이다. 결국 티무르는 위대한 승리자가 되어 티무르 왕국을 건설하게 되었다. 하나님은 "게으른 자여 개미에게 가서 그가 하는 것을 보고 지혜를 얻으라"(잠 6:6)고 권고하신다.

믿음의 선한 싸움

기도는 보이지 않는 적과의 영적 싸움이다.

> "우리의 씨름은 혈과 육을 상대하는 것이 아니요 통치자들과 권세들과 이 어둠의 세상 주관자들과 하늘에 있는 악의 영들을 상대함이라"(엡 6:12).

바울은 디모데에게 "믿음의 선한 싸움을 싸우라"(딤전 6:12)고 말했다. 악한 영들은 인간의 능력을 넘어서기 때문에 바울은 이 싸움에서 승리하기 위해서는 단단한 각오로 무장해야할 것을 권고한다. 전장에 나서는 군인의 무장을 하거나, 경기장에서 선두를 차지하려는 경기자의 각오로 출전하거나, 많은 일을 마쳐야 하는 일꾼의 모습으로 전투에 임해야 한다.

> "그러므로 하나님의 전신갑주를 취하라 이는 악한 날에 너희가 능히 대적하고 모든 일을 행한 후에 서기 위함이라 그런즉 서서 진리로 너희 허리띠를 띠고 의의 호심경을 붙이고 평안의 복음이 준비한 것으로 신을 신고 모든 것 위에 믿음의 방패를 가지고 이로써 능히 악한 자의 모든 불화살을 소멸하고 구원의 투구와 성령의 검 곧 하나님의 말씀을 가지라"(엡 6:13-17).

악한 영들과의 일전은 실제로 우리에게 날마다 일어나는 전쟁이다. 크리스천은, 로마병사가 전장에 나가기 전 군인의 모습으로 사탄과의 전쟁에 임해야 한다. 사탄은 원래부터 거짓말쟁이이기 때문에 진리로 허리띠를 매야 한다.

"기회는 단 한 번 문을 두드리지만 유혹은 초인종 옆에 기대서 있다"라는 격언이 있다. 벨소리가 들릴 때 이것이 기회인지 아니면 유혹인지 분별하는 직관력이 필요하다.

그리고 의의 흉배를 붙이는 이유는 생명과 직결된 가슴을 보호하기 위함이다. 평안의 예비한 신발은 복음을 가지고 안전하고 신속하게 이동하기 위함이다. 믿음의 방패는 사탄이 쏘는 불화살을 막기 위함이다. 구원의 투구는 머리를 보호하기 위해 쓴다. 마귀가 우리의 머리를 지배하면 온 몸을 사탄에게 내어주게 된다.

마귀가 우리의 머릿속에 가라지를 뿌리기 전에 좋은 씨를 심어야 한다. 성령의 검, 즉 하나님의 말씀은 유일한 공격용 무기다. 예수님이 광야에서 마귀로부터 시험당할 때 사용했던 주 무기는 바로 하나님의 말씀이었다. 우리는 하나님의 말씀을 마음속에 풍성히 저장할 뿐만 아니라 암송함으로써 필요할 때 즉시 입술로 고백하여 적을 물리쳐야 한다. 이 모든 것 위에 기도로 총력전을 치러야 한다.

"모든 기도와 간구를 하되 항상 성령 안에서 기도하라"(엡 6:18).

영적전쟁에서는 휴식도 없고 전후방도 존재하지 않는다.

믿음의 선한 싸움

하나님의 진노는 인간의 진노와는 다르다. 인간은 악의를 갖거나 벌컥 화를 내거나 심술궂거나 원한이 있을 때 화를 낸다. 그러나 하나님의 진노는 악에 대한 거룩한 분노, 악을 눈감아 주거나 타협하는 것에 대한 거부, 그리고 악에 대한 의로운 심판이다. 하나님의 진노는 오직 악을 향한다. 인간은 자존심이 상처를 입을 때 화를 낸다.

삼국지의 촉나라 장수 관우는 전쟁의 신으로 추앙받으며 서울의 동묘에까지 사당이 남아있다. 그러나 그의 최후는 초라했다. 손권이 관우와 사돈을 맺자고 제의해 왔을 때 "범의 새끼가 개의 새끼와 짝을 이룰 수 있는가"라고 하며 화를 내며 손권을 우습게 보고 모욕했다. 이에 격분한 손권은 대군을 이끌고 관우를 습격했다. 패주한 관우는 일개 무명병사의 손에 최후를 맞이했다.

하나님은 개인적으로 자존심이 상해서 화를 내지 않으신다.
악 외에는 하나님의 진노를 불러일으키는 것이 없다.

"모압은 젊은 시절부터 평안하고 포로도 되지 아니하였으므로 마치 술이 그 찌끼 위에 있고 이 그릇에서 저 그릇으로 옮기지 않음 같아서 그 맛이 남아 있고 냄새가 변하지 아니하였도다 그러므로 여호와께서 말씀하시니라 날이 이르리니 내가 술을 옮겨 담는 사람을 보낼 것이라 그들이 기울여서 그 그릇을 비게 하고 그 병들을 부수리니… 모압이 그모스로 말미암아 수치를 당하리로다"(렘 48:11-13).

모압은 여호와의 명을 외면하고 교만하였으므로 하나님의 진노를 받고 결국 멸망에 이르렀다.

평안한 호수에는 이끼가 끼고, 출렁이는 강에는 이끼가 낄 새가 없다. 뉴질랜드에는 뜸북새를 비롯한 다섯 종류의 새가 서식하고 있다. 이 나라에는 이리나 사자 등 사나운 짐승이 없으므로 새들은 날 필요가 없도록 적응되어 왔다. 너무 평안하기 때문에 새들은 본연의 기능을 상실하고 창공을 날지 못하며, 뒤뚱거리며 땅만 보고 살아가고 있다.

아가페 사랑과 필로스 사랑

그리스도인의 진정한 영적 삶은 예수 그리스도의 삶과 닮은 것이 되어야 한다. 누가복음 9장 22절에 보면 "인자가 많은 고난을 받고 장로들과 대제사장들과 서기관들에게 버린바 되어 죽임을 당하고 제삼일에 살아나야 하느니라"고 하였다. 사건의 순서를 보면 버린바 되고, 죽임을 당하고, 살아나는 것이다. 우리의 삶도 세 단계를 거쳐야 한다. 버린바 되고, 죽임을 당하고, 다시 살아나는 순서를 밟은 후 진정한 그리스도인이 된다.

우리는 배척을 당하고 죽음을 당하는 실재를 거치지 않고 다시 살아나는 단계로 들어갈 수 없다. 배척과 죽음을 당하는 것은 우리가 그리스도인이 되었을 그 순간에만 있는 것이 아니라 우리 생애 속에서도 계속된다.

C.S. 루이스는 "인간은 이성간의 사랑인 에로스(eros)에 의해 탄생하고, 부모 형제의 혈연적인 사랑인 스토르게(storge)에 의해 양육된다고 말했다.

911테러가 있은 후 잔해작업을 하던 중 잘려나간 손 하나를 발견했다. 꼭 움켜 쥔 여자 손이었다. 그 손을 펴보니 손안에는 자그마한 어린아이의 손이 있었다. 유추해 보건대 어머니가 아이의 손을 잡고 끝까지 놓지 않고 죽은 모습이었다. 어머니의 사랑은 위대하고 놀랍다. 그리고 친구 간 우정인 필로스(philos)에 의해 성숙되고, 하나님의 사랑인 아가페(agape)에 의해 완성된다"라고 말했다.

예수님은 베드로에게 세 번 "네가 나를 사랑하느냐"라고 반복해서 물었다. 베드로는 세 번 똑같이 "내가 주를 사랑하나이다"라고 대답했지만 마지막은 근심하여 대답했다.

왜 이런 일이 발생했을까?

예수님은 처음부터 아가페사랑으로 물었는데, 베드로는 필로스의 사랑으로만 대답했다. 베드로는 예수님을 갈릴리 바다에서 처음 만났을 때부터 친구로서 신뢰하고 믿은 것이지 하나님의 사랑으로 대하지 못했던 것이다.

십자가 복음

유럽에서 인간의 수명은 16세기에는 40세였다가, 17세기에는 전염병 창궐로 35~36세로 낮아졌고, 간신히 40세로 회복된 것은 18세기에 들어선 뒤였다. 사인은 페스트, 인플루엔자, 이질, 천연두 등의 질병이었다. 1,800년 이전 대부분의 유럽 사람들은 젊은 나이에 전염병, 또는 질병으로 죽었다. 그 당시 유럽인들의 수명은 35세에 불과했다.

프랑스 과학자 루이 파스퇴르는 전염병이 미생물에 의해 발생한다는 사실과 병에 대한 면역력을 갖추는 획기적인 방법을 발견했다. 각종 전염병에 대한 예방백신을 발명하자 인간의 수명은 2배로 증가했다. 파스퇴르는 탄저병, 광견병, 콜레라 등의 치료백신을 개발하였다. 우리나라의 경우 조선시대 500년간 27명의 왕의 평균수명은 46세에 불과했다. 하물며 평민의 수명은 그보다 훨씬 못 미쳤을 것이다.

조선 8도에서 매일 올라오는 최고의 산해진미를 먹으면서도 왕들은 궁내에서조차 가마를 타고 다녔다. 운동량이 절대적으로 부족한 왕들이 각종 성인병에 걸리게 된 것은 자명한 이치다. 홍역이나 천연두, 학질과 같은 역병이 돌게 되면 평민은 말할 것도 없고 왕자나 공주, 옹주들도 열 살을 넘기지 못하고 부지기수로 죽어나갔다.

톨스토이는 인생을 다음과 같이 묘사했다.

"야생 들소에 쫓겨 도망하는 한 사람이 있다. 그는 힘껏 달렸으나 막다른 절벽에 이르러 그만 발을 헛디뎌 아래로 떨어지고 말았다. 구사일생으로 나뭇가지에 걸려 살아나게 되었지만 절망 가운데 나뭇가지에 매달려 있는 신세가 되었다. 아래를 내려다보니 독사가 우글거리고 있었다. 그런데 눈을 들어 앞을 보니 손에 닿을 곳에 야생 꿀이 있었다. 손으로 찍어 먹어 보니 너무나 달콤하고 맛이 있었다. 끊임없이 찍어먹으면서 즐거움에 흠뻑 취해 있었다.

그런데 소리가 나서 위를 보니 들쥐가 자신이 매달려 있는 나뭇가지를 갉아먹고 있는 것이 아닌가. 이 사람은 위를 보아도 절망이요, 아래를 보아도 살아날 길이 없는 상황에서 달콤한 꿀에 취해서 즐거워하고 있다."

앞뒤가 다 막힌 상황에서도 눈앞의 달콤한 이익에 연연하며 살아가는 것이 우리의 모습이다. 인간은 헛된 인생을 살면서도 부귀영화와 육신의 정욕, 안목의 정욕, 이생의 자랑이라는 꿀에 취하여 만족하며 살아가고 있다.

인류 역사상 가장 부귀영화를 풍족하게 누린 사람은 솔로몬 왕일 것이다. 그는 노년에 인생을 돌아보면서 회고하기를 "전도자가 이르되 헛되고 헛되며 헛되고 헛되니 모든 것이 헛되도다"(전 1:2)라고 고백하고 있다.

"눈은 보아도 족함이 없고 귀는 들어도 차지 아니하며 해 아래에서 행하는 모든 일이 다 헛되어 바람을 잡는 것과 같다"라고 탄식하고 있다. 그 인생에 예수님의 십자가 복음이 전해지지 않으면 헛된 삶을 살다가 사망의 나락으로 떨어질 수밖에 없다.

기독교인이든 아니든 죽음 이후의 세계가 있다고 주장해 왔다. 소크라테스, 플라톤, 칸트, 괴테, 슈바이처, 에디슨, 파스칼 등 많은 사람들이 영혼의 불멸을 주장했다.

인도의 시성 타고르는 "죽음이란 등불을 끄는 것이 아니라 아침이 밝았기 때문에 등불을 끄는 것이다"라고 말했다. 등불이 없어도 밝은 세상이 존재한다는 의미이다.

에디슨은 임종 직전 "저 건너편은 대단히 아름답습니다"라고 말한 후 숨을 거두었다. 에디슨은 죽음 이후의 천국을 보았다.

우리는 죽는 것을 슬퍼하지만 하나님은 기독교인의 죽음을 귀중히 여기신다.

"경건한 자들의 죽음은 여호와께서 보시기에 귀중한 것이로다"(시 116:15).

하나님의 형상을 따라 지음 받은 인간의 마음은 우주처럼 끝없이 발전하고 한계가 없다. 인간의 잠재력은 무궁무진하고 깨달음은 끝이 없다.

징계와 고난을 두려워 말자

 우리는 종종 재능의 부족으로 실패하는 것이 아니라 결단의 부족으로 실패한다.

인류는 수렵채취나 사냥으로 생계를 꾸려갈 때보다 농경생활을 할 때 더 풍요롭게 살 수 있었다. 두 그룹의 부족이 동일면적의 들판과 숲속에서 각각 농사와 사냥으로 생활해 나간다고 가정하면, 들에서 농사짓는 그룹이 숲속에서 사냥하는 그룹보다 단위면적당 생산성이 훨씬 높다. 들에서 농사를 짓는 그룹은 길들인 소나 말 등으로 일과 식량문제를 해결하고 고정된 장소에서 평안한 삶을 누릴 수 있다.

그러나 수렵채취 부족은 숲속에서 식용으로 할 수 있는 식물을 채취하거나 사냥으로 살아가야 한다. 대부분의 식물은 식용으로 부적합하고 광범위하게 움직이지 않는 한 사냥할 동물도 많지 않았다. 그래서 멀리 이동하며 피곤한 생활을 해나가야 한다.

창세기의 야곱과 에서 이야기를 보면 사냥꾼 에서는 항상 허기진 상태로 집으로 돌아오곤 했다. 그러나 야곱은 농사꾼으로 풍요롭게 지내고 있었다. 그래서 사냥꾼 에서는 농사꾼 야곱보다 항상 열위에 있었다. 결국 에서는 굶주린 배를 채우기 위해 야곱에게 팥죽 한 그릇에 장자권을 넘겨주는 신세가 된다.

인간의 시각으로 본다면 야곱은 형을 속여서 장자의 직분을 가로채고, 아버지를 속여서 장자의 축복을 가로챈 사기꾼과 같은 자이다. 그러나 야곱이 고난과 시련 가운데서 하나님을 만났을 때, 하나님은 그를 붙드시고 연단하셔서 우리가 본받고 따라야 할 믿음의 선진으로 삼으셨다. 아브라함의 하나님, 이삭의 하나님, 야곱의 하나님으로 높이셨다. 위기의 높은 산과 시련의 골짜기를 통과하면 영적 눈이 밝아진다.

하나님의 생각은 우리 인간의 생각과 다르다. 하나님 손에 붙잡히면 어떠한 인생도 변화 받고 위대한 일을 할 수 있다. 하나님은 말씀하시기를 "내 생각이 너희의 생각과 다르며 내 길은 너희의 길과 다름이니라 이는 하늘이 땅보다 높음같이 내 길은 너희의 길보다 높으며 내 길은 너희의 길보다 높다"(사 55:8-10)라고 하신다.

"볼지어다. 하나님께 징계 받는 자에게는 복이 있나니 그런즉 너는 전능자의 징계를 업신여기지 말지니라 하나님은 아프게 하시다가 싸매시며 상하게 하시다가 그 손으로 고치시나니"(욥 5:17-18)

하나님께서는 우리가 감당치 못할 시험당하는 것을 허락지 않으신다. 하나님은 우리에게 선물을 보낼 때 고난이란 종이에 포장하여 보낸다. 고난이 클수록 선물도 크다.

천동설과 지동설

코페르니쿠스는 "태양계의 중심은 지구가 아니라 태양이며, 지구는 태양을 중심으로 회전한다"라는 지동설을 주장했다. 이탈리아 르네상스 시대 자연철학자인 브루노도 별이 행성계를 구성하고, 우주는 무한하며, 지구는 태양 주위를 돈다는 코페르니쿠스의 견해를 지지했다. 이는 중세 가톨릭교회의 주장과 정면으로 배치되는 것이었다. 브루노는 종교재판소에서 1,600년 화형을 당했다. 근대 물리학의 기초를 닦은 갈릴레오도 코페르니쿠스의 지동설을 옹호하여 종교재판소에서 사형을 선고받았다.

그러나 그는 "잘못되었습니다. 저의 생각을 철회하겠습니다"라고 하여 종신형으로 감해졌고 나중에 납중독으로 사망했다.

그 당시는 접시와 그릇 등 가정용품에 납 광택제를 썼고 납과 수정으로 만든 포도주병, 납 술통에 저장된 포도주 등에 의해 많은 사람들이 원인도 모른 채 죽어갔다. 그 당시 칼뱅27)까지도 시편 93편 1절을 인용하여 지구가 우주의 중심이며, 태양이 지구 주위를 돈다는 천동설을 주장했다.

> "여호와께서 다스리시니 스스로 권위를 입으셨도다 여호와께서 능력의 옷을 입으시며 띠를 띠셨으므로 세계도 견고히 서서 흔들리지 아니하는도다"(시 93:1).

여기서 칼뱅은 세계를 지구로 보고 움직이지 않는다고 이해했다. 칼뱅은 코페르니쿠스의 지동설을 반박하기 위하여 성경을 잘못 해석하는 어리석음을 보였다. 또한 교황청은 물론이요, 루터 등 프로테스탄트의 핵심 이론가들조차 코페르니쿠스를 비판했다. 그 근거로서 성경에서 여호수아가 전쟁하는 동안 태양을 향해 명령한 것을 제시했다.

"태양아 너는 기브온 위에 머무르라"(수 10:12).

여호수아는 지구가 아니라 태양을 향해 멈추라고 명령했다는 것이다.

루터는 지동설을 주장하는 코페르니쿠스와 갈릴레오 등을 향하여 천문학 전체를 뒤엎으려는 바보라고 비난했다. 결국 위대한 종교지도자인 루터와 칼뱅도 성경을 잘못 해석하는 오류를 저질렀다.

그 후 350여 년이 지난 1,992년이 되어서야 가톨릭교회는 갈릴레오에게 했던 행동에 대해 공식적으로 사과했다.

희망의 메시지

기원전 598년에 바빌로니아 사람들에게 예루살렘이 점령되었을 때 에스겔은 수천 명의 고위급 유대인들과 함께 바빌론으로 끌려갔다. 거기서 예언자가 되었다. 에스겔은 이스라엘 밖에서 예언자로 산 최초의 인물이었다.

기원전 586년에 예루살렘은 멸망했다. 예루살렘이 망한 후 그는 유대인들이 다시 고국으로 돌아갈 것을 예언했다. 미래에 대한 환영을 보았다. 죽은 유대인들의 부활을 암시하는 환영이었다. 하나님은 환영에서 에스겔을 시체들이 즐비한 골짜기로 데려갔다.

"이 뼈들이 살 것인가"라고 하나님은 에스겔에게 물었고, "이 뼈들이 생기를 얻고 살아나 큰 군대를 이룰 것"이라고 예언했다.

하나님이 예언한 대로 사방에서 생기가 불어 들어와 살해당한 사람들이 살아나 큰 군대를 이루는 기적이 일어났다. "너희가 무덤을 열고 일어나 이스라엘 땅으로 갈 것"이라고 예언했다. 많은 유대인들이 홀로코스트 후 불과 3년 만에 이스라엘이 재건되었고, 에스겔이 2,600년 전 본 기이한 환영이 실현되었다.

상상력의 힘

사물을 보고 관찰한 사람보다 그렇지 않은 사람이 더 현상을 정확하게 묘사하고 본질에 가까운 서술을 하는 경우가 있다. 그래서 가장 아름다운 경치는 글로 쓴 경치이며, 그다음이 그림으로 보는 경치이고, 마지막이 직접 눈으로 보는 경치라는 말이 있다. 글로 쓴 경치가 가장 아름다운 것은 글을 읽으며 갖가지 상상을 할 수 있기 때문이다.

루스 베네딕트(Ruth Benedict)는 ≪국화와 칼≫(Chrysanthemum and the Sword)이라는 저서에서 일본민족의 본성을 날카롭게 지적하고 있다. 손에는 국화를 들고 탐미적이며 유순한 모습을 보이지만, 허리에는 긴 칼을 차고 언제라도 싸움을 치를 자세를 갖추고 있다.

베네딕트는 한 번도 일본을 방문한 적이 없는 인류학자지만, 문헌연구와 주변 일본사람들에 대한 면담을 통해 어느 누구보다도 일본을 정확하게 묘사하고 있다.

≪타잔≫ 시리즈의 저자 버로스 역시 한 번도 아프리카를 가보지 않았지만 아프리카의 밀림을 누비며 살아가는 타잔의 생애를 상상력으로 흥미진진하게 묘사하고 있다. 믿음생활에서도 우리가 실체를 보지 않고서 믿는 자가 더 복되다고 한다.

"예수께서 이르시되 너는 나를 본 고로 믿느냐 보지 못하고 믿는 자들은 복되도다"(요 20:29).

가장 위대한 그리스도인 바울

바울의 외모는 짙은 회색의 턱수염과 파란 눈, 그리고 희고 불그스레한 얼굴을 지녔다고 전해진다. 미소를 잘 지었으며 약하고 말이 능하지 못한 사람이었다. 또한 두 눈썹은 중간에서 만나며 코가 다소 크고 작은 키에 대머리에다 안짱다리였다. 그러나 은혜가 충만하고, 어떤 때는 사람인 것처럼 보이고 어떤 때는 천사의 모습 같았다고 한다.

"형제들아 너희를 부르심을 보라 육체를 따라 지혜로운 자가 많지 아니하며 능한 자가 많지 아니하며 문벌 좋은 자가 많지 아니하도다"(고전 1:26).

바울이 인류 역사상 가장 위대한 그리스도인이라는 점에 이의를 달 사람은 없다. 바울이 전해준 서신서들은 영적 지진을 일으켰고, 이것이 없었다면 기독교는 결코 존립하지 못했을 것이라고 마이클 그랜트는 선언했다. 그런데 기도의 사람 바울이 "우리가 마땅히 기도할 바를 알지 못한다"(롬 8:26)라고 고백한 것은 우리를 당황스럽게 한다.

그러나 보혜사 성령께서 우리 마음을 감찰하시고, 우리를 대신 하여 말할 수 없는 탄식으로 간구하신다는 약속은 곧바로 우리를 든든하게 해준다. 기도는 의식적인 마음의 활동만은 아니다. 간절히 주님을 구할 때 "내가 잘지라도 내 마음은 깨어"(아 5:2) 있게 된다. 바울의 사역을 떠나서는 기독교의 확산을 생각할 수 없다.

바울은 신약성경의 거의 절반을 기록하였고, 말씀과 사역을 통해 우리에게 준 영향력은 실로 지대하다. 그러나 유대인들의 입장에서 바울은 율법의 배반자요, 이스라엘 민족의 정체성을 훼손한 자였다.

기도응답 네 가지: Yes·No·Wait·Another

기도는 영적인 싸움이며 씨름이다. 싸움터에 나가는 전사의 모습으로 전신갑주를 취하라는 것도 이 때문이다. 전쟁터에서 "최선의 공격은 방어다"라는 격언은 영적전투에서도 적용된다. 적의 공격을 막기 위한 방어용 전신갑주는 진리의 허리띠, 의의 흉배, 복음으로 예비한 신발, 믿음의 방패 등이다.

그러나 오직 성령의 검, 즉 하나님의 말씀만이 공격용 무기다. 말씀을 가지고 무시로 성령 안에서 기도함으로써 적의 견고한 진을 파쇄할 수 있다.

존 녹스는 스코틀랜드의 종교개혁자였다. 메리 여왕이 스코틀랜드의 개신교 신자들을 모두 죽이라고 명령하자 존 녹스는 자기 서재에 들어가 목숨을 내놓고 애끓는 기도를 드렸다.

"하나님, 스코틀랜드를 저에게 주십시오. 아니면, 저를 죽여 주십시오."

그는 기도하던 방의 창문을 열고 메리 여왕이 살고 있는 궁전을 바라보며 부르짖었다. 그리고 얼마 지나지 않자 메리 여왕은 중병에 걸려 죽게 되었다. 여왕은 죽기 전에 "존 녹스 한 사람의 기도가 백만 대군보다 무섭다"라는 말을 남기고 죽었다.

존 녹스의 기도를 통해 스코틀랜드의 수많은 개신교 신자들이 목숨을 건졌다. 육신에 속한 사람의 특징은 사람을 두려워하고 하나님을 두려워하지 않는다. 반면에 영에 속한 사람은 하나님을 두려워하고 사람을 두려워하지 않는다. 존 녹스는 여왕의 사악한 명령을 조금도 두려워하지 않고 오직 하나님께 애절한 기도를 드렸으며 그 응답은 즉시 내려왔다.

기도응답은 네 가지 형태(Yes·No·Wait·Another)로 주어진다.

첫째, Yes는 즉각적인 응답이다.

우리 기도가 주님의 뜻과 합치될 때 즉시 응답된다. 존녹스의 기도가 바로 그런 예다.

둘째, No는 우리가 정욕으로 사용하기 위해 잘못 구하는 경우와 죄를 회개하지 않은 경우는 받을 수 없다.

"구하여도 받지 못함은 정욕으로 쓰려고 잘못 구하기 때문이라"(약 4:3).

C.S. 루이스는 "하나님이 내 생애 동안 구한 어리석은 기도를 모

두 들어주셨다면 나는 과연 지금 어떻게 되었을까?"라고 반문했다.

"오직 너희 죄악이 너희와 너희 하나님 사이를 갈라놓았고 너희 죄가
그의 얼굴을 가리어서 너희에게서 듣지 않으시게 함이니라"(사 59:2).

셋째, Wait는 때가 이르지 않은 경우이다.

조지 뮬러는 친구의 구원을 위해 수십 년간 기도했지만, 뮬러가
죽을 때까지 그 친구는 회심하지 않았다. 그러나 뮬러가 죽은 후
얼마 되지 않아 그 친구는 회심하고 주께로 돌아왔다.

넷째, Another는 우리 기도가 주님 보시기에 합당하지만 우리의
생각과 마음이 깊지 못해 구한 것 외에 다른 것으로 응답되는 경
우다.

"내 생각이 너희 생각과 다르며 내 길은 너희의 길과 달라서 하늘이
땅보다 높음같이 내 길은 너희의 길보다 높으며 내 생각은 너희의
생각보다 높으니라"(사 55:8-10).

인디언들이 기우제를 지내면 반드시 비가 온다는 말이 있다. 그
것은 인디언들의 기도응답으로 비가 온 것이 아니라 비가 올 때까
지 제사를 지냈기 때문이다. 가뭄이란 자연현상은 몇 달 내지는 몇
년이 지속되더라도 자연법칙에 따라 언젠가는 비가 오게 마련이다.

마귀를 대적하라

루터는 "마귀가 우리를 속이고 죽이고 멸망시키려고
할 때 마귀를 몰아내는 가장 확실한 방법은 마귀를 조
롱하고 비웃는 것이다"라고 말한다. 마귀는 교만의 영이므로 조롱

당하는 것을 견디지 못한다. 교만한 자가 가장 견디지 못하는 것은 그를 무시하고 조롱하는 것이다. 그러므로 우리가 마귀를 대적할 때는 다음과 같이 선포해야 한다.

"사탄아 물러가라. 이 더러운 귀신아, 저주받은 귀신아, 너는 이곳에 있을 자격이 없다. 내가 나사렛 예수의 이름으로 너에게 명하노니 떠나가라."

마귀를 예수 그리스도의 보혈과 이름으로 엄히 꾸짖고 조롱하고 떠나도록 명하는 것은 성경적이다.

"그 귀신에게 이르되 예수 그리스도의 이름으로 내가 네게 명하노니 그에게서 나오라 하니 귀신이 즉시 나오니라"(행 16:18).

인생의 황혼녘

별다른 놀이기구가 없었던 어린 시절, 해가 뜨면 마을 공터에서 친구들과 땅따먹기, 구슬치기, 딱지치기에 시간가는 줄 모르고 푹 빠져 놀았던 적이 있다. 온종일 뙤약볕 아래서 구슬땀을 흘리며 구슬 하나, 딱지 하나를 더 얻고, 땅 한 뼘을 더 넓히려고 노력하는데 어둑어둑 땅거미가 지면, 그 재미있던 게임을 더 이상 할 수 없게 되고 모든 것을 버려두고 집으로 향하곤 했다.

어머니들이 자기 아이를 찾으러 이름을 부르며 오는데, 어머니가 출타중이어서 집에 가도 반겨줄 사람이 없는 아이들은 문득 어린 마음 속에 두려움이 엄습해 옴을 느낀다.

'나는 어디로 가야 하나…'

우리 인생도 마찬가지이다. 우리 모두는 부지런히 일하고 땅 한 평 더 가지려고 아등바등 노력하며 살아가고 있다. 모두가 세상일에 몰두하지만 누구에게나 인생의 황혼은 찾아온다. 빈부귀천 남녀노소를 막론하고 하나님이 오라 하시면 모든 것을 버려두고 하나님 앞에 서야 한다.

성경은 "한번 죽는 것은 사람에게 정해진 것이요 그 후에는 심판이 있으리니"(히 9:27)라고 말씀한다. 우리가 하나님 앞에 섰을 때 갈 곳이 마련되어 있지 않는 사람, 아무도 반겨주지 않는 사람은 얼마나 불쌍한 사람인가. 그래서 성경은 "오라 하시는도다 듣는 자도 오라 할 것이요 목마른 자도 올 것이요 또 원하는 자는 값없이 생명수를 받으라"(계 22:17)고 말씀하신다.

911테러로 인해 약 3천 명이 사망했다. 미연방정부는 사망자에 대한 보상금을 책정할 때 부자와 약자에게 공평하게 분배하려고 노력했다. 그러나 유족에게 돌아간 보상금은 크게 차이가 났다. 한 금융회사 간부는 약 76억 원을 받았고, 불법체류자 신분의 요리사는 약 2억7천 만 원을 수령했다. 보상금은 경제적 손실과 비경제적 손실의 합으로 계산되었다.

경제적 손실보상금은 희생자의 연령과 연봉을 기준으로 계산되었다. 비경제적 손실보상금은 슬픔에 대한 보상으로서 부자나 빈자나 똑같은 금액이 책정되었다. 이렇듯 세상에서는 지위와 신분에 따라 모든 사람이 차별을 받으며 심지어 죽어서까지 차별을 받는다. 하지만 하나님 나라에서는 빈부귀천은 문제시되지 않는다.

우리 죄를 저 멀리 던지시는 하나님

조선시대 국왕이 두려워한 것은 사관이었다. 왕과 세도가는 사관의 붓을 두려워했다. 왕이 정치를 잘못하면 그대로 기록하고 대신들의 비리도 그대로 기록했다. 사관이 기록한 사초(史草)는 역사편찬의 중요한 기초가 된다. 사초를 작성하는 사관은 조정의 모든 행사와 회의에 참여하여 정사의 잘잘못과 국왕의 언동, 관리의 선행과 비리 등을 일정한 형식을 따라 매일 기록하였다.

사관은 사초를 절대로 누설할 수 없도록 법적으로 제한하였다. 이에 사관은 해박한 역사지식과 현실을 직시하고 공정하게 기록하는 능력을 갖춘 자가 담당하였다. 세종은 자신의 선왕인 태종의 행적을 참고하고자 태종실록을 열람하고자 했을 때 우의정인 맹사성은 왕은 실록을 볼 수 없다고 직언했다. 왕을 비롯한 어느 누구라도 실록의 열람은 금한다는 것이 조정의 원칙이었다. 왕이 실록을 열람하게 되면 사관의 직필을 막고 정국을 파행으로 몰고 가기 때문이다.

그러나 에스더 6장 1절 이하에 보면 아하수에로 왕은 역대일기를 가져다가 읽었다고 기록되어 있다. 우리나라와는 다르게 에스더서에서는 왕이 역대일기를 읽음으로써 오히려 정의가 바로 서게 되었다. 그 일기 가운데, 모르드개가 왕을 모살하려고 했던 두 내시의 음모를 알고 이를 고발하여 왕의 목숨을 보전한 사실이 있었지만, 아무런 상이 없었음을 알게 되었다. 왕은 국무총리 하만에게 모르드개에게 왕복을 입히고 말에 태워 왕의 방백 중 가장 높은 자인 하만이 그 앞에서 성중 거리를 다니며 "왕이 기뻐하는 자는 이같이 할 것"이라고 외치도록 했다.

연산군 때 발생한 무오사화(1498년)는 대신 이극돈이 사초를 열람하고 성종실록 작성 시 김종직이 단종 폐위 사건과 자신의 비리를 비난한 사실을 발견한 데서 비롯되었다. 당상관 이극돈은 자신의 비리가 사초에 기록된 것을 발견하고 사관 김일손에게 사초를 수정하라고 요구했다. 김일손이 이를 거절하자 세조를 격노케 하여 세조를 비방한 김종직을 대역죄로 다스려 부관참시했다. 또한 사관 김일손을 능지처참했다.

그러나 그 뒤의 실록에서는 다시 이극돈의 비행과 김일손의 곧은 기개 등이 다시 사관에 의해 공정하게 기록되었다. 과거의 죄를 들추어내고, 그 죄를 다시 심판하는 인간의 행적은 우리의 역사에서 자주 찾아볼 수 있다. 그러나 하나님은 우리의 죄를 동이 서에서 먼 것처럼 저 멀리 던지시고 기억도 아니하신다고 말씀하신다.

우리가 남으로 계속 가면 남극이 나오고, 그 남극을 돌아서 계속 남으로 나아가면 북극에 도달하지만 동으로 아무리 진행해도 동쪽의 끝은 나오지 않는다. 동은 서와 영원히 만날 수 없는 위치에 있다. 그래서 성경은 하나님이 우리 죄를 다루실 때 동이 서에서 먼 것처럼 우리 죄를 버리신다고 말씀하신다. 이처럼 하나님은 우리의 죄를 한번 용서하시면 다시 들추어내는 법이 없이 영원히 버리시는 분이다.

"만일 우리가 우리 죄를 자백하면 그는 미쁘시고 의로우사 우리 죄를 사하시며 우리를 모든 불의에서 깨끗하게 하실 것이요"(요일 1:9).

예수님의 부활

처음 복음을 접하는 분들이 가장 많이 의심하고 질문하는 부분이 부활에 관한 문제이다. 종종 부활의 문제로 인하여 신앙을 받아들이지 못하는 사람들이 있다. 즉 예수님의 부활사건은 착각이거나 지어낸 것이며 설령 부활이 있다고 하더라도 그것이 과연 나의 삶과 무슨 관계가 있는가라는 의문이다. 예수님의 부활은 착각에 불과하고 지어낸 거짓말이라는 주장을 예수님 당시의 사람들도 가지고 있었다.

그러나 고린도전서 15장 3절에서 6절을 보면 "성경대로 그리스도께서 우리 죄를 위하여 죽으시고 장사지낸바 되었다가 성경대로 사흘 만에 다시 살아나사 게바에게 보이시고 후에 열두 제자에게와 그 후에 오백여 형제에게 일시에 보이셨다"라고 말씀하고 있다.

베드로와 열두 제자, 그리고 500명이 부활을 목격하였다는 것이다. 그리고 성경은 예수님이 부활하신 후 열한 번이나 사람들 앞에 나타나셨다고 기록하고 있다. 횟수로는 열한 번, 인원수로는 모두 500명 이상의 사람들에게 부활하신 예수님이 나타난 이 사건이 거짓말이나 착각이 될 수 있겠는가? 그러면 부활은 우리의 삶과 어떤 관계가 있는가?

2,000년 전에 우리의 죄를 대속해 주시려고 오신 예수님은 바로 이 자리에 우리와 함께하고 계신다. "두세 사람이 내 이름으로 모인 곳에는 나도 그들 중에 있느니라"(마 18:20)고 약속하고 계시기 때문이다. 하나님께 나아오면 "너희가 노년에 이르기까지 내가 그리하겠고 백발이 되기까지 내가 너희를 품을 것이라 내가 지었은즉 내가 업을 것이요 내가 품고 구하여 내리라"(사 46:4)고 하셨다. 또 하나님의 자녀가 되면 "내가 너를 내 손바닥에 새겼고 너의 성벽이 항상 내 앞에 있나니"(사 49:16)라고 말씀하신다. 하나님은 우리가 손바닥을 들여다보듯이, 우리를 자신의 손바닥에 새겨서 지켜 주신다고 하신다. 또한 우리를 불꽃 같은 눈으로 지키시고 우리가 침 삼킬 동안도 우리에게서 눈을 떼지 않으신다고 약속하신다.

시편 121편 1-3절에는 "내가 산을 향하여 눈을 들리라 나의 도움이 어디서 올까 나의 도움은 천지를 지으신 여호와에게서로다 여호와께서 너를 실족하지 아니하게 하시며 너를 지키시는 이가 졸지 않으시리로다"라고 말씀하셨다.

졸지도 주무시지도 않으시고 주야로 우리를 지켜주신다.

괴테가 쓴 《파우스트》에서 주인공 파우스트는 삶에 회의를 느끼고 자살을 결심하고 길을 가다가 어디선가 들려오는 부활의 기쁜 소리를 듣는다. "예수 부활하셨네 할렐루야!" 교회에서 들려오는 부활절 성가대의 소리를 듣고 파우스트는 마음을 고쳐먹는다. 자살하는 길에서 부활의 주님을 만나고 생명의 길로 나아간다.

미국에서 실시한 연구 결과에 의하면 교회 성가대원의 면역세포가 일반인에 비해 평균적으로 1,000배가 많았다고 한다. 하나님은 인간을 자신의 영광을 위하여 창조했다.

"내 이름으로 불려지는 모든 자 곧 내가 내 영광을 위하여 창조한 자를 오게 하라 그를 내가 지었고 그를 내가 만들었느니라"(사 43:7).

하나님께 영광을 돌리는 가장 좋은 방법은 그를 찬양하는 것이다.

성령의 관통성

 "내가 그리스도와 함께 십자가에 못 박혔나니 그런즉 이제는 내가 사는 것이 아니요 오직 내 안에 그리스도께서 사시는 것이라 이제 내가 육체 가운데 사는 것은 나를 사랑하사 나를 위하여 자기 자신을 버리신 하나님의 아들을 믿는 믿음 안에서 사는 것이라"(갈 2:20).

"내가 아버지 안에 거하고 아버지는 내 안에 계신 것을 네가 믿지 아니하느냐"(요 14:10).

성령의 특성은 관통(침투)성에 있다. 성령은 인간의 몸과 같은 물질도 관통하고 정신도 관통한다. 그리고 성령은 인간의 영과 같은 다른 영에도 관통하며 그 영과 실제로 화합한다. 성령은 인간의 마음에 침투해서 스스로 좌정하고 계시되 본질적으로 인간에게 속한 어느 것이든 무시하거나 손상하지 않는다. 다만 성령이 내주하시면 악은 스스로 물러간다.

그런데 하나의 인격이 어떻게 다른 하나의 인격 속에 들어갈 수 있을까. 쇳조각을 불에 넣고 석탄으로 풀무질을 하는 것을 예를 들어 보자. 처음에는 두 개의 분명한 이질적인 물질인 쇳조각과 불이 있다. 불속에 쇳조각을 넣을 때 처음에는 쇳조각이 불속을 관통하게 된다. 그러다가 조금 있으면 불이 쇳조각을 관통하기 시작한다.

이제는 불속에 쇠가 있고 또한 쇳조각 속에 불이 있다. 이 둘은 별개의 두 물질이지만 서로 혼합되고 관통해서 이젠 둘이 하나가 되는 지경에 이른다. 쇠와 불이 똑같이 발갛게 달아올라서 쇠가 불이요 불이 쇠가 되는 것이다. 성령이 우리 영혼을 관통하는 것도 이와 같다. 성령과 나 자신은 별개의 독립된 존재였으나 성령이 우리 영혼을 관통하게 되면, 이제 우리는 체험적으로 하나님과 하나가 되어 있다.[30]

신약의 이해

신약 27권 중 기독교인의 신앙생활의 핵심과 본질을 알려주는 4권을 선택한다면 로마서와 갈라디아서와 히브리서와 에베소서가 될 것이다.

마틴 루터는 로마서 3장 21-26절을 "로마서 및 성경 전체의 요점이요, 핵심 부분이다"라고 말했다. 루터는 이 구절이 로마서의 요약일 뿐만 아니라 신구약 전체의 에센스임을 피력하고 있다. 성경의 모든 구절이 중요하지만, 바울은 성경적인 구원관을 이곳에서 놀랍도록 섬세하게 서술하고 있다. 하나님이 자신을 거역하는 인류에 대한 구원의 길을 제시하고 있다. 그리스도가 오시기 전에는 사람들은 무기력하게 죄의 포로들이었으며, 죄의 굴레로부터 벗어날 길을 찾지 못하고 무력한 상태에 있었다. 하나님께서 죄인들을 곤란에서 건지기 위해 그리스도를 통해 일하셨다.

"곧 예수 그리스도를 믿음으로 말미암아 모든 믿는 자에게 미치는 하나님의 의니 차별이 없느니라"(롬 3:22).

바울이 강조하는 믿음에의 초대에는 인종 간, 민족 간 차별이 없다는 사실을 밝히고 있다. 그리고 23절에서는 "모든 사람이 죄를 범하였으매 하나님의 영광에 이르지 못하더니 그리스도 예수 안에 있는 속량으로 말미암아 하나님의 은혜로 값없이 의롭다 하심을 얻은 자 되었느니라"(롬 3:23-24)고 하였다. 25절에서는 하나님이 그리스도 안에서 죄인들을 어떤 방법으로 구속하셨는지를 가르쳐준다. 그것은 하나님이 죄인들을 길이 참으시는 중에 지은 죄를 잊어버리시고 예수님의 피로 화목제물을 이루신 것이다.

로마서는 1장에서 11장까지 칭의(justification)에 대해 선포하고 있다. 의롭다(justify)하심과 구원에 이르는 길을 보여준다. 의로운 사람이 되기 위한 조건은 없으며, 전적으로 하나님의 자비하심에 따라 그리스도를 믿는 믿음으로 이루어짐을 보여준다. 12장부터 16장까지는 성화(sanctification)에 대해 선포하고 있다.

칭의는 그리스도에 의해 완성되는 데 비해 성화는 우리 안에서 역사하는 거룩함에 의해 성품과 행위를 변화시킴으로 이루어진다. 또한 갈라디아서 3장 13절에서는 "그리스도께서 우리를 위하여 저주를 받은바 되사 율법의 저주에서 우리를 속량하셨으니" 이는 우리로 하여금 믿음으로 말미암아 성령의 약속을 받게 하려 함이라고 선포했다.

우리가 율법의 저주에서 자유함을 얻은 것을 보여줌으로써 갈라디아서는 '영적 해방의 대헌장'으로 불리기에 충분하다. 그러므로 우리는 영적자유와 함께 그리스도와 연합된 내면적 삶을 살게 된다.

> "내가 그리스도와 함께 십자가에 못 박혔나니 그런즉 이제는 내가 사는 것이 아니요 오직 내 안에 그리스도가 사시는 것이라 이제 내가 육체 가운데 사는 것은 나를 사랑하사 나를 위하여 자기 자신을 버리신 하나님의 아들을 믿는 믿음 안에서 사는 것이라"(갈 2:20).

이 구절은 은혜로운 성가로 만들어져 많은 크리스천이 애창하고 있다.

히브리서는 극심한 박해에 직면한 1세기 그리스도인을 향하여 믿음이 무엇이며, 어떻게 역사하고, 어떤 결과를 낳는지를 보여주고 있다.

에베소서는 기독교의 복된 소식의 내용을 간결하면서도 포괄적으로 요약해 놓은 서신서이다. 그래서 이 서신서에 대해서 '바울 서신서의 백미', '사람이 쓴 가장 신적인 저술', '서신서의 여왕' 등의 찬사가 이어진다.

프린스턴 신학대학원 학장이었던 존 맥케이(John Mackay)는 "에베소서는 내 생명의 은인이다"라고 말했다. 이 서신서를 통하여 하나님을 사랑하고 예수 그리스도가 모든 것의 중심이 되었다고 고백했다. 여기에는 그리스도인의 교리와 의무, 그리스도인의 믿음과 삶, 그리고 하나님이 그리스도를 통해 하신 일과 그 결과 우리가 되어야 하는 모습 등이 장엄하게 서술되어 있다.[31]

기도의 능력

하나님께서 과연 우리의 기도를 들으시는지를 실험해 보기 위해 미국에서 병원에 입원해 있는 환자를 두 그룹으로 구분했다. 한 그룹의 환자에게는 하나님께 치유해 달라는 기도를 드리고 다른 그룹의 환자에게는 아무런 기도를 하지 않았다. 나중에 두 그룹을 비교해 본 결과 하나님께 기도해 준 그룹의 환자가 그렇지 않은 그룹의 환자보다 사망자 수가 적고 폐에 고인 물의 수치 등 각종 치료의 차도가 현저하게 크게 나타났다.

우리가 기도하면 하나님은 일하신다. 기도는 실제적인 하나님의 능력의 손길이다. 유명한 과학자인 알렉시스 커렐은 "기도는 지구의 중력만큼 실제적인 힘이다. 기도는 이른바 자연법칙을 극복할 수 있는 세상의 유일한 힘이다"라고 말했다. 기도를 통해서 우리는 불변의 자연법칙까지도 깨뜨릴 수 있는 전능한 힘을 하나님께 받는다.[32]

기도로 하나님의 도움을 구해야 하지만 한편으로 우리가 해야 할 일은 우리가 힘써 해야 한다. 뱃사공이 노를 젓는데 한쪽 노에는 "힘껏 노를 저어라"고 적혀 있고, 다른 쪽 노에는 "기도하라"고 적혀 있었다. 일을 하지 않고 기도만 하거나 기도하지 않고 일만 하는 것은 한쪽 노만 젓는 것이기에 배는 앞으로 나아갈 수 없다.

사우나실에서 보면, 수증기가 위로 올라가서 천정에 작은 물방울이 생기고, 그 물방울이 점점 커져서 큰 물방울이 되면 무게를 이기지 못하고 아래로 떨어지는 것을 볼 수 있다. 기도의 응답도 이와 같다. 성도의 기도 향기가 위로 올라가서 일정 수준에 다다르면 아래로 응답이 내려온다.

한번 죽는 것은 인간의 정한 이치며, 그 인생의 연한은 70이요 그나마 강건하면 80이라고 하였다. 석가모니의 무덤은 인도의 능수 해안에 있고, 공자의 묘는 중국 산둥성에 있다. 그리고 마호메트의 묘는 사우디아라비아의 메카에 있다. 그러나 예수님은 십자가에 못 박혀 돌아가셨다가 사흘 만에 무덤 문을 여시고 부활하셨다. 그래서 성경은 마태복음 28장 6절에 "그가 무덤에 계시지 않고 그의 말씀대로 살아나셨느니라"고 말씀하신다.

예수님은 죽음의 권세를 이기고 부활하셨고, 지금도 살아 계셔서 우리 기도를 들으시고 예배를 받으시며 우리와 함께하신다.

창세기 5장에는 아담으로부터 그 후손이 자녀를 낳고 몇 세에 '죽었더라'를 8번이나 애처롭게 반복하는 것을 볼 수 있다. 죽음은 인간이 하나님의 뜻에 불순종함으로 주어진 형벌이다.

그러나 예수 그리스도를 믿는 자에게는 "나는 부활이요 생명이니 나를 믿는 자는 죽어도 살겠고 무릇 살아서 나를 믿는 자는 영원히 죽지 아니하리라"(요 11:25-26)고 말씀하신다. 예수 그리스도는 어제나 오늘이나 영원토록 동일하시며 영원 전부터 살아 계신 만왕의 왕이요 만주의 주가 되신다.

> "나 외에 다른 신이 없나니 나는 공의를 행하며 구원을 베푸는 하나님이라 나 외에 다른 이가 없느니라 땅의 모든 끝이여 내게로 돌이켜 구원을 받으라 나는 하나님이라 다른 이가 없느니라"(사 45:21-22).

하나님은 여호수아에게 "너희 발바닥으로 밟는 곳은 모두 내가 너희에게 주었노니"(수 1:3)라고 말씀하셨다.

중국에서 사역하는 한 선교사가 어려운 중국어를 익히려고 몹시 애쓰고 있었다. 하루는 절망감에 사로잡힌 나머지 커다란 중국어 문법책을 바닥에 놓고 그 위에 올라섰다. 그리고 다음과 같이 기도했다.

"주님 당신께서는 제 발바닥으로 밟는 모든 곳을 다 제게 주시겠다고 말씀하셨습니다. 저는 중국어 문법책을 밟고 서 있습니다. 중국어를 저에게 주시옵소서!"

그의 이러한 상징적인 믿음의 행위는 효과를 가져왔다. 부지런히 중국어를 공부하고 적용함으로써 그는 능숙하게 중국어를 구사하게 되었고, 급기야 그 언어학교의 교장이 되었다.[33]

셰익스피어는 "나의 언어는 하늘을 날고 있는데 나의 생각은 하늘 아래 머무른다"라고 말했다. 다양한 표현력을 갖추고 최고의 언어조련사로 칭송받는 셰익스피어이지만, 그의 표현력이 빛을 발하려면 생각이 수반되어야 한다. 생각 없는 언어는 결코 하늘을 날 수 없기 때문이다.

엘리자베스 1세는 16세기 초반 영국을 세계 최대의 대영제국으로 발전시키고 국민 문학의 황금기를 마련하였다. 엘리자베스 1세가 영어를 세계 최고의 언어로 자리매김하는 데 기여했다면, 셰익스피어는 영어를 풍성하게 만드는 데 그 역할을 했다. 셰익스피어는 인간의 모든 경험과 감정을 관찰하고 그것을 가장 호소력 있는 방식으로 표현했다. 셰익스피어는 16세기 자신의 스토리텔링 기술을 십분 발휘하여 역사를 문학으로 둔갑시켰고, 오늘에 이르기까지 최고의 베스트셀러 작가로 남아 있다.

하나님이 응답하시는 기도도 입술로만 되뇌는 기도가 아니라 우리의 생각을 수반하는 간구가 되어야 한다. 우리가 하나님께 나아와 기도할 때 하나님께서는 우리의 기도를 들으시고 응답하신다.

성경에서 가장 극적인 기도응답은 히스기야 왕이 중병에 걸려 죽게 되었을 때 하나님께 드린 기도이다. 왕이 모든 것을 포기하고 오직 벽을 향하여 전심으로 기도할 때 하나님께서 그의 생명을 15년 연장시키셨다. 또한 기도할 때 방해꾼 사탄이 있음을 늘 염두에 두어야 한다. 그러나 계산적이고 잘못된 부르짖음도 있다.

유대인 두 명이 배를 타고 항해하던 중 큰 풍랑을 만났다. 한 사람은 열심히 노를 저어 육지에 당도하려고 했고, 다른 한 사람은 하나님께 부르짖어 기도했다.

"하나님, 육지에 당도하게 인도하시면 저의 재산 절반을 하나님 전에 바치겠습니다."

그러나 육지는 보이지 않고 풍랑은 더욱 거세졌다. 그는 다시 기도했다.

"하나님, 육지에 무사히 도착한다면 저의 재산 4분의 3을 하나님 전에 바치겠습니다."

이때 노를 젓던 사람이 외쳤다.

"친구여, 하나님과의 거래를 중단하라. 육지가 보인다."

이재에 밝은 유대인은 하나님께 진심으로 구한 것이 아니라 자신들의 곤경이 해결되었을 때 즉시 서원한 것을 철회하는 잘못된 기도를 드렸다.

간구(Petition)와 소원(Hope)

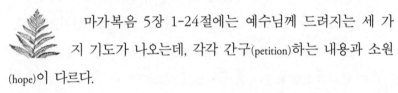 마가복음 5장 1-24절에는 예수님께 드려지는 세 가지 기도가 나오는데, 각각 간구(petition)하는 내용과 소원(hope)이 다르다.

첫 번째 기도는 귀신들의 기도이다. 귀신들은 돼지 떼에 들어가게 해달라고 예수님께 간구(petition)했다.

"이에 간구하여 이르되 우리를 돼지에게로 보내어 들어가게 하소서 하니 허락하신대 더러운 귀신들이 나와서 돼지에게로 들어가매 거의 이천 마리 되는 떼가 바다를 향하여 비탈로 내리달아 바다에서 몰사하거늘"(막 5:12-13).

귀신들의 간구는 허용되었지만 그들이 바랐던 안전한 곳은 아니었다.

두 번째 기도는 고침받기 원했던 귀신들렸던 자가 자신의 소원

(hope)이 성취된 후 예수님과 동행하기를 간구(petition)했을 때 이를 허락지 않으셨다. "예수께서 배에 오르실 때에 귀신 들렸던 사람이 함께 있기를 간구하였으나"(막 5:18) 이는 받아들여지지 않았다. 그의 간구는 응답되지 않았고, 귀신에게 놓임 받고자 했던 소원은 이루어졌다.

세 번째는 야이로의 기도다. 그의 딸이 병에 들자 딸의 회복을 바랐다. 그래서 예수님이 자기 집에 오셔서 딸을 치유해 주시기를 간구했다. 예수님은 그의 간구와 소원 모두를 허락하셨다. 시편에서도 간구는 응답되었지만 소원은 허락되지 않는 경우를 보여준다.

> "여호와께서는 그들이 요구하는 것을 그들에게 주셨을지라도 그들의 영혼을 쇠약하게 하셨도다"(시 106:15).

우리는 야이로와 같이 입술의 간구와 마음의 소원이 동시에 응답되기를 구해야 한다. 가장 본받아야 할 기도는 예수님의 기도다.

> "그는 육체에 계실 때에 자기를 죽음에서 능히 구원하실 이에게 심한 통곡과 눈물로 간구와 소원을 올렸고 그의 경건하심으로 말미암아 들으심을 얻었느니라"(히 5:7).

예수님의 간구와 소원은 모두 응답되었다. 그래서 다음과 같이 기도하자.

> "나의 반석이시요 나의 구속자이신 여호와여 내 입의 말과 마음의 묵상이 주의 앞에 열납되기를 원하나이다"(시 19:14).

하나님은 당신의 자비하심으로 우리의 많은 기도에 응답해 주시지만 마찬가지로 많은 기도에 응답해 주시지 않는다. 왜냐하면 그 기도들이 이루어진다면 우리에게 얼마나 해가 될지 아시기 때문이다.[34]

디도의 죽음

돌 위에 돌 하나도 남지 않고 예루살렘 성이 멸망할 것을 예언한 대로 AD 70년 로마 장군 디도에 의해 예루살렘은 완전 파멸되었다. 디도는 의기양양하여 이렇게 외쳤다.

"여호와가 홍해와 요단강을 갈라지게 하고 여리고 성을 무너지게 했다. 승리의 행진으로 가나안 땅에 들어오고 예루살렘 성에 입성했지만 내가 그 성을 멸망시켰다."

그 후 디도는 로마황제가 되어 궁중오락과 사치와 방탕을 허용했다. 군중들로부터 큰 인기를 누렸던 그는 베수비오 화산의 폭발로 폼페이 도시가 화산재에 파묻히고, 로마도시의 대화재로 고통을 받았다. 불과 2년밖에 황제의 지위에 있지 못한 그의 말로는 비참했다. 전승에 의하면 작은 음성이 디도에게 들려왔다.

"너는 모기에 의해 멸망하리라."

하나님은 지극히 작은 모기 한 마리를 디도의 콧구멍에 들어가게 하여 그 모기가 뇌 속에 들어가 디도로 고통 받게 했다. 결국 디도는 두통과 정신병이 발발하여 AD 81년 사망하게 되었다. 하나님의 성전을 파멸시키고 여호와를 대적하는 자는 산산이 부서지고 만다.

"여호와를 대적하는 자는 산산이 깨어질 것이라"(삼상 2:10).

유대인의 핍박

최초의 유대인 추방은 1,290년 영국에서 일어났다. 그 동기는 경제적 긴장과 종교적 증오였다. 유대인 대금업자에게 큰 빚을 진 영국귀족은 채권자를 제거하기를 원했다. 셰익스피어는 그의 희곡 ≪베니스의 상인≫에서 그리스도교 상인인 안토니오의 살을 담보로 돈을 빌려준 유대인 고리대금업자 샤일록의 이야기가 전개된다. 안토니오가 돈을 갚지 못하자 "살은 가져가되 피를 한방울도 흘려서는 안 된다"는 유명한 판결을 한다. 당시 유대인에 대한 나쁜 감정을 소설로 나타냈다.

그 후 유럽의 많은 나라에서 유대인을 핍박하고 추방하는 일들이 일어났다. 14세기 초부터 18세기 중반까지 프랑스, 헝가리, 오스트리아, 리투아니아, 포르투갈, 스페인, 체코, 러시아에서까지 유대인에 대한 핍박은 이어졌다.

스티븐 스필버그는 '쉰들러 리스트'란 영화를 통해 나치의 유대인 학살이 진행되는 가운데도 고귀한 인류애를 보여준 한 독일 나치당원의 이야기를 진한 감동으로 전해주고 있다. 쉰들러는 나치당원으로 욕심쟁이 구두쇠였지만 속마음이 따뜻한 자로서 많은 유대인을 구하고자 했다. 유대인이 전쟁물자를 만드는 군수공장으로 보내지면 목숨을 건지게 되는 사실을 알고, 쉰들러는 유대인을 색출하여 가스실로 보내는 일을 하는 책임자와 협상을 했다.

유대인 한 명을 군수공장으로 보내주면 한 명당 얼마씩 돈을 주겠다는 약속을 했다. 쉰들러는 자신의 재산을 다 팔면 생명을 건질 수 있는 유대인 수가 850명이 된다는 사실을 알고 구할 수 있는 유대인 명단을 작성했다. 이것이 '쉰들러 리스트'였다. 실제로 쉰들러가 구해준 유대인 수는 1,100명에 이르렀다.

2차 대전이 끝나고 독일은 패전국이 되었다. 살아남은 유대인들은 자신들의 금니를 뽑아 쉰들러에게 금반지를 만들어 주었다. 금반지에는 "한 사람의 생명을 구한 자는 세상을 구한 자다"라고 새겨져 있었다. 쉰들러는 차에 오르기 전 눈물을 흘렸다.

"이 차를 팔면 10명의 생명을 더 구할 수 있었을 텐데… 나치 당원의 배지를 팔면 두 명을 더 구할 수 있었을 텐데…" 하고 후회의 눈물을 흘렸다.

도스토예프스키의 경험

1845년 도스토예프스키는 24세에 첫 소설 ≪가난한 사람들≫을 발표해 러시아 문단에서 큰 반향을 일으켰다. 3년 뒤 1848년 유럽 전역에서 혁명이 발발했다. 서구에서 일어나고 있는 상황에 영감을 받은 러시아 급진주의 조직들은 혁명의 물결에 동참했다. 도스토예프스키도 이 조직에 가담했다. 그 당시 러시아 황제인 차르 니콜라스 1세는 급진주의 조직들에 첩자를 침투시켜 그들의 활동을 일거수일투족 감시했다. 도스토예프스키를 포함한 24명이 농민반란을 선동한 죄로 체포되었다.

여덟 달 동안의 고달픈 수감생활 끝에 최종판결이 내려졌다. 그들 정도의 죄라면 통상적으로 몇 달간 유배조치가 예상되었다. 영하 30도의 살을 에는 추위 가운데 그들은 얇은 옷을 입은 채 짐짝처럼 마차에 실려 어느 광장으로 보내졌다. 마차에서 내린 도스토예프스키 일행은 눈앞에 펼쳐진 광경을 보고 충격으로 다리의 힘이 풀렸다. 병사들이 총을 들고 줄지어 서 있었고, 수천 명의 구경꾼과 신부, 그리고 검은 천에 싸인 교수대가 눈에 들어왔다. 둥둥 둥둥 북소리가 울리고 장교 한 명이 판결문을 읽어나갔다.

"피고인 모두는 국가질서를 전복하려는 혐의에 대해 유죄가 인정되므로 총살형에 처한다."

죄수들은 충격으로 할 말을 잃었다. 이제는 변명도 후회도 소용없었다. 앞으로 5분 안에 총살을 당하게 될 것이라는 생각에 도스토예프스키의 머릿속은 하얘졌다. 그는 아침햇살에 반짝이는 인근 교회첨탑을 응시했다.

"이렇게 빨리 영원한 어둠 속으로 들어서다니."

그리고 "만약 내가 다시 살아날 기회가 주어진다면 일초가 한 세기를 살아가는 것처럼 느껴질 것이다"라는 생각들이 차례로 떠올랐다. 그리고 지체할 겨를도 없이 남은 5분을 설계하기 시작했다. 5분을 2분과 2분과 1분으로 나누고, 처음 2분은 가족과 친지, 그리고 친구들을 떠올리며 작별을 고했다. 그리고 2분은 자신의 삶을 뒤돌아보며, 자신과의 이별시간을 가졌다. 이제 마지막 1분이 남았다. 눈을 크게 뜨고 눈앞의 아름다운 자연과 공기와 새들을 최대한 느끼고 만끽하고자 했다.

그 순간 멀리서 먼지를 일으키며 전속력으로 달려오는 마차가 있었다. 차르 니콜라스 1세의 전갈을 가진 전령이 도착했다. 황제는 그들을 사형에서 감형하고, 시베리아에서 4년간 강제노동 후 군대 복무를 마치게 한다는 내용의 전갈이었다. 이미 장교로 군복무를 마친 도스토예프스키로서 다시 사병으로 복무해야 한다는 것은 기가 막힌 노릇이었지만 죽음에서 극적으로 살아나게 된데 대해 안도감을 느꼈다. 차르 니콜라스 1세는 도스토예프스키 일행을 체포하자마자 애초부터 그들을 사형시킬 생각이 없었다. 다만 이들에게 모진 시련을 주고 이를 통해 시민들에게 교훈을 주기 위해서 잔인한 연극을 꾸몄다.

사형장을 마련하고 신부, 두건, 관, 그리고 군인들을 배치했다. 시민들을 구경꾼으로 동원하여 완벽하게 사형을 집행하는 자작극을 펼쳤다. 그때의 충격으로 정신병에 걸린 죄수들이 속출했다. 며칠 후 도스토예프스키는 5킬로그램의 쇠고랑을 차고 시베리아로 보내졌다. 시베리아로 가는 열차 안에서 한 여인이 건네준 신약성경을 펼쳐들자 눈물이 주르르 흘러내렸다. 그의 어머니가 늘 도스토예프스키에게 성경을 읽어 주었지만 한귀로 듣고 한 귀로 흘려버렸었다. 하지만 죽음에서 극적으로 살아난 후 건네받은 성경책은 그의 가슴속에 불같은 감동을 자아내게 되었다. 나락 같은 감옥에서는 글을 쓸 수 없었다. 그러나 1초의 시간을 아끼며 상상력을 동원하여 소설을 머릿속으로 써나갔다.
시베리아 감옥에서 그는 하나님에 대한 깊은 신앙심을 가지게 되었다. 형기를 마치고 나온 도스토예프스키는 인생을 허비했던 지난날을 깨닫게 해준 혹독한 경험에 오히려 감사했다.

그 후 1881년 죽는 날까지 미친 듯이 집필하여 《죄와 벌》, 《악령》, 그리고 《카라마조프의 형제들》 등의 주옥 같은 작품들을 발표했다. 하루하루가 자신의 마지막이라는 생각으로 써내려간 작품들은 세계문학사에 큰 족적을 남겼다.

앙드레 지드는 "톨스토이가 큰 산인 줄 알았는데, 조금 물러나서 보니 그 뒤에 아스라하게 뻗어 있는 거대한 산맥은 도스토예프스키였다"라고 말했다. 또한 프로이트는 셰익스피어에 버금가는 자리는 도스토예프스키에게 돌아간다고 극찬했다.

현대를 살아가는 우리는 도스토예프스키처럼 혹독한 시련을 통해 귀중한 진리를 깨달아야 하는가? 그럴 필요는 없다. 우리에게는 죽음이라는 필연적인 실체가 항상 따라다니기 때문에 차르가 꾸민 무대 따위는 필요 없다. 죽음에서 빠져나갈 진정한 탈출구는 존재하지 않는다. 이러한 사실을 깨닫는다면 우리의 삶은 도스토예프스키처럼 확신과 비전으로 가득 차게 된다. 우리에게 권고하는 하나님의 말씀도 이와 같다.

"세월을 아끼라 때가 악하니라"(엡 5:16).

일분일초의 시간도 아껴서 우리의 할 일을 감당하고 감사하는 것이 중요하다. 고난을 통하여 하나님을 만나고 우리의 삶을 역동적으로 변화시키게 되므로 고난은 우리에게 유익이다.

"고난당한 것이 내게 유익이라 이로 말미암아 내가 주의 율례들을 배우게 되었나이다"(시 119:71).

약속의 말씀 성취

하나님의 말씀이 일점일획도 어김없이 성취된 것을 확인할 수 있는 두 가지 사례는 엘리사와 욥의 경우이다. 엘리야는 하늘로 승천하기 전 제자인 엘리사에게 소원을 구하면 들어주겠다고 말했다. 엘리사가 스승 엘리야의 영감이 갑절로 임하길 구하자(왕하 2:9), 어려운 간청이지만 하나님이 자신을 엘리사에게서 취하여 가심을 엘리사가 보게 된다면 그 소원이 이루어지리라고 말했다. 곧 엘리사는 엘리야가 수레를 타고 하늘로 올라가는 것을 보게 되었다. 엘리사의 기도가 응답된 것을 성경에서 확인할 수 있다. 즉 갑절의 영감이 임한다는 약속이 성취되었는지를 보기 위해 성경을 살펴보면 정확히 엘리야의 기적은 8가지이고, 엘리사의 기적은 16가지임을 알 수 있다.

또한 욥은 고난을 받은 후 신실하게 하나님을 신뢰함으로써 모년에 갑절의 축복을 받았다. 욥기 1장 3절을 보면 욥은 고난당하기 전 소유물이 양이 칠천이요 약대가 삼천이요 소가 오백 겨리요 암나귀가 오백이었는데, 나중에 고난을 극복한 후 하나님으로부터 이전 소유보다 갑절의 복을 받았다. 즉 양 만사천과 낙타 육천과 소 천 겨리와 암나귀 천을 주셨다(욥 42:12).

양과 낙타와 소, 그리고 암나귀가 정확히 두 배로 늘어난 사실을 성경에서 확인할 수 있다. 위의 두 가지 사실에서 성경은 일점일획도 변하지 않는 진실임을 볼 수 있다. 사탄은 하나님께 순종하던 아담과 하와를 성공적으로 미혹함으로써 그 후손들이 모두 하나님

앞을 떠나게 하였고, 이 세상의 신이 되었다. 그러나 사탄은 그리스도를 괴롭힐 수는 있어도 더럽힐 수는 없다.

엘리사와 부자 청년

엘리야는 하나님의 지시로 후계자를 찾고 있었다. 밭을 갈고 있던 엘리사는 엘리야에게로 달려가 "청컨대 나로 내 부모와 입 맞추게 하소서 그러한 후에 내가 당신을 따르겠나이다"라고 말했다. 엘리야는 엘리사의 믿음을 시험하기 위해 "돌아가라 내가 네게 어떻게 행하였느냐"(왕상 19:20-21)라고 말했다. 엘리사는 즉시 소를 잡아 백성들을 먹이고 소의 기구를 불사른 뒤 엘리야를 따라나섰다. 엘리사는 하나님의 부르심을 받아들이고 자신의 재물과 안락을 버리고 뒤돌아보지도 않고 즉시 엘리야를 따라나섰다.

한편 그리스도를 따르고자 했던 청년은 "내가 무엇을 하여야 영생을 얻으리이까"(마 19:16)라고 예수님께 물었다. 예수님은 엘리야가 엘리사에게 했던 말과 같이 청년의 믿음을 시험했다.

"가서 네 소유를 팔아 가난한 자들에게 주라 그리하면 하늘에서 보화가 네게 있으리라 그리고 와서 나를 따르라"(마 19:21).

젊은 관원은 재물이 많으므로 근심하며 가버렸다(마 19:22).

재물에 대한 그의 집착이 하나님께 대한 사랑보다 컸다. 엘리사는 오늘날까지 많은 그리스도인에게 위대한 선지자로 남아 있지만 믿음의 시험에서 탈락한 젊은 청년은 이름조차 알려진 바가 없다.

하나님은 모세의 믿음을 시험하기 위해 뱀의 꼬리를 잡으라고 명령했다. 뱀을 다루는 전문가는 뱀을 잡을 때 절대로 꼬리를 잡아서는 안 된다고 말한다. 뱀의 꼬리를 잡는 순간 뱀은 눈깜짝할 사이에 몸을 말아올려 뱀 잡은 손을 이빨로 문다고 한다. 뱀을 다루기 위해서는 머리를 제어해야 한다. 그런데 하나님은 모세에게 뱀의 꼬리를 잡으라고 명했다.

"여호와께서 이르시되 그것을 땅에 던지라 하시매 곧 땅에 던지니 그것이 뱀이 된지라 모세가 뱀 앞에서 피하매 여호와께서 모세에게 이르시되 네 손을 내밀어 그 꼬리를 잡으라"(출 4:3-4).

하나님은 모세가 쓰임을 받기 위해서는 순종해야 한다는 것을 가르치기 위해서 이같이 명했다. 우리가 하나님이 원하시는 대로 순종할 때 하나님이 우리를 통해서 이루시는 것을 경험하게 된다.

하나님의 후회

 "내가 사울을 왕으로 세운 것을 후회하노니 그가 돌이켜서 나를 따르지 아니하며 내 명령을 행하지 아니하였음이니라"
(삼상 15:11).

사울이 사무엘 선지자를 통해 지시한 하나님의 명령에 불순종하자 하나님은 사울을 왕 삼은 것을 후회했다. 하나님은 스스로 결정한 일의 결과에 대해 한탄하실 수 있다. 과거에 행하신 일을 돌아보고 그것이 최선이었다는 것을 인정하면서 한편으로는 한탄하신다. 예를 들어 아들이 불순종하여 벌을 주었는데, 이에 화가 난 아들이 가출했다면 아버지는 벌을 준 데 대해 후회할 수 있다.

그러나 그것은 벌을 준 행위가 잘못이어서 아버지가 후회하는 것이 아니라 벌을 줄 수밖에 없었던 상황과 아들이 도망간 사건에 대해 비통함을 느끼기 때문에 후회하는 것이다. 똑같은 상황에 처하게 되면 아버지는 다시 벌을 줄 수밖에 없을 것이다. 벌을 주는 행위는 정당한 행위다. 벌을 주면 아들과 서먹서먹해질 것이라는 것을 알지만 벌을 줄 수밖에 없고 벌을 주고 나면 후회하게 된다.

우리가 스스로 결정을 내리고 행동하는 데도 이렇게 복합적인 감정이 뒤섞이는데, 하물며 무한하신 하나님 마음이야 오죽하겠는가? 그렇다면 하나님은 어떤 결정을 내릴 때 그로 인해 미래에 후회할 것을 미리 알고 계실까? 그 대답은 사무엘상 15장에 나와 있다. 하나님께서 사울을 왕으로 세운 것을 후회하시자(11절), 사무엘은 29절에서 "이스라엘의 지존자는 거짓이나 변개함이 없으시니 그는 사람이 아니시므로 결코 변개하지 않으심이니이다"(삼상 15:29)라고 말한다. 변개함이 없다는 말은 거짓말을 하실 수 없고 그 마음을 바꾸지 않는다는 의미다.

11절에서는 하나님께서 후회하심을 말하고 29절은 후회하지 않으심을 강조하고 있다. 이 둘은 모순되는 것처럼 보이지만 그 차이는 하나님은 사람이 아니란 점에 있다. 즉 하나님께서 후회하실 때는 인간처럼 제약을 받지 않으신다. 인간은 장래 일을 모르기 때문에 후회할 일을 저지르기도 한다. 그런데 하나님께서는 장래 일어날 일을 다 아시지만 그럼에도 불구하고 후회할 일을 하신다.

하나님께서 사울을 왕으로 세운 것을 후회하신 것은, 다시 옛날로 되돌아간다면 사울을 왕으로 삼지 않겠다는 뜻이 아니다. 하나님께서는 예측했던 악이나 고통이 발생했을 때 슬퍼하실 수는 있지만 당신의 지혜로운 섭리에 따라 결정한 대로 밀고 나가신다.

민수기 23장 19절에서 우리는 하나님의 확고한 의지를 읽을 수 있다.

> "하나님은 사람이 아니시니 거짓말을 하지 않으시고 인생이 아니시니 후회가 없으시도다 어찌 그 말씀하신 바를 행하지 않으시며 하신 말씀을 실행하지 않으시랴."

이 말씀은 하나님께서 나중에 후회하실 것을 뻔히 알면서도 한 번 약속하신 일은 반드시 하신다는 것을 사무엘상 15장 29절보다 더 분명히 말해주고 있다.[35]

각주

1. ≪연금술사≫, 파울로 코엘료 저, 최정수 역, 문학동네, 2007, 250-253.

2. ≪기도·황금의 열쇠≫, 찰스 스펄전 저, 조은호 역, 푸른사람들, 1995, 194-215.

3. ≪당신도 하나님이 쓰신 성경인물과 같이 될 수 있다≫, 오스왈드 샌더스 저, 장호익 역, 나침반, 1994, 39-43.

4. trauma 정신적 쇼크 또는 마음의 상처를 말한다.

5. ≪행복한 뇌를 만드는 50가지 습관≫, 히사쓰네 다쓰히로, 정광태 역, 함께, 2005, 53-55.

6. 상게서, 14-15.

7. ≪그것은 뇌다≫, 다니엘 G. 에이멘, 안한숙 역, 브레인월드, 2008, 113-114.

8. ≪그리스도의 장성한 분량까지≫, 마일즈 스탠포드 저, 임금선 역, 생명의말씀사, 1995, 18.

9. ≪메시지≫, 유진 피터슨 저, 김순현 외 역, 복있는 사람, 2011, 38-42.

10. ≪신약개론≫, 메릴 테니 저, 교육연구소 역, 서울말씀사, 2000, 305-306.

11. ≪스펄전 묵상록≫, 찰스 스펄전, 김귀탁 역, 크리스천다이제스트, 2003, 108.

12. ≪은혜로 구원받다≫, 존 번연 저, 이경옥 역, 생명의말씀사,

1993, 64-65.

13. ≪한 권으로 배우는 신학교≫, 알리스터 맥그래스·존스토트·마크 놀 외 지음, 전의우 역, 규장, 2012, 241-279.

14. ≪당신의 인격을 계발하라≫, 오스왈드 샌더스 저, 채수범 역, 나침반사, 1992, 111.

15. ≪조선경제≫, 2013년 2월 25일, 이길성.

16. ≪배제와 포용≫, 미로슬라브 볼프, 한국기독학생출판부, 2012, 91-92.

17. 상게서, 371-373.

18. ≪새로운 삶≫, 돈 폴스톤 저, 김보원 역, 생명의말씀사, 1984, 51-56.

19. ≪추수하는 일꾼≫, 리로이 아담스 저, 네비게이토출판사, 1996, 41-42.

20. ≪성공의 법칙 30≫, 보도 섀퍼, 임진숙 역, 영림카디널, 2002, 265-268.

21. ≪인생의 궤도를 수정할 때≫, 고든 맥도날드, 홍병룡 역, IVP, 2006, 166.

22. ≪인생경영≫, 빌하이벨스, 윤종석 역, Ivp, 2005, 83.

23. La brea tar pits: 미국의 LA 인근 라 브레아(La brea) 지역에서는 3만 년 전 화석 100만 점 이상을 볼 수 있다. 이곳은 선사시대에 점성이 강한 액체 타르로만 구성된 연못이 있었는데, 이 연못에 물을 마시러 온 각종 동물들(포유류, 조류, 파충류, 곤충 등)이 발을 연못에 내딛는 순간 타르에 흡입되어 헤어나지 못한 채 엉켜서 화

석이 된 장소이다.

24. "남에게 대접을 받고자 하는 대로 너희도 남을 대접하라"(마 7:12; 눅 6:3, Do to others as you would have them do to you.)

25. 휴렛 팩커드는 기업의 변치 않는 핵심가치와 비전을 성경의 황금률(Golden rule)로 제시하고, 회사의 명백한 사명과 목표를 전 구성원에게 제시했다. 그 결과 1957년 매출액 3,000만 불과 이익 200만 불에서 1980년 매출액 8억 불과 이익 6억 불을 달성하였으며, 오늘날 사무기기 분야의 정상에 이르게 되었다. 이러한 기업성과뿐만 아니라 가장 신뢰를 주는 기업으로서 평판을 받게 되었다.

26. 자본주의의 부작용으로 나타나는 빈익빈 부익부 현상이 아니라 성실하게 일한 자가 게으른 자보다 더 잘 살게 된다는 의미이다.

27. ≪경영과 삶≫, 오세열 저, 청목출판사, 2011, 197-198.

28. ≪네이버 지식백과≫, 벤치마킹 (매일경제, 매경닷컴)

29. 헤르만 헤세의 소설 ≪동방 순례≫에 나오는 주인공 레오는 원래 종교집단의 우두머리요, 고귀한 리더였지만 순례자의 길에서 철저히 서번트, 즉 하인이 되었기 때문에 이러한 사실에서 서번트 리더십(servant leadership)이란 용어가 유래하게 되었다.

30. ≪패배를 통한 승리≫, 토저 저, 권혁봉 역, 생명의말씀사, 1992, 70-71.

31. ≪에베소서 강해≫, 존스토트 저, 정옥배 역, IVP, 2014, 17,30.

32. ≪기도의 거장들≫, 허드슨 테일러 외 저, 양진식 역, 조이선교회, 2002, 22.

33. ≪철저히 승리케 하시는 하나님≫, 오스왈드 샌더스 저, 김옥현
    역, 나침반사, 1993, 57-58.
34. ≪기도의 방법≫, 그레이엄 스크로지 저, 정의우 역, 크리스천 다
    이제스트, 2001, 53-54.
35. ≪하나님을 맛보는 묵≫상, 존파이퍼 저, 정영재 역, 좋은 씨앗,
    2006, 35-37.

참고문헌

≪갈라디아서 강해≫, 존 스토트 저, 정옥배 역, IVP, 2013.

≪가장 오래된 교양≫, 크리스틴 스웬슨 저, 김동혁 역, 사월의책,
2013.

≪갓 하나님≫, 토저 저, 이용복 역, 규장, 2007.

≪골로새서·빌레몬서 강해≫, 딕루카스 저, 정옥배 역, 한국기독학
생회출판부, 2012.

≪그들은 교회가 아니라 리더를 떠난다≫, 고든 맥도날드·빌 하이
벨스·유진 피터슨 외
최요한 역, 국제제자훈련원, 2016.

≪긍정의 힘≫, 조엘 오스틴 저, 정성묵 역, 두란노, 2006.

≪기도≫, 리처드 포스터 저, 송준인 역, 두란노, 1997.

기도의 거장들, 허드슨 테일러 외 저, 양진식 역, 조이선교회,
2002.

≪기도의 무장≫, 이 앰 바운즈 저, 한준수 역, 생명의말씀사, 1993.

≪기도의 삶≫, 헨리 나우웬 저, 윤종석 역, 복있는 사람, 2012, 123.

≪기도하지 않으면 죽는다≫, 이 앰 바운즈 저, 이용복 역, 규장, 2009.

≪기독교 세계관과 현대사상≫, 제임스 사이어 저, 김헌수 역, 한국기독학생회출판부, 2014.

≪놀라운 하나님의 은혜≫, 필립얀시 저, 윤종석 역, 한국기독학생회출판부, 2002.

≪로마서 강해≫, 존 스토트 저, 신현기 역, 한국기독학생회출판부, 2014.

≪무릎으로 사는 그리스도인≫, 무명의 그리스도인 저, 이진희 역, 생명의말씀사, 1993.

≪묵상여행≫, 스캇펙 저, 채천석 역, 그루터기하우스, 2010.

≪메시지≫, 유진 피터슨 저, 최규택 역, 그루터기하우스, 2007.

≪메시지 역사서≫, 유진 피터슨 저, 김순현 외 역, 복있는사람,2012.

≪매일기도≫, 유진 피터슨 저, 이종태 역, 홍성사, 2001.

≪모나리자 미소의 법칙≫, 에드 디너·로버트 비스워스 저, 오혜경 역, 21세기북스, 2010.

≪모세와 함께하는 기도≫, 유진 피터슨 저, 안은정 역, 조이선교회, 2004.

≪바울의 생애와 신학≫, 로버트 레이먼드 저, 원광연 역, 크리스천 다이제스트, 2005.

≪보혜사≫, 토저 저, 이용복 역, 규장, 2007.

≪성령을 아는 지식≫, 제임스 패커 저, 홍종락 역, 홍성사, 2004.

≪성령 충만 그 아름다운 삶≫, 찰스 스탠리 저, 최원준 역, 두란노, 2001.

≪성서 속의 성공 이야기≫, 만다이 쓰네오 저, 김욱 역, 청림출판, 2000.

≪세상에 무릎 꿇지 말라≫, 토저 저, 이용복 역, 규장, 2015.

≪소명≫, 오스기니스 저, 홍병룡 역, 한국기독학생회출판부, 2006.

≪시련 중에도 성장하는 신앙≫, 로이드 존스 저, 김광열 역, 목민, 1989.

≪시몬 베드로≫, 엠알디안 저, 문홍일 역, 두란노서원, 1994.

≪신약개론≫, 메릴 테니 저, 국제신학연구원, 서울말씀사, 2000.

≪영성수업≫, 헨리나우웬 저, 윤종석 역, 두란노, 2010.

≪영적 발돋움≫, 헨리나우웬 저, 이상미 역, 두란노, 2010.

≪영적전쟁의 성서적 원리≫, 리로이 아임스 저, 네비게이토출판사, 1995.

≪에베소 강의≫, 존 스토트 저, 정옥배 역, 한국기독학생회출판부, 2014.

≪영적지식≫, 윌치만니 저, 권달천 역, 생명의말씀사, 1991.

≪예배인가, 쇼인가≫, 토저 저, 이용복 역, 규장, 2007.

≪위대한 원칙≫, 고든 힝클리 저, LDS비즈니스클럽·조현석 역, 바운티플, 2011.

≪이것이 성공이다≫, 토저 저, 이용복 역, 규장, 2007.

≪이것이 성령님이다≫, 토저 저, 이용복 역, 규장, 2007, 80.

≪이것이 예배이다≫, 토저 저, 이용복 역, 규장, 2007.

≪인간이란 무엇인가≫, 폴 투루니에 저, 강주헌 역, 포이에바, 2014.

≪인생의 궤도를 수정할 때≫, 고든 맥도날드 저, 홍병률 역, IVP, 2006.

≪인생경영≫, 빌하이벨스 저, 윤종석 역, IVP, 2005.

≪인스턴트 크리스천≫, 토저 저, 엄성옥 역, 은성, 1994.

≪임재체험≫, 토저 저, 이용복 역, 규장, 2007. 34-39.

≪진짜 크리스천≫, 에이든 토저 저, 권혁봉 역, 생명의말씀사, 2006.

≪진정한 기독교≫, 존 스토트, 티모시 더들리 스미스 저, 정옥배 역, IVP, 1997.

≪진정한 부흥≫, 찰스 피니 저, 홍성철 역, 생명의말씀사, 1990.

≪치유의 기도≫, 안젤름그륀 저, 배명자 역, 문학동네, 2014.

≪하나님≫, 토저 저, 이용복 역, 규장, 2007.

≪하나님을 기뻐할 수 없을 때≫, 존 파이퍼 저, 전의우 역, Ivp, 2005.

≪하나님을 맛보는 묵상≫, 존파이퍼 저, 정영재 역, 좋은 씨앗, 2006.

≪하나님을 아는 지식≫, 제임스 패커 저, 정옥배 역, 한국기독학
생회출판부, 2007.
≪하나님의 열심≫, 조나단 에드워즈·존 파이퍼 저, 백금산 역, 부
흥과 개혁사, 2003.
≪홀리스피리트·성령님≫, 토저 저, 이용복 역, 규장, 2006.
≪히브리서 강해≫, 레이먼드 브라운 저, 김현화 역, IVP, 2000.
https://ko.wikipedia.org
http://blog.joins.com/open2004

각주와 참고문헌은 최대한 찾으려고 노력했으나 혹시라도 누락된
부분이 있을 수 있습니다. 그런 부분에 대해서 정보를 주시면 재판
에서 바로 반영하겠습니다.

망망한 바다 한가운데서 배 한 척이 침몰하게 되었습니다.
모두들 구명보트에 옮겨 탔지만 한 사람이 보이지 않았습니다.
절박한 표정으로 안절부절 못하던 성난 무리 앞에 급히 달려 나온 그 선원이
꼭 쥐고 있던 손바닥을 펴 보이며 말했습니다.
"모두들 나침반을 잊고 나왔기에 … "
분명, 나침반이 없었다면 그들은 끝없이 바다 위를 표류할 수 밖에 없을 것입니다.

우리는 삶의 바다를 항해하는 모든 이들을 위하여
그 나침반의 역할을 하고 싶습니다.
우리를 구원하신 위대한 주 예수 그리스도를 널리 전하고 싶습니다.

"하나님은 모든 사람이 구원을 받으며
진리를 아는 데에 이르기를 원하시드니라"
(디모데전서 2장 4절)

믿음을 탄탄하게 만들라

지은이 ┃ 오세열 목사/교수
발행인 ┃ 김용호
발행처 ┃ 나침반출판사

제1판 발행 ┃ 2018년 4월 1일

등   록 ┃ 1980년 3월 18일 / 제 2-32호
주   소 ┃ 07547 서울특별시 강서구 양천로 583
          블루나인 비즈니스센터 B동 1607호
전   화 ┃ 본사 (02) 2279-6321 / 영업부 (031) 932-3205
팩   스 ┃ 본사 (02) 2275-6003 / 영업부 (031) 932-3207
홈   피 ┃ www.nabook.net
이 메 일 ┃ nabook@korea.com

ISBN   978-89-318-1558-0
책번호 다-1135

값은 뒷표지에 있습니다.